Quellen zur dänischen Rechts- und Verfassungsgeschichte
(12.–20. Jahrhundert)

Rechtshistorische Reihe

Band 363

Peter Lang
Frankfurt am Main · Berlin · Bern · Bruxelles · New York · Oxford · Wien

Quellen zur dänischen Rechts- und Verfassungsgeschichte (12.–20. Jahrhundert)

Herausgegeben von Ditlev Tamm,
Werner Schubert und Jens Ulf Jørgensen

Peter Lang
Internationaler Verlag der Wissenschaften

Bibliografische Information der Deutschen Nationalbibliothek
Die Deutsche Nationalbibliothek verzeichnet diese Publikation in der Deutschen Nationalbibliografie; detaillierte bibliografische Daten sind im Internet über <http://www.d-nb.de> abrufbar.

Gedruckt mit Unterstützung der
Juristischen Fakultät der Universität Kopenhagen.

Umschlagabbildung:
Justitia – Sinnbild der Gerechtigkeit.
Dieser Bildausschnitt wurde einem Buch
aus dem 17. Jahrhundert entnommen.

Gedruckt auf alterungsbeständigem,
säurefreiem Papier.

ISSN 0344-290X
ISBN 978-3-631-57751-6

Printed in Germany 1 2 3 4 5 7

www.peterlang.de

Vorwort

Die vorliegende Auswahl von dänischen Rechtsquellen beruht auf einer Zusammenarbeit von Ditlev Tamm und Jens Ulf Jörgensen, die auch die Einleitung zu den einzelnen Quellen verfaßt haben. An der Übersetzung der dänischen Quellen ins Deutsche haben Adam Paulsen und Anders Elleback Madsen mitgearbeitet.

Das Manuskript zum vorliegenden Werk lag dem Lehrstuhl von Professor Dr. Jörg Eckert zu Anfang des neuen Jahrtausends vor. Herr Professor Eckert hat es noch vor seinem Tode seinen Assistenten, Herrn Dr. Christoph M. Scheuren-Brandes, zur Durchsicht gegeben. In Übereinstimmung mit den Intentionen von Professor Eckert wurde das Werk in die Rechtshistorische Reihe aufgenommen, in der bereits zwei Quellenbände zur Europäischen Rechtsgeschichte erschienen sind (Bde. 321 und 364 von Günter Baranowski).

Wir danken Herrn Adam Paulsen und Anders Elleback Madsen für ihre Mitarbeit und Frau Dr. Helge Vogt für ihre wertvolle Hilfe bei der Erstellung des endgültigen Druckmanuskripts.

Kogenhagen/Kiel, im Juni 2008

Ditlev Tamm
Werner Schubert

Inhaltsverzeichnis

Einleitung 13
1. Mittelalter 14
2. Das 16. und 17. Jahrhundert 17
3. Absolutismus, lex Regia und dänisches Gesetzbuch 20
4. Das 18. Jahrhundert: Aufklärung und Bauernbefreiung 22
5. Recht und Rechtswissenschaft im 19. Jahrhundert 24
6. Das späte 19. und das 20. Jahrhundert 27

Quellenteil 29

I. Mittelalter 31
1. Schonisches Kirchenrecht (um 1171) 31
Quelle 1 31
2. Gesetz des Königs Knud VI. über Totschlag (28. Dezember 1200) 32
Quelle 2 32
3. Gesetz über die Feuerprobe (um 1216) 34
Quelle 3 35
4. Die dänischen Provinzialgesetze 35
5. Liber legis Scaniae (um 1210) 36
Quelle 4 36
6. Erichs seeländisches Gesetz (erste Hälfte des 13. Jahrhunderts) 38
Quelle 5 38
7. Das Jütische Gesetz (1241) 43
Quelle 6 44
8. Stadtrechte 52
a. Das Stadtrecht von Ripen (26. Juni 1269) 53
Quelle 7 53
b. Das Stadtrecht von Kopenhagen (13. März 1254) 54
Quelle 8 54
9. Sogenannte Wahlkapitulation des Königs Erik Glipping (29. Juli 1282) 55
Quelle 9 55
10. Wahlkapitulation des Königs Kristoffer II. (25. Januar 1320) 57
Quelle 10 57

11. Bischof Knud Mikkelsens Glossen zum jütischen Gesetz (um 1460) 60
Quelle 11 60
12. Ripener Privileg vom 5. März 1460 61
Quelle 12 61
13. Statuten der Juristischen Fakultät Kopenhagen 1479 63
Quelle 13 63
II. Das 16. und 17. Jahrhundert 65
1. Urteil des königlichen Gerichtshofs vom 15. April 1537 65
Quelle 14 65
2. Dänische Gesetzgebung im 16. und 17. Jahrhundert 66
3. Rezess des Königs Christian III. (24. August 1537) 66
Quelle 15 67
4. Universitätsgründung (10. Juni 1539) 68
Quelle 16 68
5. Die dänische Kirchenordnung (1537/39) 69
Quelle 17 69
6. Rezess von Kolding (13. Dezember 1558) 72
Quelle 18 72
7. Die Wahlkapitulation des Königs Friedrich II. (12. August 1559) 74
Quelle 19 74
8. Niels Hemmingsen 75
Quelle 20 75
9. Urteil des königlichen Gerichts vom 14. Juni 1572 76
Quelle 21 76
10. Eheordnung König Friedrichs II. (19. Juni 1582) 78
Quelle 22 79
11. Verordnung über schnelle Exekution (19. Juni 1613) 79
Quelle 23 79
12. Zauberverordnung vom 12. Oktober 1617 80
Quelle 24 80
13. Verordnung über Minderjährige (1. Juli 1619) 81
Quelle 25 82
14. Verordnung über das Unterpfand an Grundstücken (23. April 1632) 83
Quelle 26 83
15. Verordnung über Diebstahl (14. Mai 1636) 84
Quelle 27 84
16. Verordnung vom 9. August 1638 (Rechtsanwälte) 85
Quelle 28 85

17. Rezess König Christians IV. (27. Februar 1643) 85
Quelle 29 86
18. Die Wahlkapitulation des Königs Friedrich III. (8. Mai 1648) 86
Quelle 30 86
III. Absolutismus, Lex Regia und Dänisches Gesetzbuch 87
1. Lex Regia (14. November 1665) 87
Quelle 31 87
2. Privilegien der Grafen und Freiherrn (25. Mai 1671) 93
Quelle 32 93
3. Dänisches Gesetzbuch (Danske Lov) vom 15. April 1683 94
Quelle 33 95
4. Verordnung vom 4. März 1690 über die Bestrafung von Dieben und ungetreuen Dienern 100
Quelle 34 100
5. Verordnung vom 16. Oktober 1697 über die Bestrafung schweren Mordes 101
Quelle 35 101
IV. Das 18. Jahrhundert und die Aufklärung 102
1. Verordnung vom 10. Februar 1736 über das Juristische Examen 102
Quelle 36 102
2. Ein dänischer Jurist 103
Quelle 37 103
3. Holbergs Naturrecht 104
Quelle 38 104
4. Verordnung vom 7. Februar 1749 zur weiteren Erklärung der Verordnung vom 16. Oktober 1697 über die Strafe grober Mörder 107
Quelle 39 108
5. Verordnung vom 14. Oktober 1763 über nichteheliche Kinder 108
Quelle 40 108
6. Erklärung vom 10. Juni 1764 109
Quelle 41 109
7. Verordnung vom 18. Dezember 1767 über melancholische Mörder 110
Quelle 42 110
8. Henrik Stampe: Erklärung vom 20. August 1768 110
Quelle 43 111
9. Verordnung vom 27. April 1771 über Diebstahl 115
Quelle 44 115
10. Verordnung vom 30. Dezember 1771 über die Inquisitions-Commission 116
Quelle 45 116

11. Das Indigenatrecht 1776 ___ 117
Quelle 46 ___ 117
V. Bauernbefreiung ___ 121
1. Verordnung vom 20. Juni 1788 über die Aufhebung des Schollenbandes in Dänemark ___ 121
Quelle 47 ___ 121
2. Verordnung vom 20. Februar 1789 betreffend die genauere Bestimmung der Strafen für Diebstahl und Hehlerei ___ 122
Quelle 48 ___ 122
3. Verordnung vom 3. Juni 1796 über die ordentliche und schnelle Pflege der Prozesse ___ 124
Quelle 49 ___ 124
VI. Recht und Rechtwissenschaft im 19. Jahrhundert ___ 124
1. Anders Sandøe Ørsted ___ 124
Quelle 50 ___ 125
2. Anordnung vom 29. Juli 1814 über das gemeine Schulwesen in den dänischen Städten, Kopenhagen ausgenommen ___ 126
Quelle 51 ___ 126
3. Verordnung vom 26. Januar 1821 betreffend das juristische Studium ___ 127
Quelle 52 ___ 127
4. Verordnung vom 11. April 1840 betreffend die Strafe über Diebstahl, Betrug, Fälschung und andere damit verwandte Verbrechen ___ 128
Quelle 53 ___ 128
5. Sprachreskript (29. Dezember 1840) ___ 129
Quelle 54 ___ 129
6. Anordnung vom 13. August 1841 über Landgemeinden ___ 132
Quelle 55 ___ 133
7. Verordnung vom 5. März 1845 betreffend die Vorschriften, die bezüglich Enteignung von Grundbesitz u.a. anlässlich des Baus der Eisenbahnen in Dänemark beobachtet werden sollen ___ 133
Quelle 56 ___ 134
8. Verordnung vom 21. Mai 1845 über einige Veränderungen der Erbgesetze ___ 134
Quelle 57 ___ 134
9. Offener Brief vom 8. Juli 1846 ___ 135
Quelle 58 ___ 136
10. Grundgesetz vom 5. Juni 1849 ___ 137
Quelle 59 ___ 138

11. Allgemeines bürgerliches Strafgesetzbuch vom 10. Februar 1866 148
Quelle 60 148
12. Revidiertes Grundgesetz vom 28. Juli 1866 149
Quelle 61 149
13. Einladung zum ersten nordischen Juristentreffen 1872 151
Quelle 62 152
Quelle 63 153
14. Gesetz Nr. 69 vom 9. April 1891 über die Altersversorgung würdiger Bedürftiger außerhalb der Armenpflege 153
Quelle 64 154
15. Gesetz Nr. 56 vom 26. März 1898 über die Verpflichtung zum Schadensersatz beim Eisenbahnbetrieb 154
Quelle 65 155
16. Kodifikationsrede von Julius Lassen vom 16. November 1899 155
Quelle 66 155
VII. Das 20. Jahrhundert 160
1. Prozessordnung Nr. 90 vom 11. April 1916 160
Quelle 67 160
2. Gesetz Nr. 279 vom 30. Juni 1922 über Gemeindekirchenräte 162
Quelle 68 162
3. Gesetz Nr. 276 vom 30. Juni 1922 über Schließung und Auflösung der Ehe 163
Quelle 69 163
4. Gesetz Nr. 56 vom 18. März 1925 über die Rechtswirkungen der Ehe 164
Quelle 70 165
5. Gesetz Nr. 111 vom 31. März 1926 über Grundbucheintragung 166
Quelle 71 166
6. Bürgerliches Strafgesetzbuch Nr. 126 vom 15. April 1930 166
Quelle 72 167
7. Gesetz Nr. 181 vom 20. Mai 1933 über öffentliche Fürsorge 167
Quelle 73 167
8. Kindergesetze von 1937 168
Quelle 74 168
Quelle 75 169
9. Strafverfahren gegen Kollaborateure 1945 170
Quelle 76 170
10. Grundgesetz 1953 171
Quelle 77 171

11. Gesetz Nr. 372 vom 7. Juni 1989 über registrierte Partnerschaft _ 185
Quelle 78 _ 185

Quellenverzeichnis _ 187

Neuere Literatur zur Dänischen Rechtsgeschichte _ 197

Einleitung

Eidora romani terminus imperii – Die Eider ist die Grenze des Heiligen Römischen Reiches (HRR). Diese Inschrift stand am südlichen Rendsburger Stadttor, an der Grenze zwischen den beiden Herzogtümern Schleswig und Holstein. Damit wurde jedem deutlich, dass er das HRR verlassen hatte, wenn er nach Schleswig kam. Diese Inschrift an der alten Grenze zwischen Deutschen und Dänen ist nicht nur von Bedeutung für die Nationalitätsfrage, sondern auch für die Untersuchung der nordischen Rechte im Vergleich zum *ius commune.*

Dänemark ist seit langem mit Deutschland eng verbunden. Die Zivilisation kam von Süden. Eine ursprünglich friedliche Verbindung beider Kulturen wandelte sich erst im 19. Jahrhundert mit dem Aufkommen des deutschen Nationalgefühles in ein gespanntes Verhältnis, das zu zwei Kriegen führte. Zunächst der Krieg von 1848-50 und danach der Krieg von 1864, der zum Verlust der beiden Herzogtümer Schleswig und Holstein an Österreich und Preußen führte. Ein dänisches Nationalgefühl war bereits Ende des 18. Jahrhunderts als Reaktion auf den deutschen Einfluss in Schleswig geweckt worden. Rund hundert Jahre später war das dänische Territorium auf das heutige Staatsgebiet reduziert, mit Ausnahme Nordschleswigs, das erst nach einer Volksabstimmung im Jahr 1920 wieder zu Dänemarks Staatsgebiet gehörte.

Seit 1380 war Dänemark mit Norwegen verbunden. Die Union wurde erst 1814 aufgelöst. Dänemark und Norwegen haben daher teilweise eine gemeinsame Rechtsgeschichte. Zu Dänemark gehörten außerdem die Färöer. Island gehörte bis 1944 ebenfalls zu Dänemark, ebenso wie Grönland, das 1989 einen Sonderstatus ähnlich dem der Färöer erhielt.

Die drei Gebiete, Schonen, Halland und Blekinge, im jetzigen Südschweden gelegen, waren bis 1658 (Halland bis 1645) Teile Dänemarks. Die Rechtsgeschichte dieser Gebiete ist bis zum Ende des 17. Jahrhunderts so eng mit der Rechtsgeschichte Dänemarks verbunden, dass das alte schonische Recht in diesem Band ebenfalls dargestellt werden soll.Seit Ende des 19. Jahrhunderts arbeiteten die nordischen Länder (Dänemark, Finnland, Island, Norwegen und Schweden) auf dem Gebiete des Rechts eng zusammen. Entwicklung und Fortgang dieser Zusammenarbeit ist ein wichtiger Teil der neueren nordischen Rechtsgeschichte. Die Geschichte dieser Zusammenarbeit begann im Jahre 1872 mit dem ersten Treffen von Juristen aus den nordischen Ländern, bei dem die Fortsetzung und mögliche Themen der Zusammenarbeit diskutiert wurden. Im 19. Jahrhundert konzentrierte sich die Zusammenarbeit besonders auf das Gebiet des Handelsrechts. Um die Jahrhundertwende hat sich die Kooperation auf zentrale Gebiete des Schuldrechtes und später auch auf das Familienrecht ausgedehnt. Es handelt sich hier nicht um „supranationales Recht", sondern um gemeinsame Vorarbeiten zu einzelnen Gesetzentwürfen, die aber von jedem Land in nationales Recht umgesetzt werden mussten, um Geltung zu erlangen. Jedes Land hatte seine eigene Gesetzgebungskommission, sodass die Umsetzungen der gemeinsamen Entwürfe von Land zu Land im Detail von einander abweichen konnten.

Dänemark war 1972 das erste der nordischen Länder, das Mitglied der Europäischen Gemeinschaften wurde. Später sind auch Schweden und Finnland beigetreten. Traditionell war Dänemark die Brücke zwischen Mitteleuropa und dem Norden. Zwischen den Rechten der nordischen Länder bestehen einerseits Ähnlichkeiten, andererseits aber auch erhebliche Unterschiede. Grundsätzlich bilden die nordischen Länder eine eigene Rechtsfamilie, die sich sowohl vom kontinentaleuropäischen Recht als auch vom englischen common law unterscheidet. Die nordischen Rechte und besonders die nordische Rechtwissenschaft ist besonders seit dem 18. Jahrhundert stark vom kontinentaleuropäischen Recht beeinflusst worden. Zu den Ländern des *ius commune* kann man indes weder Dänemark noch die anderen nordischen Länder zählen. Das Römische Recht ist nie als wirklich geltendes Recht empfunden worden, auch wenn Einflüsse des Römischen Rechts nicht nur in einzelnen Gesetzen, sondern in der ganzen Vorstellung vom Recht als Wissenschaft spürbar sind. Moderne Kodifikationen auf dem Gebiet des Zivilrechts gibt es in den nordischen Ländern nicht. Um die Jahrhundertwende kam zwar die Idee eines gemeinsamen nordischen Gesetzbuches auf, mit besonderem Eifer oder Erfolg ist diese Idee aber nicht verfolgt worden. Ein hoher Grad an Kontinuität ist charakteristisch für das Recht der nordischen Länder.

Inhaltliche Aspekte sollen mit Ausnahme der Übertragung von Immobilien aus Gründen der Übersichtlichkeit hier nicht ausführlich dargestellt werden. Zwischen Zivilrecht und Handelsrecht wird in der Darstellung nicht unterschieden. Regelungen, die dem „Allgemeinen Teil" des BGB entsprechen, sind dem dänischen Recht unbekannt.

1. Mittelalter

Das moderne dänische Recht hat seine ersten uns bekannten Wurzeln in den Rechtsaufzeichnungen aus dem 13. Jahrhundert. Hierbei handelt es sich um mittelalterliche Provinzialgesetze. Bis ins 17. Jahrhundert haben diese Gesetze noch gegolten. Erst mit dem Inkrafttreten des dänischen Gesetzbuches im Jahre 1683 sind die mittelalterlichen Gesetze im Königreich Dänemark formell aufgehoben worden. In Schleswig galt das jütische Gesetz noch bis zum Inkrafttreten des BGB in Juni 1900.

Die dänischen Gesetze des Mittelalters umfassen das Rechtsbuch von Schonen, die zwei Rechtsbücher von Seeland (später als die Gesetze von Valdemar und Erik bekannt) und das Gesetz von Jütland aus dem Jahre 1241 (Quelle 6). Die Rechtsbücher sind Privataufzeichnungen, die aus den ersten Jahrzehnten des 13. Jahrhunderts stammen. Nur das jütische Gesetz kann genau datiert werden. Aus Schonen stammt zudem das *Liber legis Scaniae*, eine lateinische, systematisch etwas anders strukturierte Fassung des schonischen Rechts, verfasst von Erzbischof Anders Sunesen (gest. 1228).

Inhaltlich weichen die Gesetzbücher weniger von einander ab. Sie enthalten allgemeine Regeln zum Erb-, Familien-, Eigentums-, Prozess- und Strafrecht. Sie spiegeln eine bäuerliche Gesellschaft wider, in der die königliche Macht eine wichtige Rolle spielte. Ebenso ist der Einfluss der Prinzipien des kanonischen Rechts spürbar. Beispiele der direkten Anwendung des römischen Rechts sind hingegen nur vereinzelt zu finden.

Besonders deutlich zu sehen ist der Einfluss des europäischen *ius commune* in der bekannten Vorrede zum Gesetz von Jütland. Die Vorrede ist in dänischer Sprache geschrieben und wird im Allgemeinen als ein besonders schönes Beispiel der Stilkunst des Mittelalters empfunden. Überhaupt gehören die alten Gesetze, die alle (mit Ausnahme des *Liber legis Scaniae*) in dänischer Sprache verfasst sind, zu den ersten Denkmälern der dänischen Sprache. Die Vorrede des Gesetzes von Jütland besteht fast gänzlich aus Zitaten oder Umschreibungen von Zitaten aus dem Dekret Gratians. Sie befasst sich insbesondere mit der Natur des Gesetzes, der Stellung des Königs und dem Verhältnis von Staat und Kirche.

Der erste Satz der Vorrede, der postuliert, dass das Land mit Gesetzen gebaut werden solle, ist in seiner prägnanten dänischen Form in Dänemark besonders berühmt geworden und wird oft zitiert. Dasselbe gilt für die Sätze über die Allgemeinverständlichkeit und Klarheit des geschriebenen Gesetzes. Auf älteren Gerichtsgebäuden steht oft der einleitende Satz der Vorrede als mahnende Inschrift: „Med lov skal man land bygge."

Im Gesetz von Jütland finden sich außerdem Bestimmungen, die die elterliche Autorität unterstreichen; ohne Einverständnis von Braut und Bräutigam konnte jedoch keine Ehe geschlossen werden. Selbst die Regel im jütischen Gesetz, die vorschreibt, dass eine Frau, die drei Jahre bei einem Mann gelebt hat und als seine Frau behandelt wurde, dann auch rechtlich als seine Ehefrau betrachtet werden solle, geht wahrscheinlich auf einen Wunsch der Kirche zurück, solche Verbindungen zu legalisieren und damit unter kirchliche Gerichtsbarkeit zu stellen. Es gibt hingegen auch mehrere Beispiele dafür, dass Grundsätze aus dem kanonischen Recht nicht anerkannt wurden. Das Testierrecht wurde nur teilweise anerkannt und nur in Fällen, in denen es um Begünstigungen von *piae causae* ging.

Charakteristisch für die mittelalterlichen dänischen Gesetze ist das Wehrgeldsystem. Ein Gesetz aus dem Jahre 1200 (Quelle 2) ist ein Beispiel dafür, wie der König versuchte, die Blutrache durch Einigungen zurückzudrängen. Es bestand aber kein Zwang, sich im Falle eines Totschlags mit einer Geldbuße zu begnügen. Die Bestrebungen, die Kollektivschuld zu verdrängen und das Prinzip der individuellen Verantwortung, das aus dem kirchlichen Bereich stammt, zu verwirklichen, ist in den Quellen gut nachvollziehbar. Auch sieht man, wie zwischen beabsichtigten und unbeabsichtigten Fällen einer Schädigung unterschieden wurde.

Das Prozesssystem war geprägt durch die Anwendung formeller Beweismittel. Der Beweis durch Eideshelfer ist bis in das 16. Jahrhundert der Hauptbeweis. Auch wenn von kirchlicher Seite protestiert wurde, blieb dieser negative Beweis trotz der Gefahr des Meineides in Gebrauch. Die einzelnen Artikel der Gesetze sind häufig als Prozessregel formuliert, indem sie das Beweismittel nennen, das anzuwenden ist, um einer Klage zum Erfolg zu verhelfen.

Die Eisenprobe wurde in Dänemark kurz nach dem IV. Laterankonzil (1215) abgeschafft. Im Gesetz von Schonen sind noch dreierlei Arten der Eisenprobe geregelt, nämlich das Tragen und das Werfen von glühenden Eisen sowie das Gehen über glühende Pflugscharen. Anstelle der Eisenprobe wurden Schwurgerichte eingeführt, die nach dem Majoritätsprinzip die Schuldfrage entschieden.

Über das ältere dänische Recht vor Erscheinen der mittelalterlichen Rechtsaufzeichnungen ist nur wenig bekannt. Überlieferungen älteren Rechts sind wenig zuverlässig. Schlüsse auf einen älteren Rechtszustand aus den Rechtsaufzeichnungen müssen mit großer Vorsicht gezogen werden, da die mittelalterlichen Rechtsaufzeichnungen in einer Epoche großer gesellschaftlicher Umwälzungen zustande gekommen sind. Eine starke Königsgewalt brachte in Verbindung mit der Kirche große Veränderungen in der Rechtsauffassung mit sich, die es erschweren, das Alter der Regelungen mit hinreichender Sicherheit zu entscheiden. Aus derselben Zeit wie die Gesetze stammen auch mehr als 1.500 Dorfkirchen in Dänemark und zahlreiche andere Denkmäler dieser nicht nur auf dem Gebiete des Rechts sehr reichen Zeit.

Eine dänische Rechtsliteratur des Mittelalters gibt es nicht. Im 15. Jahrhundert hat der Bischof von Viborg, Knud Mikkelsen (gest. um 1480), ehemaliger Student und Rektor an der Universität Erfurt, eine Glosse zum jütischen Recht verfasst, worin er Vergleiche zwischen dem Römischen und dem Kanonischen Recht sowie dem dänischen Recht macht und Abweichungen des dänischen Rechts vom *ius commune* darstellt. Dieses Werk ist sowohl in dänischer als auch in lateinischer Fassung überliefert und zeichnet sich auch durch Zitate von Beispielen aus dem Gerichtspraxis aus.

Das jütische Gesetz wurde als dessen letzter Regierungsakt von König Valdemar II. (1202-1241) erlassen. Unter seinen Nachfolgern wurde die Stellung des Königs geschwächt. 1282 gelang es durch Verhandlungen, deren Details wir nicht kennen, den König zum Erlass eines Gesetzes zu bewegen (Quelle 9), wonach jedes Jahr ein sog. „*parlamentum*" einzuberufen war, um die Lage des Staates mit Vertretern von Adel und Volk zu beraten. Aus dieser Versammlung entstand allmählich der sogenannte Rat des Königs, der später eine wichtige Rolle in der Regierung bekam. Das Königtum beruhte auf Wahl und nicht auf Erbrecht, auch wenn der Nachfolger des Königs normalerweise dessen ältester Sohn war. Seit dem 14. Jahrhundert war es üblich, den König durch eine Wahlkapitulation dem Volke zu verpflichten.

2. Das 16. und 17. Jahrhundert

Dänemark ist einer der traditionellen noch erhaltenen europäischen Nationalstaaten, wenn auch nach zahlreichen Kriegen seit dem 15. Jahrhundert, zuerst mit Schweden und später mit Preußen, in seiner geographischen Größe reduziert. Als nationaler „*lieu de mémoire*" spielt das Recht, so wie es schon in den mittelalterlichen Gesetzen zum Ausdruck kam, eine wichtige Rolle im dänischen Nationalbewußtsein. Oft wird hervorgehoben, dass das dänische Recht einen besonders demokratischen Charakter besitzt, wodurch es sich vom als autoritär empfundenen Römischen Recht unterscheidet. Solche vereinfachenden Auffassungen werden jedoch von der rechtsgeschichtlichen Forschung in Frage gestellt.

Gewisse charakteristische Züge des dänischen Rechts stützen die Annahme, dass eine Rezeption des Römischen Rechts en bloc weder in Dänemark noch in den anderen nordischen Ländern stattgefunden hat. Als *ius commune* hat man das Römische Recht südlich der schon angedeuteten Grenze zwischen Dänemark und dem HRR aufgefasst. Sowohl das Römische Recht als auch das kanonische Recht waren zwar im Norden durchaus bekannt, zu einer Rezeption kam es aber nicht.

Das Römische Recht wurde als fremdes Recht empfunden. Um 1600 schrieb der dänische Rat Arild Huitfeldt: „Das Kaiserrecht ist ein Recht eigener Art wie auch englisches und polnisches Recht, unser Recht ist anders. Alle Rechte eigener Art sind, wenn auch verschieden, doch gleich im natürlichen Recht, das in uns allen zu finden ist."

Seit dem 16. Jahrhundert geht die Debatte um den Einfluss des Römischen Rechts immer davon aus, dass das Römische Recht etwas Fremdes darstellte, das als Gefahr für die ruhige Entwicklung des nationalen Rechts empfunden wurde.

Das Römische Recht wurde an der Universität Kopenhagen seit ihrer Gründung im Jahre 1479 gelehrt. Nach der Reformation 1536 und der Neugründung der Universität bald danach wurde das Römische Recht auch an der reformierten Universität zur Grundlage des Rechtsstudiums. In den Statuten der Universität (Quelle 16) wurde der Unterricht im Römischen Recht damit begründet, dass es, auch wenn es nicht als geltendes dänisches Recht aufgefasst wurde, wegen der Übereinstimmung mit dem natürlichen Recht als Quelle für das lokale dänische Recht dienen konnte. Diese Auffassung von der Geltung des Römischen Rechts über das Naturrecht war vom *praeceptor germaniae* Philipp Melanchton beeinflusst, der in seiner *oratio de legibus* aus dem Jahr 1525 die Bedeutung des Studiums des Römischen Rechts betont hatte. Melanchton wies auch auf solche Länder hin, in denen das Römische Recht studiert wurde, obwohl es nicht geltendes Landesrecht war. In diesen Ländern studierte man das Römische Recht, weil man auf diese Weise über den Geist des Rechts und der Gerechtigkeit im Allgemeinen unterrichtet wurde. So könne man um eigene Gesetze besser beurteilen, wenn sie auch auf andere Weise mit dem natürlichen Recht in übereinstimmten.

Noch im 16. und 17. Jahrhundert waren die mittelalterlichen Gesetze aus dem 13. Jahrhundert Grundlage des dänischen Rechts. Diese Gesetze galten jeweils noch in ihren Territorien. Viele noch erhaltene Handschriften der Gesetze zeugen davon, dass die Gesetze noch im 16. Jahrhundert abgeschrieben wurden, auch wenn bereits gedruckte Ausgaben 1500 vorhanden waren. Obwohl viele Einzelregelungen der mittelalterlichen Gesetze nicht mehr in Kraft waren, wurden die Gesetze getreu der Originalvorlage abgeschrieben oder gedruckt. Eine offizielle Neuausgabe gab es nicht, abgesehen von einer Ausgabe des jütischen Rechts aus dem Jahre 1590 in einer neuen sprachlichen Fassung. Diese Ausgabe hat dazu beigetragen, dass das jütische Recht besonders vom königlichen Rat, dem oberstem Gerichtshof, als Ausdruck allgemeiner Prinzipien des Rechts aufgefasst wurde, die auch außerhalb des jütischen Rechtsgebietes angewendet wurden.

In der Zeit nach der Reformation wurde eine Reihe sog. Rezesse erlassen, die teilweise polizeirechtliche Regelungen, aber auch wichtige Neuregelungen auf den Gebieten des Privat-, Prozess- und Strafrechts enthielten. Besonders in der Regierungszeit Christians III. (1534-1559) wurden viele solcher Rezesse erlassen. Der letzte war der Rezess von Kolding 1558 (Quelle 18), der die Gesetzgebung des Königs zusammenfasste und später einfach als „der Rezess" bezeichnet wurde. Auf dem Gebiet des Kirchenrechts war schon 1537/39 eine neue protestantische Kirchenordnung erlassen worden (Quelle 17).

Das kanonische Recht hatte in den Teilen, in denen es nicht mit dem evangelischen Glauben übereinstimmte, keine Geltung mehr. Das Eherecht wurde 1582 in einem neuen Ehegesetz (Quelle 22) kodifiziert, um viele Zweifelsfragen zu lösen. Zuvor wurde bereits 1581 ein neues Seerecht erlassen.

Zur Zeit König Christians IV. kamen viele neue Regelungen hinzu. Besonders hervorzuheben sind der Rezess von 1615 und der sog. große Rezess von 1643 (Quelle 29), in dem die hiesige Gesetzgebung in drei Büchern zusammengefasst wurde: Das weltliche und das kirchliche Recht sowie die besonderen Regelungen für Norwegen.

Die Gesetzgebung spielte nur eine untergeordnete Rolle bei der Fortbildung des Rechts. Auf vielen Gebieten mussten die Gerichte ohne Grundlage in einem geschriebenen Gesetz ihre Entscheidung fällen. Die Gerichte waren nach einem dreistufigen System aufgebaut, und seit der Mitte des 16. Jahrhunderts war es die Regel, dass nur Adlige *ad forum privilegiatum* ihre Streitigkeiten direkt vor den Königlichen Rat als höchstem Gerichtshof bringen konnten. Andere Streitfälle mussten entweder zunächst beim lokalen Richter im „Herred" oder beim Richter des Landes („landsdommer") anhängig gemacht werden und konnten erst durch Appellation vor den höheren Gerichten weitergeführt werden.

Im Zeitraum zwischen 1536 und 1660 kennen wir ca. 7.500 Gerichtsentscheidungen des höchsten Gerichtshofes, des Königlichen Rats. Von den unteren Instanzen sind nur wenige Gerichtsprotokolle aus dem 16. Jahrhundert erhalten. Aus dem 17. Jahrhundert gibt es jedoch eine Reihe von Protokollen, die uns über die Funktion des lokalen Richters auf dem „Ting" unterrichten. Diese Richter hatten keine besondere juristische Ausbildung. Die Räte des Königs, die zugleich Richter am obersten Gerichtshof waren, gehörten alle dem dänischen Hochadel an. Sie waren auch nicht juristisch ausgebildet, hatten aber in der Regel einige Jahre an ausländischen Universitäten studiert. Aus den Gerichtsurteilen geht hervor, dass sie dänisches Recht anwendeten. In ganz wenigen Fällen ist ein indirekter Einfluss des römischen Rechts spürbar. Besondere Regelungen aus den römischen Rechtsquellen werden nicht zitiert. Die Prinzipien des jütischen Rechts werden in mehreren Fällen fremden Rechtsvorstellungen gegenübergestellt. 1572 stellt der Rat in einem Urteil (Quelle 21) fest, dass eine testamentarische Regelung nach der Primogeniturerbfolge gegen das allgemeine Prinzip der Gleichheit in der Erbteilung verstößt. 1590 lehnt der Rat die Anwendung des Satzes „Hand wahre Hand" ab, wenn es um die Vindikation beweglicher Sachen geht.

Prinzipien aus dem römischen Recht wurden zunächst im Schuldrecht anerkannt z. B. bei der Kaution. Hier wurde das *beneficium divisionis* in der Gerichtspraxis eingeführt, und die Minderjährigkeitsgrenze auf 25 Jahre wurde in einer Verordnung von 1619 (Quelle 25) festgesetzt.

Im Prozessrecht verdrängten Zeugen und Dokumente als Beweismittel allmählich die Eideshelfer. Im Strafrecht ist eine erhebliche Verschärfung in der Zeit nach 1500 deutlich spürbar. Allmählich fand die Todesstrafe in Fällen von Todschlag allgemein Anwendung. Auch auf dem Gebiet der Sittlichkeitsdelikte findet ebenfalls eine erhebliche Verschärfung statt. Das mosaische Recht und der Dekalog werden hierbei in mehreren Fällen als Maßstab herangezogen.

3. Absolutismus, lex Regia und dänisches Gesetzbuch

Ende des 17. und Anfang des 18. Jahrhunderts wurden in den nordischen Ländern neue Gesetzbücher erlassen. Die ältesten sind zwei unter der Regentschaft des dänischen Königs Christian V. (1670-1699) erlassene Gesetzbücher, das dänische Gesetzbuch von 1683 und das norwegische Gesetzbuch von 1687.

Der Absolutismus war im Jahre 1660 in Dänemark eingeführt worden. Als Grundlage der absoluten Herrschaft wurde 1665 die *Lex Regia*, das Königsgesetz (Quelle 31) erlassen. Dieses enthielt Regelungen über die Macht des Königs, der Inhaber aller *jura majestatis* war. Hinzu kamen Regelungen über die Unverletzlichkeit des Staatsgebiets, die Erbfolge und verschiedene andere Regelungen, z. B. über das Verfahren bei Minderjährigkeit des Königs. Die *Lex Regia* ist ein wichtiges Beispiel für die Rezeption der Ideen von Souveränität, Staatsraison und Primat der Gesetzgebungsgewalt.

Im Prinzip war der König Inhaber aller Befugnisse. Schon 1670 wurde das „Konseil" gegründet, vor dem wichtigere Staatssachen verhandelt wurden.

Das Königsgesetz wurde erst 1709 veröffentlicht. Teile davon wurden aber in das erste Buch des dänischen Gesetzbuches von 1683 aufgenommen (Quelle 33). Das dänische Gesetzbuch war ein Ergebnis der politischen Umwälzungen, die dem König eine zentrale Stellung einräumten und nach Rechtseinheit strebten. Nach langjährigen Kommissionsarbeiten in den Jahren 1661 bis 1682 konnte das Gesetzbuch 1683 in sechs Büchern erlassen werden. Die treibende Kraft in der Gesetzesarbeit war Rasmus Vinding, Professor an der Geisteswissenschaftlichen Fakultät der Universität Kopenhagen. Er war zwar kein ausgebildeter Jurist, sondern Philologe und Historiker, hatte sich aber als Richter am 1661 errichteten höchsten Gerichtshof als ein fähiger Praktiker bewiesen. Er konnte als erster einen Entwurf für das Gesetzbuch vorlegen, der auf den alten Gesetzen Dänemarks aufbaute.

Der Vinding-Entwurf wurde dem Entwurf des Juristen Peder Lassen vorgezogen, der sich mehr an das gemeine Recht anlehnte. Auf der Grundlage des Entwurfs von Vinding arbeiteten noch vier Revisionskommissionen an der Ausfertigung, bis die endgültige Fassung 1682 vorgelegt werden konnte. Nach der Fertigstellung des dänischen Gesetzbuches begannen die Arbeiten an einem norwegischen Gesetzbuch. Als Muster nahm man das neue dänische und nicht die alten norwegischen Gesetze. Das Ergebnis war ein Gesetzeswerk, das zwar auf gewissen Sondergebieten eigene Regelungen enthielt, grundsätzlich aber mit dem dänischen Gesetzbuch übereinstimmte. Die Einheit des dänischen und des norwegischen Rechts wurde dadurch erheblich gefördert.

Das Gesetzbuch besteht aus sechs Teilen oder Büchern. Im ersten Buch findet sich nach einer Einleitung über Gehorsam gegen König und Gesetz und Zitaten aus dem Königsgesetz das Prozessrecht. Im zweiten Buch ist das Kirchenrecht und im dritten Buch sind die Rechte der Bauern und Bürger sowie Personen- und familienrechtliche Regelungen angesiedelt. Das vierte Buch enthält das Seerecht, das fünfte Buch das Eigentums- und Schuldrecht, das sechste Buch das Straf- und Schadensersatzrecht.

Das dänische Gesetz wurde ins Deutsche und Lateinische und im 18. Jahrhundert teilweise ins Englische übersetzt. Der englische Rechtsphilosoph Jeremy Bentham kannte das dänische Gesetzbuch in der lateinischen Fassung. In seinem Frühwerk „A General View of a Complete Code of Laws" fasst er die Qualitäten dieses Gesetzbuches folgendermaßen zusammen: „In the preface to the Danish Code, it is expressly stated to be complete. However it contains nothing about taxes, no regulations relating to professions, nothing about the succession to the crown, nothing about the powers of any subaltern officers, except those of justice; nothing respecting international law; no formularies, either for contracts, or the disposal of goods, or different stages of procedure. It is, however, the least incomplete of all codes". Bentham geht vom einem eigenen Begriff einer vollständigen Kodifikation aus.

Zum Einfluss des Römischen Rechts äußert er sich nicht. Es gibt nur wenige Beispiele dafür, dass Regelungen aus dem Römischen Recht in das dänische Gesetzbuch aufgenommen wurden. Besonders deutlich sieht man den Einfluss im Abschnitt des Gesetzbuches über das *crimen laesae majestatis*, aber auch in dem Abschnitt über das Privatrecht, wo der Begriff *contra bonos mores* eingeführt wird.

Das dänische Gesetzbuch ist ein Kind seiner Zeit. Allgemeine Regelungen fehlen oft. Viele Artikel des Gesetzbuches sind kasuistsich in Form von Beispielen formuliert. Im Schadensersatzrecht bauen mehrere Artikel noch auf dem Haftungsprinzip der mittelalterlichen Gesetze auf. In einigen Fällen wird hingegen das Schuldprinzip verwendet. Erst in der Gerichtspraxis des 18. Jahrhunderts wird das Schuldprinzip oder culpa-Prinzip als allgemeines Schadensersatzprinzip dort anerkannt, wo es keine besondere gesetzliche Regelung gibt. Allgemeine Prinzipien des Schuldrechts und des Schadensersatzrechts fehlen im Gesetzbuch. In Artikel 5-1-1 kommt das allgemeine Prinzip zum Ausdruck, dass Verträge bindend sind.

Kritiker wandten gegen das Gesetzbuch ein, dass im Strafrecht ältere Regelungen übernommen worden seien, ohne Rücksicht darauf, ob die harten Strafen der älteren Gesetze bereits in der Gerichtspraxis gemildert worden waren. Auf der anderen Seite findet man im Gesetzbuch eine Milderung der Strafe für das am meisten verbreitete Delikt, den Diebstahl.

Wie viele deutsche Strafgesetzbücher war auch das dänische Gesetzbuch nach Art des Dekalogs aufgebaut. Der Einfluss des mosaischen Rechts ist deutlich in den Einzelregelungen des Gesetzbuches erkennbar. Das Strafrecht folgt aber dennoch keinem einheitlichen Prinzip. Das Talionsprinzip – „Leben für Leben" – kommt in der Regelung vom Todschlag zum Ausdruck, bei Körperverletzungen wandte man hingegen das Kompensationsprinzip an. Das Abschreckungsprinzip herrscht jedoch allenthalben vor. Im Allgemeinen kann man wohl behaupten, dass die strafrechtlichen Maßnahmen des dänischen Gesetzbuches im Vergleich zu vielen ausländischen Strafgesetzen relativ mild waren.

4. Das 18. Jahrhundert: Aufklärung und Bauernbefreiung

Eine Rechtswissenschaft hatte sich im Dänemark des 17. Jahrhunderts noch nicht entwickelt. Viele Mängel des Gesetzbuches lassen sich daher auf diese fehlende theoretische Basis zurückführen. Erst im 18. Jahrhundert bildete sich unter dem Einfluss des europäischen Naturrechts und des *usus modernus pandectarum* eine dänische Rechtswissenschaft aus.

Beispiel einer frühen dänischen Naturrechtsdarstellung ist ein Werk von Ludvig Holberg, dem wichtigsten dänischen Komödiendichter. Er war Professor an der philosophischen Fakultät der Universität Kopenhagen und hat außer seinen Komödien zahlreiche Werke zur Ökonomie, allgemeinen Geschichte sowie Kirchengeschichte verfasst. Ein Frühwerk war eine Naturrechtsdarstellung, die insbesondere stark auf den Werken von Samuel Pufendorf, Hugo Grotius und Thomasius aufbaute. Das Werk „Natur- og Folkerettens Kierne" (1716-18) wurde im Jahre 1756 auch ins Deutsche übersetzt (Quelle 38).

Im Jahre 1736 wurde ein juristisches Examen an der Universität Kopenhagen eingeführt (Quelle 36). Zuerst wurde eine juristische Ausbildung nur für diejenigen erforderlich, die vor dem höchsten Gerichtshof als Anwälte auftreten wollten. Allmählich wurde auch von Richtern eine juristische Ausbildung erwartet. 1772 war eine juristische Ausbildung für alle Richter des höchsten Gerichtshofes und Richter am Appellationsgericht von Kopenhagen Pflicht. Erst 1821 wurde eine allgemeine juristische Ausbildung von allen Richtern und höheren Verwaltungsbeamten verlangt. Besonders in den Jahren nach 1750 entwickelten sich staatsrechtliche Grundsätze, die die sonst uneingeschränkte Gewalt des Königs de facto beschränkten. Eine despotische Regierung entwickelte sich nicht, wenn man von der anderthalb Jahre dauernden Regierungszeit (1770-1772) des königlichen

Arztes Struensee absieht, der später wegen Missbrauchs der königlichen Macht verurteilt wurde.

Henrik Stampe (1713-1789) spielte als so genannter Generalprokureur eine zentrale Rolle. In dieser Eigenschaft äußerte er sich in Erklärungen zu bedeutenderen juristischen Fragen, beispielsweise beim Erlass von Gesetzen oder konkreten Verwaltungsmaßnahmen.

Besonders von Montesquieus Lehre von den Regierungsformen und der Gewaltenteilung wurde Stampe beeinflusst. Es gelang ihm, die monarchistische Regierungsform des dänischen Staates zu stärken, indem er u. a. auf den Unterschied zwischen Verwaltungsentscheidungen, die von der Obrigkeit und der Kanzlei getroffen werden konnten, und richterlichen Entscheidungen, die den Gerichten oblagen, hinwies.

Der dänische Absolutismus überdauerte vielleicht auch deshalb die französische Revolution. Durch Verordnungen von 1831 und 1834 wurden sog. Provinzialstände eingeführt. Die Ständeversammlungen tagten alle zwei Jahre im Königreich Dänemark und in den Herzogtümern. Die Stände waren zwar nur Berater, hatten aber eine wichtige Funktion als Vorläufer eines echten Parlaments. Der Absolutismus wurde erst 1848 unter dem Einfluss der revolutionären Strömungen in Europa durch eine konstitutionelle Monarchie ersetzt. Die neue Verfassung (Danmarks Riges Grundlov) wurde am 5. Juni 1849 erlassen.

Die Erforschung der dänischen mittelalterlichen Rechtsquellen stand bis vor kurzem im Zentrum des Interesses der dänischen Rechtshistoriker. Das mittelalterliche dänische Recht verstand man als national besonders geprägt und prägend, da es von den sonstigen europäischen Rechten in seiner Entwicklung unabhängig war. Auch die rechtshistorische Forschung Ende des 18. Jahrhunderts verfolgte den Zweck, den nationalen Charakter des Rechtes zu unterstreichen. Diese Tradition wurde in der Debatte über den Beitritt Dänemarks zum Vertrag von Maastricht weitergeführt. So wurde beispielsweise der Unterschied zwischen dem demokratischen dänischen Recht einerseits und dem autoritären Römischen Recht andererseits hervorgehoben. Den Ursprung dieser Ansicht findet man schon in einem Buch zur Einführung in das Rechtsstudium, das 1736 von Professor Andreas Hojer verfasst wurde (Quelle 37).

Zu den Studienfächern gehörte damals auch das Römische Recht, es wurde aber als Nebenfach gelehrt. Die Lehre des Naturrechts und des dänischen Rechts hatte Vorrang. Andreas Hojer sprach von den „vielen Spitzfindigkeiten und Fiktionen im Römischen Recht, die stets den einfachen und seit alters her unkomplizierten Sitten des Nordens fern lagen[...]".

In den Jahren 1769-1776 gab der Rechtshistoriker Peder Kofod Ancher seine Geschichte des dänischen Rechts unter dem Titel „Dansk Lov-Historie" heraus, das als das wichtigste juristische Werk der dänischen Rechtsliteratur des 18.

Jahrhunderts angesehen werden kann. In diesem Werk wird auch der nationale Charakter des dänischen Rechts hervorgehoben. Man kann von einem geradezu patriotischen Buch sprechen, das gerade zu einer Zeit erschien, in der auch in der Gesetzgebung die Rechte der Dänen einerseits und Ausländer andererseits definiert wurden. In der sogenannten Verordnung über das Indigenatrecht (Quelle 46) wurde beispielsweise das ausschließliche Recht der dänischen Bürger auf Zugang zum Staatsdienst begründet.

Kofod Ancher sprach in seiner Darstellung der dänischen Rechtsquellen vom dänischen Recht als „Frucht des Landes ohne Mischung mit fremden Erzeugnissen". Eine fundierte Bilanz des Verhältnisses von *ius proprium* zum *ius commune* lässt sich auf der Basis einer solchen Auffassung jedoch kaum ziehen.

5. Recht und Rechtswissenschaft im 19. Jahrhundert

Eine veränderte Einstellung gegenüber dem Römischen und auch anderen ausländischen Rechten lässt sich besonders auf den Einfluss des dänischen Juristen Anders Sandøe Ørsted, oft als „Vater der dänischen Rechtswissenschaft" bezeichnet, zurückführen. Ørsted wurde 1778 – ein Jahr vor Savigny – geboren und starb ein Jahr früher als dieser im Jahre 1860. Er sah das Verhältnis des dänischen Rechts zum Römischen Recht anders als Ancher. Für ihn war es „ein übertriebener Patriotismus", wenn Kofod Ancher und andere den Einfluss des Römischen Rechts auf das nationale Recht in Dänemark nicht nur in Spezialfällen, sondern auch im Allgemeinen nicht anerkennen wollten. Ørsted machte auf einzelne Beispiele für den Einfluss des Römischen Rechts aufmerksam. Besonders hob er aber hervor, dass das Römische Recht eine Voraussetzung für die Entwicklung eines juristischen Studiums und der Rechtswissenschaft sei. Ohne das Römische Recht sei das Rechtsstudium gar nicht denkbar. Dies müsse natürlich auch für Dänemark gelten.

Ørsted arbeitete nicht nur als Rechtswissenschaftler, sondern hatte auch als Beamter in der königlichen Kanzlei. So hatte er großen Einfluss auf die Gesetzgebung Dänemarks. Als juristischer Autor war er besonders von der deutschen Rechtswissenschaft seiner Zeit beeinflusst. Auch die Philosophie Kants und die deutschen Kantianer waren ihm bekannt. Später ließ er sich besonders von Feuerbach und Savigny inspirieren. Seine Schriften und seine Bibliothek zeugen zudem von seiner allgemeinen Kenntnis der deutschen Rechtsliteratur und der großen europäischen Kodifikationen seiner Zeit, ALR, Code civil und ABGB. Ørsted scheute nicht davor zurück, das dänische Recht um Regelungen, die aus fremden Rechtskreisen stammten, zu bereichern. Er hob aber immer hervor, dass es sich in solchen Fällen nur um Prinzipien handele, die mit dem dänischen Recht grundsätzlich übereinstimmten. Ein Beispiel hierfür sei die Einführung des Parentelsystems in der Erbfolge, das er dem ABGB entnahm. Ørsted hat auch römischrechtliche Institute wie z. B. die *condictio indebiti* und die *negotiorum gestio* in das dänische Recht eingebürgert. Das Schuldprinzip wurde ebenfalls von Ørsted an Hand von Darstellungen der deutschen Romanisten erörtert.

Ørsted war Herausgeber mehrerer juristischer Zeitschriften. Ein großer Teil seines Werkes besteht aus Zeitschriftsaufsätzen. Er hat zudem Monographien geschrieben und eine sechsbändige Darstellung des dänischen (und norwegischen) Privatrechts verfasst. In dieser als „Handbuch“ bezeichneten Darstellung unterstrich er die Bedeutung des ausländischen Rechts für die Entwicklung des dänischen Rechts. Er beschrieb, wie man auf diese Weise nicht nur auf Rechtsfragen aufmerksam wurde, die man sonst nicht kannte, sondern auch Gelegenheit bekam, eigene Lösungen zu überdenken. Er sah die Bedeutung des ausländischen Rechts bei der Gesetzesauslegung als ein Mittel zur Erforschung des natürlichen Sinns und zur Erforschung allgemeiner Rechtsprinzipien. Art. 2140 des Code civil wurde beispielsweise als Beleg dafür zitiert, dass auch im Grundbuch eingetragene Rechte verjähren können.

Ørsted hat sich mit fast allen Gebieten des dänischen Rechts beschäftigt. Im Strafrecht war er besonders von Feuerbach beeinflusst. Auch wenn er die Generalprävention als Hauptzweck des Strafrechts verstand, konnte er sich dennoch den Feuerbachschen Theorie des psychologischen Zwanges nicht anschließen. Er war der Auffassung, dass die Gewissheit der tatsächlichen Strafvollstreckung eine wichtige Rolle spiele. Auch wollte er solche Verbrechen bestrafen, die nicht ausdrücklich im Strafgesetzbuch erwähnt waren. Savigny war ihm zwar ebenfalls ein Vorbild, er folgte jedoch der Historischen Schule nicht und nahm ausdrücklich davon Abstand, die Rechtsinstitute bis zum Ursprung zu verfolgen.

Auf der von Ørsted gelegten Grundlage baute ein großer Teil der Rechtswissenschaft in Dänemark im 19. Jahrhundert auf. Eine andere von Hegel beeinflusste Richtung beschäftigte sich indes mit der juristischen Begriffsbildung, die dem mehr empirisch arbeitenden Ørsted ferner lag. Unter den von Hegel inspirierten Wissenschaftlern ist besonders F.C. von Bornemann, der über allgemeine Rechtslehre und Strafrecht schrieb, zu erwähnen.

Die Verbindungen dänischer Juristen zu Deutschland waren eng. Eine Reise nach Deutschland verbunden mit einem Besuch einer oder mehrerer deutscher Universitäten gehörte zu der Ausbildung dänischer Universitätsjuristen im 19. Jahrhundert. Zunächst Savigny, später Ihering und Windscheid übten eine große Anziehungskraft aus. Die Namen der dänischen Juristen Carl Goos (1835-1918), besonders als Strafrechtler bekannt, und des Obligationenrechtlers Julius Lassen (1847-1923) sind in dieser Epoche besonders prägend gewesen. Die Entwicklung einer dänischen Rechtswissenschaft fand besonders im 19. Jahrhundert statt. Erst durch den Einfluss des Pandektenrechts fand eine eigentliche Rezeption der auf dem Römischen Recht basierenden wissenschaftliche Methode, also eine eigentliche Verwissenschaftlichung des dänischen Rechts, statt. Diese Entwicklung hat also erst recht spät stattgefunden. Die Lage in den nordischen Ländern war anders als in England, wo die Juristen des common law schon im Mittelalter mit dem Satz *nolumus leges angliae mutari* dem *ius commune* den Weg versperrten. In den nordischen Ländern kannte man das *ius commune* zwar, es fehlte aber an einer ausreichenden Zahl gelehrter Juristen, um wirklich eine Rezeption des Römischen Rechts betreiben zu können. Erst im 18. Jahrhundert waren entsprechende Voraussetzungen geschaffen. Zu dieser Zeit hatte sich aber das dänische Recht bereits zu einem geschlossenen System entwickelt, das aus dem Römischen Recht nur solche Regelungen aufnahm, die mit der dänischen Rechtsauffassung übereinstimmten. Systematik und juristische Begriffe fehlten jedoch. Hier half das Pandektenrecht. Das dänische Recht hat daher ausgesprochen kontinentaleuropäische Züge angenommen.

Die im 17. Jahrhundert zu Stande gekommene Rechtseinheit zwischen Dänemark und Norwegen einerseits und die gemeinsamen Wurzeln des finnischen und schwedischen Rechts andererseits haben zu einer Unterscheidung zweier Untergruppen der „nordischen Rechtsfamilie" geführt. Auch nach 1814, dem Jahr des Endes der Union mit Dänemark, hat das norwegische Recht seine Eigenständigkeit bewahrt. Auch Finnland wurde 1809 vom russischen Zaren die Erhaltung seines alten Rechts zugesagt.

Die klare Unterteilung in zwei Untergruppen hätte weiterbestanden, wenn es nicht zu einer Zusammenarbeit auf dem Gebiete des Rechts gekommen wäre, wodurch Unterschiede ausgeglichen wurden und ein gemeinsames Recht geschaffen wurde. Die Zusammenarbeit war von der Idee beherrscht, dass in den nordischen Ländern eine gemeinsame Vorstellung von Recht bestehe. Hinzu kam die Überzeugung, dass notwendige Reformen auf dem Gebiet des Wirtschafts- und Handelsrechts am besten durch gemeinsame Bestrebungen herbeigeführt werden konnten. Auf dieser Grundlage wurde 1872 nach dem Vorbild des deutschen Juristentages erstmals ein nordisches Juristentreffen einberufen. Solche Juristentage fanden danach alle drei Jahre statt. Die juristische Zusammenarbeit wird bis heute fortgesetzt und hat zu einer gemeinsamen Gesetzgebung auf wichtigen Gebieten des Privatrechts geführt. Zunächst entwickelte man gemeinsame Regelungen im Bereich des Handelsrechts, später – besonders nach 1900 – auch auf dem Gebiet des Schuld- und Familienrechts sowie teilweise auch im Straf- und Prozessrecht, wo ursprünglich die Unterschiede größer waren.

Es ist für die nordischen Rechtordnungen geradezu charakteristisch, dass alle Versuche, neue Gesetzbücher einzuführen, gescheitert sind. Bald nach dem Inkrafttreten der alten Gesetzbücher begann ein Dekodifikationsprozess. In Dänemark wurde in den 1830er Jahren die Ausarbeitung eines neuen Gesetzbuches diskutiert. Die Idee wurde aber aufgegeben, besonders nachdem sich auch Ørsted unter Bezugnahme auf Savigny gegen die Kodifizierung des Rechts geäußert hatte. Die dänische Rechtswissenschaft musste sich noch weiter entwickeln, ehe man eine Privatrechtskodifikation in Angriff nehmen konnte. Eine solch pessimistische Haltung gegenüber der Kodifikationsidee herrschte im ganzen 19. Jahrhundert bis zum Jahre 1899 vor. Der Schuldrechtler Julius Lassen, inspiriert vom BGB 1896, entwarf in einem Vortrag die Idee, dass man auf ein nordisches Gesetzbuch hinarbeiten solle. Zwar ist es nie zu einer Umsetzung dieser Idee gekommen, die Rede Lassens wirkte aber als Katalysator für neue gemeinsame Gesetzesprojekte auf dem Gebiet des Schuldrechts und des Familienrechts.

6. Das späte 19. und das 20. Jahrhundert

Mit zwei Anordnungen vom 28. Mai 1831 wurden einige Hauptbestimmungen für die Einführung der Provinzialstände für das Königreich und die Herzogtümer (Schleswig und Holstein) erlassen. Nähere Bestimmungen zur Einrichtung der Provinzialstände folgten in vier Verordnungen vom 15. Mai 1834. Die Provinzialstände, die nach preußischem Vorbild organisiert waren, traten in Roskilde und Viborg und in den Herzogtümern Schleswig und Itzehoe zusammen. Das Wahlrecht zu den Versammlungen stand nur (3%) der Bevölkerung zu. Obwohl die Provinzialstände nur beratende Funktion hatten, bildeten die Provinzialstände einen wichtigen Übergang von einer absolutistischen zu einer demokratischen Staatsform, die 1848/49 eingeführt wurde.

Begriffe wie Rechtsstaat und Wohlfahrtsstaat spielen eine wichtige Rolle in der Entwicklung des dänischen Rechts seit dem 19. Jahrhundert. Die neue Verfassung von 1849 (Quelle 59) hat rechtsstaatliche Prinzipien eingeführt. Auf dieser Verfassung bauen auch die späteren dänischen Verfassungen von 1866 (Quelle 61), 1915 und 1953 (Quelle 77) auf. Nach dänischer Tradition wird die Verfassung nicht gänzlich neu gefasst, sondern es werden nur die für eine Reform notwendigen Änderungen vorgenommen. Die Verfassung statuiert die Gewaltenteilung. 1849 wurden das parlamentarische Zweikammersystem und ein allgemeines Wahlrecht eingeführt. Die Unabhängigkeit der Gerichte ist ebenso gesichert wie die gerichtliche Kontrolle der Verwaltung. Grundsätzlich können dänische Gerichte auch die Verfassungsmäßigkeit der vom Parlament erlassenen Gesetze prüfen. Bislang ist aber nur kein Gesetz für verfassungswidrig erklärt worden. Charakteristisch für das dänische Verfassungssystem ist die Dominanz des Gesetzgebers gegenüber der Exekutive und den Gerichten. Außerdem ist die gesetzgebende Versammlung von der Verwaltung *unabhängig*.

Eine Verfassungsreform führte 1866 zu einer Unterteilung des Parlaments in eine erste Kammer, deren Mitglieder durch allgemeine Wahlen bestimmt wurden, und eine zweite Kammer, deren Mitglieder aufgrund privilegierten Wahlrechts bestimmt wurden. In den 1870er Jahren wurde von der Partei, die in der ersten Kammer die Mehrheit hatte, verlangt, dass der König seine Regierung mit Mitgliedern aus dieser Kammer bilden sollte. Die Forderung führte zu einem Verfassungskampf, da der König bei seiner Regierungsbildung auf diese Forderung keine Rücksicht nahm. Der Verfassungskampf dauerte bis 1894 und wurde u. a. mit provisorischen Gesetzte geführt, wenn z. B. die erste Kammer das Haushaltsgesetz blockierte. Erst 1901 ist der Parlamentarismus gänzlich eingeführt worden, indem der König eine Regierung ernannte, die in der ersten Kammer die Mehrheit besaß. 1953 ist das Prinzip des Parlamentarismus auch in der Verfassung zum Ausdruck gekommen. 1953 wurde die zweite Kammer schließlich abgeschafft.

Die Grundlage des dänischen Sozialsystems wurde in den 1890er Jahren gelegt, als Gesetze über Altersversorgung und Krankenkassen eingeführt wurden, die teilweise die Bismarckschen Sozialgesetze zum Vorbild hatten. Im Gegensatz zu Preußen baute man jedoch nicht auf das Versicherungsprinzip. Eine durchgreifende Sozialreform wurde in den 1930er Jahren von einer sozialdemokratischen Regierung durchgeführt. Grundsätzlich ist aber ein hoher Grad an Konsens über grundlegende soziale und wirtschaftliche Fragen charakteristisch für das dänische System.

Die Internationalisierung spielt in den letzten Jahren eine wichtige Rolle. Dänemark ist Mitglied einer Reihe internationaler Organisationen. 1972 hat sich Dänemark den Europäischen Gemeinschaften angeschlossen. Mit einigen Vorbehalten hat Dänemark auch dem Vertrag von Maastricht zur Gründung einer Europäischen Union zugestimmt. Die heutige dänische Gesetzgebung ist in steigender Maße eine Durchführung von EU-Direktiven.

Ditlev Tamm | Jens Ulf Jørgensen

Quellenteil

I. Mittelalter

1. Schonisches Kirchenrecht (um 1171)

Das schonische Kirchenrecht wurde vom Erzbischof von Lund Eskil erlassen und geht auf eine Vereinbarung des Bischofs mit der Bevölkerung von Schonen zurück. Es besteht aus 13 Artikeln und ist in Umfang und Inhalt dem zur gleichen Zeit erlassenen Kirchenrecht von Seeland ähnlich. Der Inhalt beider Kirchenrechte scheint unter Bezugnahme auf frühere Streitigkeiten zwischen Kirche und Bevölkerung entwickelt worden zu sein. So wurde der Bevölkerung die Pflicht zur Leistung des Bischofszehnten auferlegt, der Bischof hatte seinerseits allerdings die Anwendung von Beweismitteln des weltlichen Rechts in Kirchensachen anerkannt.

Quelle 1

Kap. 4.

[...] Dies aber sind die Rechtssätze über Kirchenraub: Nimmt ein Mann aus der Kirche oder außerhalb der Kirche etwas, was zu Handen Gottes geweiht ist, oder (nimmt er) etwas aus der Kirche,. was ein anderer Mann dorthin gelegt hatte, ohne die Erlaubnis dessen, der es dorthin legte, so gebe er es heraus und büße dazu drei Mark; leugnet er aber, so beweise er mit zwölf Männern, die vom Kirchspiel ernannt sind, aber nicht aus seinen Feinden. Wenn aber ein Mann den Acker der Kirche umpflügt oder (deren) Wiese abmäht und es wird darum geklagt, so erbiete er sich zum Seil, wenn (das Land) der Vermessung mit dem Seil unterworfen ist; wird ihm das Land durch die Vermessung abgesprochen, da habe er seine Arbeit verloren, und, wenn er säte, seine Saat. Aber Kirchenraub kann dies nicht heißen, außer er will nicht vermessen und er führt (das Heu) gegen das Verbot ein. wenn er aber von dem Land der Kirche nimmt, das der Vermessung unterliegt, oder von der Kirche Sonderland, einen Acker oder eine Wiese, und behauptet, daß es ihm gehöre, so beweise er dies mit Kirchspielleuten als Geschwornen oder gebe heraus und büße drei Mark.

Kap. 5.

Bricht ein Mann den Frieden im Kirchhof und leugnet er, da beweise er mit zwölf eidesfähigen Männern; bricht er ihn aber in der Kirche selbst, hinten oder vorn, leugne er mit zwölf ernannten Männern; wenn er aber dies nicht vermag und lieber das Eisen tragen will, da habe er das Recht dazu. Wenn ein Mann am Todestage liegt und Gott sein Eigen gibt, da kann er geben seinen halben Kopfteil und nicht mehr auf dem Siechbett; wenn der Erbe dies nach seinem Tode leugnen will, und der Priester sagt, daß gegeben wurde, da leugne es der Erbe mit zwölf eidesfähigen Männern; sind aber Zeugen da, die zuhörten und dabei waren, und will doch der Erbe gegenüber dem Zeugnis leugnen, da beweise er mit zwölf ernannten Männern aus dem Kirchspiel. Will sich aber ein gesunder Mann in (das Kloster) geben, begebe er sich dahin mit seinem ganzen Kopfteil – Darüber hinaus gibt es keine Fälle der Ernennung von Geschworenen, wenn es sich um Kirchenraub handelt.

Kap. 6.

Für die Verwandtschaft ist dies Recht: Wenn sich ein Mann mit seiner Verwandten verlobt und der Bischof erfährt dies und legt ein Verbot ein, nimmt er sie gegen das Verbot, bevor nach Recht entschieden ist, da hat er in den Bann zu gehen. Wenn es aber zur Entscheidung kommt, da soll man dazu ernennen sechs Männer auf seiner Seite und sechs auf ihrer, und doch auf der Seite, auf der ihre Verwandtschaft zusammengezählt wird, und man schwöre sie auseinander oder zusammen. So (ist es) auch, wenn er die Frau nimmt, die vorher sein Verwandter hatte, oder eine Verwandte seiner Frau. Wenn es heimlich geschehen ist, aber doch so, daß es bekannt ist, da beweise er, wenn er leugnet, mit eidesfähigen Männern.

[...]

2. Gesetz des Königs Knud VI. über Totschlag (28. Dezember 1200)

Das Gesetz ist als das Ergebnis einer engen Zusammenarbeit zwischen König und Kirche und zudem eine der frühesten Beispiele königlicher Gesetzgebung in Dänemark. Der Zweck des Gesetzes ist es, die Rache eines Totschlags zu begrenzen und Vergleiche zwischen den beteiligten Sippen durch Zahlung einer Buße zu begünstigen, die für Totschlag 45 *Mark* betrug. 3 *Mark* entsprachen dem Wert eines Ochsen. Die Friedlosigkeitsstrafe, bereits 1085 in einen königlichen Donationsbrief erwähnt, wird im 13. Jahrhundert im Zug einer Verschärfung des Strafrechts häufiger angewandt als zuvor. Die Artikel 1-9 wurden später in das Gesetz von Schonen übernommen.

Quelle 2

Knut [Anm.: König von Dänemark 1182-1202], von Gottes Gnaden König der Dänen und Wenden, entbietet allen rechtschaffenen Einwohnern Schonens seinen Segensgruß und seine Gunst. In Wahrnehmung des Uns durch göttliche Gnade übertragenen Amtes wissen Wir Uns als Schuldner aller Unserer die Gerechtigkeit liebenden Untertanen, jedes einzelnen wie auch aller insgesamt. In Erwägung Unserer Pflicht zur Sorge für Eure Wohlfahrt und euren Frieden haben Wir durch die Beschwerden der Großen eures Landes und aus allgemeinem Zeugnis erfahren, daß euer Land offensichtlich vor allen anderen Unseres Reiches durch Mordverbrechen heimgesucht wird. Dabei darf doch niemand seiner Bosheit freien Lauf lassen. Die Totschläger, die man doch eigentlich in Armut verstoßen müsste, dürfen nicht dadurch reich werden, daß sie unter Hinzuziehen ihrer auswärtigen Verwandten Rechtsbrüche begehen, indem sie mit Gewalt, Raub und Plünderung fortschleppen, was sie zur Befriedigung (ihrer angeblichen Ansprüche) vollstrecken. In Erbarmen über eure Klagen haben Wir für ein Heilmittel gegen diese Krankheit gesorgt. Denn Wir haben erfahren, daß allzu viele aus verbrecherischer Bosheit und abscheulichem Laster zu derart schweren Untaten verführt werden. Und weil es zwar kein gesetztes Recht für die Gerechten, wohl aber für die Ungerechten gibt (=geben muß), wollen Wir, so gut Wir dies durch die Eingebung des Herrn können, Mord und Totschlag verbieten. Wir haben daher kraft königlicher Autorität beschlossen, das folgende Gesetz zu erlassen:

1. Wenn jemand in einen Totschlag geraten ist, soll er den rechtmäßigen Bußanteil von seinen Verwandten nicht eher ausgeliefert bekommen, bevor er nicht seinerseits den dritten Teil der Buße, das Bußdrittel, aus seinem Vermögen geleistet hat. Danach soll er mit seinen versammelten väterlichen Verwandten berechnen, wie viel jeder von ihnen aus seinem Vermögen zur Bußleistung beitragen muß. Wenn sie nun alle versammelt sind, sollen sie dem Totschläger nichts leisten, ehe er nicht zur selben Zeit und Stunde, zu der er denen büßen muß, die die Buße erhalten sollen, in gleicher Weise mit seinen mütterlichen Verwandten verfahren hat, damit der Totschläger nicht nach Erhalt der Buß(anteile) von seinen Verwandten sich damit davonmacht, oder sich unachtsam vertut, so daß die Verwandten genötigt sind, mit ihm zusammen noch einmal die Buße zu zahlen.

2. Weigert sich ein Verwandter, gemeinsam mit den anderen die Buße zu leisten, sollen ihn die anderen Verwandten dazu auffordern und veranlassen. Dagegen soll der Totschläger selbst kein Recht haben, durch Sachwegnahme oder auf andere Weise ihn dazu zu zwingen. Vielmehr soll jener (nur) von den (anderen) Verwandten dazu genötigt werden (können), wobei Wir ihnen Hilfe leisten werden, falls sie allein dazu nicht in der Lage sind. Sollte sich der Totschläger aber unterstehen, hiergegen zu verstoßen und sich von seinen Verwandten etwas durch Sachwegnahme zu verschaffen, wobei er unter offensichtlicher Sachwegnahme entweichen kann, büße er dem König drei Mark wegen Raubes und drei weitere jenem, dem er den Rechtsbruch angetan hat. (Behauptet er), daß er sich nichts dieblich habe verschaffen wollen und wird ergriffen, soll er wie wegen Diebstahls vor Gericht gebracht und zur Strafe den Hängens verurteilt werden. Kann er entkommen und wird deswegen verklagt, reinige er sich wegen Diebstahls.

3. Gerät ein Mann sonst in eine Rechtssache oder einen Rechtsbruch, so sind seine Verwandten außer bei Totschlag nicht (mit ihm) zur Bußleistung verpflichtet.

4. Wer in der Gesellschaft von Leuten angetroffen wird, die auf Totschlag ausgehen, er sei Verwandter oder Fremder, reinige sich mit dem Zwölfmännereid, dem tulftereth, Wird er als schuldig überführt oder gesteht er, büße er dem König drei und den Verwandten drei Mark.

5. Wer wegen Gemeinschaft mit Totschlägern oder Beihilfe oder wegen Verwundung eines Mannes, der dadurch zu Tode kommt, verklagt und von zwei Zeugen als schuldig überführt wird, reinige sich durch das (Gottesurteil des) glühende(n) Eisen(s). Ist deswegen kein Zeugeneid gelungen, reinige er sich durch drei Zwölfmännereide, den trenne tulftereth, Wird er Angeklagter (d. h. als schuldig erwiesen), büße er dem König drei Mark und neun dem Verkläger.

6. Wer gegenüber einem anderen in dessen Haus oder beim Pflügen gewaltsam handgreiflich wird oder mit Spieß und Schild bewaffnet sich das Gastrecht verschafft, zahle die volle Buße, denn diese drei Taten werden gleich der Tötung eines Mannes beurteilt und wegen Verheerung soll der Totschläger aus seinem Vermögen den Verwandten (des Getöteten) elf und dem König (weitere) elf Mark büßen. Und jeder, der in seiner Gesellschaft war, büße den Verwandten drei und dem König drei Mark.

7. Wer in der Begleitung von fünf Genossen und fünf Bewaffneten unter Bruch des Gastrechts etwas gewaltsam vom Hause eines anderen fortgeschleppt und deswegen durch zwei Zeugen verklagt wird, reinige sich durch das feurige Eisen. Wird er als schuldig erwiesen oder gesteht er die Tat, zahle er dem König elf und büße dem Verkläger (weitere) elf Mark und jeder seiner Genossen zahle dem König drei und büße dem Verkläger drei Mark.

8. Kann jemand durch einen Zwölfmännereid beweisen, von einem anderen verwundet worden zu sein und jener weigert sich, daß er sich durch das glühende Eisen reinige, so reinige er sich durch einen Zwölfmännereid entsprechend der Art der Verwundung; wenn es sich um eine Verletzung am ganzen Körper handelt und er als schuldig überführt wird. Handelt es sich um eine Lochwunde am Kopf bis auf das Gehirn oder an Bauch oder Brust, „obere oder untere Leibeshöhle" genannt, reinige er sich durch zwei Zwölfmännereide. Wird er als schuldig erwiesen, büße er dem Verkläger drei oder sechs Mark entsprechend der Art der Wunde und drei dem König.

9. Wer einen Mann nach Leistung der Buße getötet hat, wird friedlos und seine gesamte bewegliche Habe soll nach Königsrecht beschlagnahmt werden. Der überführte Täter soll nicht (wieder) in den dauernden Frieden aufgenommen werden. Obwohl es aber Königsrecht ist, Gesetze zu geben und das Gesetz (Recht) zu ändern, erlassen Wir dieses Gesetz doch nicht als ein neues, sondern als ein bereits seit alten Zeiten geltendes, das aber durch die Zahl der Jahre, die Mutter der Vergesslichkeit, im Nebel der Unwissenheit verdunkelt worden ist und das Wir wieder in das Gedächtnis der Menschen, denen es entfallen war, zurückrufen. Wir haben aber weitere Bestimmungen für unser Gesetz vorbereitet, um es notfalls zu verbessern. Sollte es aber jemand törichterweise wagen, sich diesem Unserem Königsgesetz zu widersetzen, mag er nicht zweifeln, daß er mit gebührendem Nachdruck wegen Verletzung der königlichen Majestät bestraft werden wird.

(So) geschehen in der Stadt Lund im Jahre der Fleischwerdung des Wortes Zwölfhunderteins, dem elften Jahr seit der Krönung des Königs Knut und dem 19. seines Königtums am 28. Dezember (1200) in Gegenwart des Herrn Absalom [Anm.: Erzbischof von Lund 1170-1201], Erzbischofs von Lund, und Petrus, des Obersten von Schonen, sowie vieler Edler dieser Landschaft.

3. Gesetz über die Feuerprobe (um 1216)

In der Einleitung (Arenga) des Gesetzes wird auf das 4. Laterankonzil (1215) hingewiesen, auf dem es der Geistlichkeit verboten wurde, bei Feuerproben mitzuwirken. Das schonische Gesetz erwähnt die Eisenprobe als Beweis z. B. bei gewissen Arten des Totschlags oder Diebstahls. In Schonen wurde dieses kirchliche Gebot von einem nationalen Gesetz durchgesetzt. Die Eisenprobe wurde von Schwurgerichten abgelöst. Man vermutet, dass das Gesetz kurz nach der Heimkehr der dänischen Konzildelegation erlassen worden ist, vielleicht schon im Jahre 1216. In den anderen Rechtsgebieten wird die Eisenprobe in den Gesetzen nicht mehr erwähnt, ohne Zweifel als ein Ergebnis einer ähnlichen Gesetzgebung wie in Schonen.

Quelle 3

König Valdemars Feuerprobeverordnung

Valdemar, von Gottes Gnaden König der Dänen und Wenden grüßen in Gnaden die in Schonen Lebenden. Da der apostolische Herr allen christlichen Menschen die Probe des glühenden Eisens verboten hat, haben wir uns diesem allgemeinen Gebot weder entziehen können noch wollen. Deshalb haben wir, nach Beratschlagung der besten Männer, lange und ausführlich überlegt, welches Beweismittel wir an Stelle von dem Urteil des glühenden Eisens setzen könnten, und was im allgemeinen erträglicher wäre. Schließlich haben wir nach langer Überlegung die Entscheidung getroffen, daß jemand, der wegen Diebstahls verklagt wird, sich durch einen Ausschuß des Gerichtssprengels auf folgende Weise wehren soll:

1. Zuerst soll der Angeklagte durch das Amtsgericht verklagt werden. Auf der nächsten Sitzung des Amtsgerichts soll der Ankläger fünfzehn Männer aus dem Gerichtssprengel bestellen, von welchen der Angeklagte nur drei ablehnen darf, und vor den zwölf zurückgebliebenen muß er sich fünfzehn Tage nach der zweiten Sitzung des Amtsgerichts auf eine solche Weise entlasten, daß die zuvor genannten zwölf eidesstattlich erklären, daß sie nichts Wahrhaftigeres über die Sache des Angeklagten wissen, als das, worauf sie schwören. Diese zwölf sollen durch ihren Eid den Angeklagten entweder verurteilen oder entlasten, und dies gilt im Falle einer halben Mark aufwärts. Wenn der Ankläger aber eidesstattlich den Angeklagten dessen zeiht, mehr genommen zu haben, als er genommen hat, dann müssen dieselben zwölf schwören, daß er so viel nicht gestohlen hat, und dann soll der Ankläger seiner Begierde wegen die Dinge verlieren, die ihm gestohlen und geraubt wurden. Derjenige aber, der wegen Diebstahls gesetzlich verurteilt wird, soll das Gestohlene zurückgeben und dazu das Doppelte sowie die Schuld auf sich nehmen. Wenn die zwölf aber gegeneinander schwören, ist es unser Wille, daß das, was die Mehrzahl geschworen hat, feststeht. Wenn sechs von ihnen aber eines schwören, die anderen sechs was anderes, dann müssen sechs andere bestellt werden, und das, was die Mehrzahl schwört, steht dann fest. Wenn diese sechs aber gegeneinander schwören, sollen noch drei bestellt werden, und das, was die meisten hiernach schwören, soll feststehen. Ferner kann der dreimal eidesstattlich und gesetzlich wegen Diebstahls Verurteilte zum Tode durch Hängen verurteilt werden. Man kann Diebe das ganze Jahr hindurch verklagen, außer der Zeit von Palmsonntag bis zu dem achten Tag nach Ostern, außer der Pfingstwoche und außer der Zeit von dem Geburtstag des Herren bis zu Dreikönige.

4. Die dänischen Provinzialgesetze

Wie in Island, Norwegen und Schweden sind vermutlich auch in Dänemark ursprünglich mündliche Rechtsvorträge gehalten worden. Mit einer schriftlichen

Aufzeichnung des Rechtes wurde in der zweiten Hälfte des 12. Jahrhunderts begonnen. Die überlieferten Schriften stammen aus der ersten Hälfte des 13. Jahrhunderts. Dänemark war in drei Rechtgebiete eingeteilt: 1. Schonen mit Halland, Blekinge und Bornholm, 2. Seeland mit Mön, Falster und Lolland, 3. Jütland mit u.a. Fünen und Langeland. In den zwei ersten Rechtsgebieten waren die Gesetze Privataufzeichnungen. Es gab folgende Rechtsbücher: Das Schonische Gesetz, Valdemars Seeländisches Gesetz und Erichs Seeländisches Gesetz. Im Gegensatz zu diesen Gesetzen ist das Jütische Gesetz (1241) vom König erlassen und später vom Landsting in Viborg angenommen worden. Wie bereits erwähnt, weichen die Gesetze inhaltlich wenig voneinander ab. Sie haben bis zur Einführung des dänischen Gesetzbuches (1683) gegolten, das jütische Gesetz galt in Schleswig bis zum Inkrafttreten des BGB im Jahr 1900.

5. Liber legis Scaniae (um 1210)

Der liber legis scaniae ist eine lateinische Bearbeitung des Rechts von Schonen und wurde vermutlich vom Erzbischof Anders Sunesen († 1228) geschrieben. Das Buch wird deshalb auch häufig als „Anders Sunesens Parafrase" bezeichnet. Das Werk wurde wahrscheinlich als Lehrbuch für die Domschule von Lund erfasst.

Quelle 4

Das Gesetzbuch von Schonen

38. Was Auflassung heißt:

Bei Flurverkauf ist es notwendig, daß die Übertragung des Eigentums mit einer gewissen Feierlichkeit verliehen wird, wobei der Verkäufer einen Klumpen Erde in den Mantel des Käufers legt, der in den Händen der Anwesenden ausgebreitet gehalten wird, die zugleich Beweiszeugen sind, falls die Handlung in Zweifel gezogen wird, da der Verkäufer auch, indem er das veräußerte Flurstück bezeichnet, erklärt, daß er dem Käufer das Eigentum überträgt. Und diese feierliche Veranstaltung kann angemessenerweise nach einem in unserer Mundart gebrauchten Wort Auflassung genannt werden. Auflassung ist die Übersetzung vom dänischen Wort „skødning".

46. Über Sicherung durch feierlich geschworenes Versprechen und Gleichheitseid.

Sofort nach der Zahlung von einem Drittel der Buße, soll ebenfalls, durch beeidigtes Versprechen, ein Drittel der Sicherung geleistet werden, die in der väterlichen Sprache trygd [Die Verwandten des Getöteten verschworen sich nach einer gesühnten Tötung, nicht Rache an dem Totschläger und seiner Familie zu nehmen. Etymologisch mit dem gegenwartsdänischen Wort „tryg" verwandt: Gesichert, gefahrlos.] genannt wird. Hier schwören nur vier unter den Verwandten des Getöteten auserwählte Männer, daß Rache an denjenigen, die Befriedigung geleistet haben, künftighin ausgeschlossen werden soll. Die volle und ganze Sicherung wird nämlich von zwölf dafür auserwählten Männern geleistet und soll erst dann stattfinden, wenn der angeklagte Haupttäter das letzte Drittel der Buße entrichtet hat. Dieser Sicherung soll immer ein Eid vorangehen – er wird auf dänisch iafhnethe eth genannt [auch Jeffnit Eid] – der von zwölf unter den Verwandten des Töters auserwählten Männern getan wird, die – nicht auf Reliquien, sondern ein ausgelegtes heiliges Buch anrührend und Gott dabei um Gnade bittend – bei ihrer Seele schwören, selbst von ihren Gegnern nach Vermittlung ihrer Verwandten und Freunde wegen eines ähnlichen Vergehens auch eine ähnliche Buße annehmen zu wollen. Werden aber bei der Sicherung nur vier damit beauftragt, ein beeidigtes Versprechen zu leisten, sollen auch bei dem Gleichheitseid nur vier damit beauftragt werden. Der Gleichheitseid ist doch immer um so notwendiger, als die Beleidigten eben dadurch den Beleidigenden gleichgestellt werden, wobei die Geringschätzung anscheinend aufgehoben wird, die infolge der Schädigung gewöhnlich den Verletzten zuteil wird. Zehn Weise legen immer auf Unbescholtenheit und gebührende Genugtuung größeres Gewicht als auf Geldbuße.

Liber Legis Scaniae

67. Wenn jemand durch Zufall einen anderen Mann verwundet.

Wenn jemand, nicht absichtlich, sondern zufällig, einem anderen eine Wunde zufügt, soll der Verwundete nichts desto weniger die volle Vergütung erhalten, da sein Schmerz nicht dadurch hat gelindert werden können, daß die Zufügung nicht mit Absicht, sondern durch Zufall geschah, und da es für ihn nicht von besonderem Gewicht ist, ob der erlittene Schaden dem Zufall oder der Absicht zuzuschreiben ist. Falls es ein Zufall ist, wird doch demzufolge dem Täter den Vorteil gegeben, daß er dem König oder Bischof nichts schuldig ist, denn es ist nicht ihre Aufgabe, jemanden wegen eines unvorhersehbaren Zufalls zu züchtigen, sondern den bösen Willen zu bestrafen, damit ungesetzliche und unrechte Handlungen in Zukunft durch Furcht vor der Strafe verhütet werden können. Falls aber eine Wunde, die laut dem Täter zufällig ist, von dem Ombudsmann [königlicher oder kirchlicher Vertreter in der lokalen Verwaltungseinheit, dem sogenannten Herred] des Königs oder jenem des Bischofs für absichtlich erklärt wird, soll der Urheber der Wunde erst durch seinen eigenen Eid die Behauptung bestätigen. Danach soll der Verwundete seinerseits die Seinige beeidigen, und nach ihnen werden endlich zehn Männer – solche Männer die zu finden sind – damit beauftragt, die Tylvterede [Eid von 12 Männern] zu leisten; und dieses ist der einzige Fall, in dem einem einzelnen auserwählten Mann wegen des Königsrechts (zu Geldbußen) Eid abgefordert wird, und zwar dem Verwundeten selbst.

127. Daß der wegen Ehebruch Angeklagte sich der Entscheidung des glühenden Eisens unterwerfen müssen

Sollte ein Ehebrecher vom Ehemann der Ehebrecherin angeklagt und vorgeladen werden, kann er ausschließlich seine Zuflucht zur Entscheidung des glühenden Eisens nehmen, die man auf die väterliche Sprache scuzs jærn nennt; falls er aber auch nicht dadurch seiner Schmach beikommen kann, wird er zur Verbannung verurteilt und hat künftighin keinerlei Möglichkeit heimzukehren, es sei denn, daß der Ehemann der Ehebrecherin darin einwilligt, daß der Ehebrecher eine Buße bezahlt, die einen Wert von vierzig Mark beträgt;

sie sollte aber wegen dem Ausmaß der Schuld zugleich von einer Buße für Geringschätzung begleitet werden, aus drei Mark oder einer Silbermark bestehend, obwohl dieses sonst gegen die Gewohnheit gegenüber Privatmännern ist. Ein Ehemann, der seine Frau des Ehebruchs beschuldigt, kann, wenn seine Anklage sich auch durch zwei Zeugen bestätigen läßt, seine Frau dazu nötigen, sich der Entscheidung des glühenden Eisens zu unterwerfen. Kann sie dadurch ihre Unschuld beweisen, wird sie sich sowohl ihres unbefleckten Rufes erfreuen können als auch die Ehegemeinschaft mit ihrem Mann bewahren. Im entgegengesetzten Fall soll sie, durch die Schmach ihres Verrufs befleckt, ihre Güter verlieren und vom Haus und Bett ihres Ehemannes ausgeschlossen werden, wie das menschliche Gesetz gebietet. Keiner der Ehegatten darf aber, solange der andere am Leben ist, eine neue Ehe schließen. Für einen Teil ist es aber gewiß und wahr, daß dieses menschliche Gesetz, wie eine gehorsame Dienerin oder Zofe, die dem Schritt ihrer Herrin folgt, durch die Vorzüge eines göttlichen Gesetzes begrenzt wird, laut dem Ehen nicht der Untersuchung und Entscheidung des Things, sondern des Himmels, nicht denen des weltlichen Gerichtshofes, sondern der geistlichen Kirche unterworfen sind, und auch nicht zuläßt, daß Trennung bezüglich des Ehebettes durch die Entscheidung des glühenden Eisens erwirkt wird.

6. Erichs seeländisches Gesetz (erste Hälfte des 13. Jahrhunderts)

Dieses Gesetz ist das umfangsreichste der mittelalterlichen dänischen Gesetze. Trotz des Königsnamens Erich ist das Gesetz unzweifelhaft eine Dokumentation der zu jener Zeit üblichen Rechtsbräuche. Das Gesetz galt bis zum Jahre 1683.

Quelle 5

Erichs seeländisches Recht

Buch I

Hier beginnt das rechte Seeländische Recht in Dänischer Sprache.

I. Wer erben soll

Nimmt ein Mann eine rechte Ehefrau, so haben sie alles, was sie haben außer ihrem Land, zu halben Teilen, auch wenn das Seine hundert Mark beträgt und das Ihre nichts, oder wenn das Ihre hundert Mark beträgt und das Seine nichts. Vom Land aber nehmen der Bauer oder seine Erben, gleich ob sie sich scheiden tot oder lebendig, soviel, wie er einbrachte, wenn sie keine Kinder zusammen haben; ebenso auch die Frau oder ihre Erben.

VII. Wenn sich ein Sohn aus der Gütergemeinschaft von seinem Vater weg verheiraten will

Wird ein Sohn, der in der Hausgemeinschaft mit Vater und Mutter lebt, so alt, dass er zur Mündigkeit und zu reifem Verstand kommt, und will er um eine Frau werben und sein Eigen für sich haben, so kann er mit seinem Kopfteil an aller Fahrhabe und am Kaufland wegziehen. Aber von dem übrigen Land seines Vaters hat er nichts zu fordern, mit der einen Ausnahme, daß der Vater ihm etwas abgeben will. Wenn er aber seinem Sohne etwas gibt, so soll er jedem Sohne, der wegzieht, ebensoviel von seinem Land abgeben, und jeder Tochter halb so viel, die einen Mann bekommt. Die von seinen Töchtern, die (schon) einen Mann bekommen hat, die kann da auch ihren Kopfteil herausverlangen von aller Fahrhabe und vom Kaufland, wenn solches da ist, doch nicht mehr, als einen halben Teil gegenüber dem Vater und gegenüber den Bruder.

X. Wenn der Sohn eine Frau in die Hausgemeinschaft zu seinem Vater bringt

Geschieht es so, dass der Vater auf einem Hof sitzt und einen erwachsenen Sohn hat, und nimmt der eine Frau in die Hausgemeinschaft zu seinem Vater und sitzt so mit ihm Jahr und Tag, und es wird keine andere (Regelung der) Gemeinschaft vereinbart und auf dem Ding nicht verkündet, so kommt sie genau so vollberechtigt zu einem Kopfteil, wie der Sohn. Und alle Kinder, die sie innerhalb der Gemeinschaft bekommen, erhalten einen Kopfteil, der Sohn einen vollen wie der Sohn, und die Tochter einen halben. Alles Land, das gekauft wurde, nachdem der Sohn seine Frau nahm, kommt zur Kopfteilung für alle die, die in dieser Gemeinschaft sind, so wie das übrige bewegliche Hofvermögen.

XXVII. Daß der Bauer nicht das Land seiner Hausfrau verkaufen darf

Das soll man auch wissen, dass der Bauer das Land seiner Frau nicht verkaufen darf, außer er habe ein Kind mit ihr und er habe noch ebensoviel Land, um damit zu haften, wie er von ihrem verkauft. Hat er aber nicht mehr Land zu eigen, als soviel, wie er (schon) von ihrem verkaufte, so darf er es dann nicht mehr verkaufen, weil es ihr da (zur Sicherheit) für das Land steht, das sie zu ihm einbrachte.

XXXI. Wenn ein Vater ins Kloster gehen will

Sollte es so geschehen, dass ein Vater sich ins Kloster begeben will, so soll er mit allen seinen Kindern, die er nicht vorher abgeschichtet hat, alles nach Kopfteilen teilen; (und zwar) alles Land, das er besitzt, und das sie nicht früher geteilt haben, sowie alle Fahrhabe, die er als Erbe erhalten hat und die sie nicht geteilt haben. Da soll er jedem Sohn wie auch sich selbst einen gleich vollen Anteil zukommen lassen, und der Tochter einen halben. Und dann kann er mit seinem Teil ins Kloster ziehen, wenn er will. So soll auch die Frau, die Kinder hat, fahrende Habe und liegendes Gut verteilen, wie es nun vom Bauern gesagt ist. Aber weder der Bauer noch seine Frau darf mit ihrem ganzen Kopfteil ins Kloster gehen, es sei denn, dass sie beide zusammen Mönchskleidung anlegen und sich der gleichen Klosterregel unterwerfen. Will ein Mann oder eine Frau krank ins Kloster gehen, so kann keines von ihnen mit mehr als dem halben Kopfteil hineingehen. Den (Mann) nennt man krank, der nicht imstande ist, zum Ding oder zu anderen Versammlungen zu reiten. Die Frau nennt man krank, die nicht mit ihren Schlüsseln herumgehen und für ihr Hausgesinde sorgen kann. Wird aber (nur) eines der Eheleute gebrechlich, so können sie nichtsdestoweniger mit ihrem vollen Anteil ins Kloster gehen.

XXXVIII. Vom Fletfahrer [in das Haus eines anderen begeben]

Ist jemand so in Not oder so alt oder so krank, dass er sich ins Flet begeben will, sei es ein Mann oder eine Frau, so soll er zum Ding gehen und es dort verkünden, dass es sich ins Flet begeben will, und da sind die am nächsten, die (seine) Erben sind. Jeder (Erbe) hat ihn aufzunehmen zu so viel, wie ihm nach Erbrecht von jenem zukommt und er hat da vom einen zum anderen zu ziehen und bei dem, der mehr erhalten hat, längere Zeit zu sein und bei dem, der weniger erhalten hat kürzere Zeit. Fährt jedoch jemand, Mann oder Frau, so ins Flet, dass er auf dem Ding nicht (als Fletfahrer) verkündet wird, so ist er näher berechtigt, seine eigene Freiheit und sein Selbstbestimmungsrecht wieder zu erlangen' als jener dazu, ihn als Fletfahrer zu haben.

XXXIX. Vom Fletfahrer und dessen Bußen

Verkündet jemand auf dem Ding, daß er ins Flet fährt, so soll das zu Recht bestehen, was er da getan hat. Welche Übeltat auch immer der Fletfahrer begeht, gleich ob er einen Mann schlägt oder verwundet, das sollen die alles büßen, die ihn aufgenommen haben, und ebenso des Königs Recht, wie das des Bischof (für ihn leisten). Erschlägt der Fletfahrer einen Mann, so büßen die, die ihn aufgenommen haben, einen Teil, und zwei büßen die Verwandten. Wird aber er erschlagen, so erhalten die, (die ihn aufgenommen haben) auch einen Teil, und zwei erhalten die Verwandten. Wird er (selbst) geschlagen, oder verwundet, so erhalten auch die die Bußen, die ihn bei sich haben. Er hat da keinen Eid entgegenzunehmen und keinem anderen zu leisten und nicht mit anderen im Eide zu sein.

XLII. Über die Gleichberechtigung der Kinder in der Gütergemeinschaft

Was die Kinder, die nach ihrem Vater oder ihrer Mutter in der Gütergemeinschaft beisammen sind, erwerben, sei es durch Kauf oder Verkauf oder in anderer Weise, das gehört ihnen allen. Verlieren sie etwas, so ist es dasselbe. Was einem einzelnen von ihnen gegeben wird, das gehört auch ihnen allen, ausgenommen, sie sind Halbgeschwister, und denen wird von ihrem rechten Erben Land gegeben. Diejenigen, die mit dem, der das Land gab, gleich nah verwandt sind, sollen in gleichem Verhältnis nehmen (erben), der Bruder einen vollen, die Schwester einen halben Teil. Ist die Verwandtschaft aber so entfernt, daß das Erbe als Gangerbe vererbt würde, [d.h.] so erhalten sie (alle) gleichviel. Sind sie Geschwister, so gilt das gleiche.

XLV. Wenn ein Vater einen Sohn von sich abschichten will

Hat da ein Mann einen Sohn, der nicht bei Verstand ist, so ist er berechtigt, ihn abzuschichten, und er gebe ihm entweder einen solchen Hof, dass man weiß, er lebt für sich allein, oder verkünde auf dem Ding, da er ihn abgeschichtet hat, und dies ist noch wirksamer. Begeht aber der Sohn eine Übeltat, während er in der Gemeinschaft mit dem Vater ist, so kann er an Buße an den König oder Bischof nicht mehr verwirken, als seinen eigenen Kopfteil, es sei denn, der Vater wäre so unverständig, dass er ihn nicht abschichtet. Ist er aber nicht abgeschichtet, so büße er so oft, wie er eine Übeltat begeht. Schichtet er ihn ab bei der ersten Übeltat, so büßt er seinen eigenen Kopfteil, und der Bauer hat damit nichts zu tun. Schichtet er ihn da nicht ab, und begeht er eine zweite Übeltat, so kann er dasselbe tun. Solange er ihn nicht abgeschichtet hat, hat er ein Recht auf einen Kopfteil von dem, was noch da ist. Dasselbe gilt, wenn die Tochter eine Übeltat begeht, wie (wenn es) der Sohn (tut).

Buch II

I. Über Ehebruch

Ertappt ein Bauer einen anderen Mann mit seiner Frau, und kommt es so, dass er den Mann tötet oder schlägt, so soll er Polster und Laken auf das Ding bringen, zum Zeugnis dafür, dass sie blutig sind; dazu das Zeugnis zweier Männer, damit man das nicht leugnen kann, dass er sie zusammen ertappte. Da hat er nichts dafür zu büßen, weder das Recht des Königs, noch das des Bischofs, und allen Verwandten gegenüber soll er bußfrei sein. Geschieht es aber so, dass die Frau mit dem Leben davonkommt und ist die Tat so offenbar, dass weder sie, noch ihre Verwandten widersprechen können, und findet er sich damit ab, dass er ohne Frau ist, so kann er sie zum Hof hinausjagen, nur in Hemd und Mantel; sie erhält keinen Pfennig von allem, was sie hat, weil sie das alles gegenüber dem Bauern verwirkt hat, und das Land behält der Bauer so lange, wie die Frau lebt. Stirbt die Frau, so geht das Land zurück an ihre Erben. Stirbt aber der Bauer vor der Frau, so fällt das Land entweder an sie oder an ihre Erben zurück, weil Land niemand ganz verwirken kann, außer an den König.

XXVIII. Über Vierzigmarksachen und des Königs Recht

Das soll man auch wissen, wie bestimmt ist, dass überall, wo den Bauern vierzig Mark zustehen, auch der König vierzig Mark hat, doch auf jeden Fall so, dass der König erst dem Bauern hilft, zu seinem Recht zu kommen, weil die Untat gegen ihn begangen wurde; danach soll der König seine vierzig Mark haben.

XXXIII. Über die Hauptglieder

Drei Hauptglieder hat ein Mann, für die man volle Mannbuße zu büßen hat: Das ist des Mannes Nase und des Mannes Zunge und des Mannes Zeugungsglied. Für jedes von ihnen hat man volle Mannbuße zu büßen, wenn eines von ihnen abgehauen oder abgeschnitten wird. Tut das aber ein Mann, dass er zwei oder alle drei in einem Angriff (verstümmelt), so büße er dafür nicht mehr als eine Mannbuße, auch wenn er mehrere abgehauen hat. Sind aber mehrere Männer dabei und haut jeder einzelne von ihnen je ein Glied ab oder schneidet er es ab, so büße jeder von ihnen für soviel, wie er ihm antat; und auch dann, wenn dies alles in einem Angriff geschieht und einer die Nase, ein zweiter die Zunge und ein Dritter das Zeugungsglied abschneidet, da soll jeder von ihnen volle Mannbuße leisten. Sind mehrere Männer dabei und hauen sie bei einem Angriff mehrere Glieder ab, so büße jeder von ihnen das, was auf ihn trifft. Wird die Nase aber nicht ganz abgehauen, so büße man um so viel weniger, als nach Besichtigung durch gute Männer, denen die Verstümmelung geringer zu sein dünkt.
Sechs Glieder sind es, zu deren jedem die halbe Mannbuße gehört. Das sind die zwei Augen und die zwei Hände und die zwei Füße. Wird ein Auge ausgestochen, so büße man dafür die halbe Mannbuße, werden es beide, so büße man die volle Mannbuße. Kommt es aber mit einem Auge so, dass man es so schlägt, dass das Gesicht verloren wird und das Auge gleichwohl noch drinnen sitzt, so büße man ein Viertel der Mannbuße. Schlägt er so, dass beide Augen drinnen sitzen, er aber doch nicht damit sehen kann, so büße man für beide die halbe Mannbuße.

XLVIII. Vom rechten Ding

Das soll man auch wissen, dass ein Ding dreierlei haben muss; den Ort, die Zeit und das Volk. Das ist der rechte Ort, den der König gegeben hat und dem alle zugestimmt haben, die in der Hundertschaft sind. Den kann man auch nicht anderswohin verlegen, es sei denn mit dem Willen aller Hundertschaftsleute und der Zustimmung des Königs. Die Zeit ist ihr rechter (Ding)tag, den sie von Alters her gehabt haben; und an diesem Tag soll es beginnen in der Mitte des Morgens und darf nicht länger dauern als bis zur Mitte des Abends und nicht aus weniger als zwölf Männern bestehen. Wird ein Urteil vor der Mitte des Morgens gefällt, so ist es, wie wenn es nicht geurteilt wäre. Wird ein rechtes Ding niedergesetzt in der Mitte des Morgens oder später und kommt es so, daß sie wieder auseinandergehen, so daß, wie das öfter geschieht, das Ding nicht lange dauert, kommen dann darnach andere Männer, nachdem die (ersten) sich getrennt haben und eröffnen ein zweites Ding, so soll das, was sie sagen, nicht mehr bindende Kraft haben, als sei es nicht auf dem Ding gesprochen.

XXXI. Wenn jemand einen anderen in den Tod rät [anstiftet zu töten]

Neun Mark hat ein Mann dafür zu büßen, wenn er einen anderen Mann in den Tod rät, und neun Mark jeder einzelne von ihnen, der mit anderen am Totschlag beteiligt ist.

Buch III

XIII. Wenn ein Mann einem anderen seine Waffen leiht und ein Mann damit erschlagen wird

Das soll man auch wissen, dass, wenn jemand einem anderen seinen Speer leiht, oder ein Schwert, oder eine Breitaxt, oder eine andere Waffe, und erschlägt der damit einen Mann, so büße der, der die Waffe lieh, an den nächsten Verwandten des Toten drei Mark. Nimmt aber jemand seine Waffe ohne sein Wissen und erschlägt jemand damit, so büße er dafür drei Halbmark, das sind anderthalb Mark Bußgeld. Denn jeder hat für seine Waffen zu haften und soll darauf achten, dass niemand dadurch in Gefahr gerät.

XV. Über Verwundung oder Hieb oder Wurf oder Schuß von Ungefähr

Für das, was ein Mann mit seinen eigenen Händen tut, ob er nun wirft oder schließt oder haut oder schlägt, büßt er auch, wenn es von ungefähr geschah, ebensoviel wie wenn er es mit Willen getan hätte, gleich, ob es den Tod oder etwas anderes zur Folge hat; mit der einen Ausnahme, dass er weder des Königs noch des Bischofs Recht dafür büßt. Doch soll er [der Verletzte] oder der nächste Verwandte dessen, der tot ist, der nächste mit (im Eide) sein, wenn man einen Eid leisten soll, und man soll für einen Toten mit dreimal 12 Eideshelfern, für eine Wunde mit 12 Eideshelfern schwören. Da soll der, der die Wunde erhielt, dem, der sie zufügt, der nächste im Eide sein, dass das von ungefähr geschah und nicht aus Absicht.

7. Das Jütische Gesetz (1241)

Das Gesetz ist mit einer Vorrede versehen, deren Quellen im wesentlichen aus dem kanonischen Recht stammen. Die Ideen sowie die Prinzipien der „Vorrede von der Gesetzgebung" sowie der Aufgabe der königlichen Gewalt weisen Parallelen mit europäischer Gesetzgebung derselben Epoche auf. Obwohl das Gesetz einem jüngeren Stadium in der Rechtsentwicklung zuzurechnen ist, weicht es inhaltlich von den übrigen Provinzialgesetzen nicht wesentlich ab. In den deutschsprachigen Teilen des Herzogtums Schleswig war seit dem 15. Jahrhundert eine niederdeutsche Übersetzung des Gesetzes in Gebrauch.

Die Geschichte des Gesetzgebungsverfahrens beschreibt der Rat Arild Hvitfeld ausführlich in seiner dänischen Chronik, wo es u. a. heisst: „Im friedlichen Jahre 1240 konnte König Woldemar die große Unsittlichkeit vermerken, die in solch einer Weise unter den Einwohnern Dänemarks herrschte, daß sie in bezug auf Gericht und Recht nicht in Einklang gebracht werden konnte, weil viele ihre Sachen nach dem Kaiserrecht verurteilen lassen wollten, das hier im Reiche zuvor benutzt wurde, um der vielen Gelehrten willen, größtenteils Bischöfe, die zu den vielen Herrenklöstern unseres Reiches gekommen waren, nachdem sie in Frankreich und Italien gewesen waren, um geistliches sowie weltliches Recht zu studieren. Es gab auch andere hier im Reiche, die bei anderen alten königlichen Handfesten, bei Sitten und Gebräuchen alter Zeiten oder bei dem seeländischen und schonischen Gesetz beharrten, wie König Woldemar I. es getan hatte. Deshalb ließ nun dieser fromme König Woldemar überall im Reiche einen allgemeinen Herrentag in Vordingborg einberufen. Da erschienen seine 3 Söhne, Erik, Abel, Christofer, Erzbischof Offe zu Lund, und andere Bischöfe sowie die Reichsräte und der vorzüglichste Adel des ganzen Dänemarks, und als sie alle da waren, ließ König Woldemar das jütische Gesetzbuch machen und schreiben, das wir auch heutzutage benutzen und auf das jeder König bei seiner Einsetzung schwört. Als er dieses beschlossen, publiziert und darauf geschworen hatte, ließ er sofort auf demselbigen Platz diejenigen von den alten Pergamentverordnungen und Vorschriften verbrennen, die dagegen waren ..."

Zurück in Dänemark wollten die so Ausgebildeten das Erlernte auch anwenden. Die Dänen waren ihren eigenen Gesetzen und Sitten jedoch allzu zugetan, um sich etwas Ungewöhnliches und Fremdes auferlegen zu lassen. Das Gesetzbuch selbst ist der beste und zuverlässigste Beweis hierfür. Wenn das jütische Gesetzbuch dem Römischen Recht entnommen wäre, dann müßte es Spuren und Hinweise darauf geben. Diese sind jedoch über allgemeine Ähnlichkeiten hinaus nicht nachweisbar.

Quelle 6

So beginnt die Vorrede zum Jütischen Recht, das König Waldemar gab und das die Dänen annahmen.

Mit dem Gesetz soll man das Land bebauen, doch würde ein jeder sich mit dem Seinen begnügen und den anderen ein Gleiches gönnen, da bedürfte man des Gesetzes nicht, und kein Gesetz ist so gut zu befolgen wie die Wahrheit. Aber wo man uneins um die Wahrheit wird, da soll das Gesetz zeigen, was die Wahrheit ist.
Wäre kein Gesetz im Lande, da hätte der am meisten, der sich am meisten zu nehmen weiß. Darum soll das Gesetz für alle gemacht sein, daß rechtdenkende und friedfertige und unbescholtene Menschen sich ihrer Friedfertigkeit erfreuen können und unrechte und schändliche Menschen das fürchten, was im Gesetz geschrieben steht, und es deshalb nicht wagen, ihre Schandtaten auszuführen, die sie im Sinne haben. Recht ist es und billig, dass diejenigen, die durch Gottesfurcht und Rechtsliebe sich nicht zum Guten lenken lassen, durch Fürstenfurcht und des Landes Strafgesetz gehindert werden, Böses zu tun, und bestraft werden, wenn sie Böses tun.
Das Gesetz soll ehrbar, rechtlich und duldsam sein, nach Landesgewohnheit bequem und nützlich und deutlich, so dass alle Menschen erkennen und verstehen können, was das Gesetz sagt. Das Gesetz soll nicht gemacht und geschrieben werden nach dem sonderlichen Wunsch irgendeines Menschen, sondern für den Nutzen aller Menschen, die im Lande wohnen. Keiner soll auch gegen das Gesetz urteilen, das der König gibt und das Land annimmt, das kann er auch nicht ändern oder abschaffen ohne Willen des Landes, er sei denn, er ist offensichtlich gegen Gott.
Das ist das Amt des Königs und der Fürsten, die im Lande sind, die Urteile zu überwachen und Recht zu üben und diejenigen zu befreien, die mit Gewalt unterdrückt werden, wie es Witwen und vormundlose Kinder, Pilger und Ausländer und Arme sind, denen am häufigsten Gewalt geschieht, und unredliche Menschen, die nicht Recht tun wollen, in seinem Land nicht leben zu lassen. Denn wenn er Missetäter straft oder tötet, da ist er Gottes Dienstmann und des Landes Beschützer. Denn ebenso wie die heilige Kirche von Papst und Bischof gelenkt wird, so soll jedes Land gelenkt und beschützt werden vom König und seinen Amtleuten. Deshalb sind auch alle, die in seinem Land wohnen, verpflichtet, ihm gehorsam und ergeben und untertänig zu sein. Und deshalb ist auch er verpflichtet, ihnen allen Frieden zu geben. Das sollen auch alle weltlichen Fürsten wissen, dass mit der Gewalt, die Gott ihnen in dieser Welt in die Hand gab, er ihnen auch seine heilige Kirche zu schützen gab gegen alles, was von ihr gefördert wird. Aber werden sie saumselig oder ungerecht und schützen nicht, wie es recht ist, da sollen sie sich beim Jüngsten Gericht verantworten, wenn die Freiheit der Kirche und der Frieden des Landes durch ihre Schuld in ihrer Zeit Schaden litten.
Wissen sollen alle, die dieses Buch sehen, dass König Waldemar, des ersten Waldemars Sohn, der der Sohn Knuts des Heiligen war, zu der Zeit, da er neununddreißig Winter König war und da nach unseres Herrn Geburt eintausendzweihundertvierzig Winter vergangen waren, im nächstfolgenden Monat März dieses Buch schreiben ließ und in Vordingborg dieses Gesetz gab, das hier in Dänisch geschrieben steht, mit dem Rat seiner Söhne, die dort waren, König Erich, Herzog Abel, Junker Kristoffer und Uffe, der da Erzbischof in Lund war, und Bischof Niklas in Roskilde, Bischof Ivar in Fünen, Bischof

Gunnar in Viborg, Bischof Jonas in Wendel und Bischof Jonas in Hedeby, und dazu mit dem Rat aller der besten Männer, die in seinem Reich waren.

Erstes Buch

5. Wieviel jeder vom Erbe nimmt.

Ein Mann nimmt immer doppelt soviel wie eine Frau bei allem Erbe, außer wenn Eheleute nach geistlichem Recht geschieden werden und ihre Kinder beerben sollen. Da erbt sie ebenso viel wie er. Ebenso auch gegenüber dem Sohn und dem Stiefsohn nimmt die Frau einen gleichen Anteil, wenn sie zusammen zum Erbe kommen. Sind keine Geschwister da, da sind Vaterbruder oder Mutterbruder, Bruderkinder oder Schwesterkinder alle gleich nahe. Zwischen ihnen wird das Erbe geteilt, als wenn sie alle Geschwister wären. Die Frau nimmt ein Drittel und der Mann zwei Anteile.

27. Wie lange ein Mann eine Friedelfrau bei sich haben kann.

Wer eine Friedelfrau bei sich im Haus hat und geht offenkundig mit ihr schlafen, und sie hat Schloss und Schlüssel und isst und trinkt offenkundig mit ihm drei Winter hindurch, da soll sie Ehefrau sein und rechtmäßige Hausfrau.

28. Wer Vormund sein kann.

Vormund für kleine Kinder ist nach des Vaters Tod der voll erwachsene Bruder. Aber gibt es keinen Bruder, da ist es der Großvater. Gibt es ihn nicht, da ist es der Vaterbruder, Gibt es ihn nicht, da ist es der Mutterbruder. Gibt es keinen von ihnen, da soll der nächste Verwandte Vormund sein. Die Verwandten des Vaters sind immer näher, Vormund zu sein, als die der Mutter, wenn sie gleich verwandt sind und als gute Vormünder geeignet sind, da soll der König den zum Vormund einsetzen, den er will, denn der König ist Vormund für alle die, die selbst keine rechten Vormünder haben. Der darf niemals Vormund sein, der ein Verschwender ist.

33. Wie ein Mann heiraten soll.

Wer eine Frau nehmen will, begehre sie vom Vater oder vom Sohn, wenn er voll erwachsen ist, oder vom Bruder. Aber gibt es diese nicht, da erhalte er sie von dem, der der nächste Verwandte ist, aber doch mit ihrem Ja und Willen. Aber hat die Frau keine Verwandten, da fordere sie auf, wenn sie will, dass er sie verheirate. Aber hat sie so nahe Verwandte, dass sie rechte Vormünder sind, wie Vater, Bruder oder Sohn oder Großvater, Vaterbruder, Mutterbruder, und verheiratet sie sich selbst ohne deren Zustimmung, da verfügen sie über ihr Eigen, solange sie lebt. Aber wenn der Frau Gewalt angetan wird, habe sie deshalb nicht ihr Gut verwirkt.

34. Wer Land veräußern darf.

Ein Bauer kann sein eigenes Land verkaufen, wem er will, wenn er es auf drei Dingen seinen nächsten Verwandten rechtmäßig angeboten hat. Das Vatergut soll den Verwandten des Vaters und das Muttergut den Verwandten der Mutter angeboten werden. Aber überträgt er es, bevor er es rechtmäßig anbietet, da können seine nächsten Verwandten es zurückfordern, und er habe seine drei Mark verwirkt sowohl dem König als auch dem Bauern. Aber sagt jener, der verkaufte, dass rechtmäßig angeboten wurde, gebe er dazu den Zwölfereid.

37. Wo Land gekauft werden soll.

Auf dem Ding soll man Land übertragen und nicht anderwärts, das ist auf demjenigen Heradsding, wo das Land liegt, oder auf dem Sysselding oder auf dem Landesding oder vor dem König, denn ein Dingzeugnis ist so stark, dass gegen ein Dingzeugnis kein Eidbeweis gegeben werden kann.

38. Darüber, was ein Dingzeugnis ist.

Ein Dingzeugnis ist das, wenn die guten Männer, die auf dem Ding waren, das bezeugen, was sie hörten und sahen. Weniger als sieben Männer können kein Ding halten; ebenso viele Männer sind auch ein volles Dingzeugnis ...

44. Wie man Land wehren soll.

Land zu wehren kommt keinem anderen zu als den Geschlechtsernannten. Streitet sich ein Bauer mit der Kirche um Land, und ist das Land mehr wert als eine Mark Silber nach rechter Dorfschätzung, da sollen Wahrmänner darüber entscheiden. Aber ist das Land eine Mark Silber wert oder weniger und hat der Bauer den Besitz, da stehn ihm Geschlechtsernannte zu. Aber wenn das Land im Besitz der Kirche ist, da sollen die Pfleger der Kirche und andere Kirchspielsleute – die besten, so dass sie zusammen zwölf sind – das Land der Kirche entweder zuschwören oder abschwören. Hat der Bauer das Land der Kirche vierzig Jahre in Besitz gehabt, ist er befreit vom Eidbeweis gegenüber der Kirche. Aber hat die Kirche das Land des Bauern dreißig Jahre unangefochten in Besitz gehabt, ist sie befreit vom Eidbeweis gegenüber dem Bauern, wenn es unangefochten blieb.

Das zweite Buch.

1. Über Wahrmänner.

Acht Wahrmänner sollen in jedem Herad sein, zwei in jedem Viertel, von einem Felag aber doch nicht mehr als einer. Jeder von ihnen soll Eigen in dem Viertel haben, in dem er Wahrmann ist, und wenigstens Felagsverwalter und nicht Pächter sein. Auch darf sie niemand ausscheiden, außer wenn sie ihre Vermögensbuße verschwören oder mehr Roßzins nehmen, als sie sollen. Doch darf niemand in einem Herad gleichzeitig Lehen und Wahrmannsamt haben.

2. Worüber Wahrmänner schwören sollen.

Wahrmänner sollen über Totschlag schwören, über Verstümmelung, über Vergewaltigung, über Heerwerk, über Markgrenzen, über Wunden, über Kirchengut, wenn es mehr ist als eine halbe Mark Silber, und über Gefangensetzung.

3. Wo sie schwören sollen.

Wahrmänner sollen auf dem Landsding schwören über Totschlag, über Vergewaltigung, über Heerwerk, über Verstümmelung und wenn jemand mit Gewalt seiner eigenen Freiheit beraubt wird, aber auf dem Heradsding über Kirchengut in Bauernbesitz, über Wunden und über Markgrenzen an ebendem Ort, wo das umstrittene Land liegt.

4. Wie man sie einsetzen und absetzen soll.

Mit Königsbrief sollen die Wahrmänner eingesetzt werden auf dem Heradsding, wo sie Wahrmänner sein sollen, und so sollen sie schwören, wenn sie vereidigt werden: Daß Gott ihm helfe, daß er nicht um Geldes oder um Verwandten oder um irgendwelcher Willkür willen anderes tue als das Rechteste und das Wahrste, das er in seinem Wahrmannsamt weiß.

7. Wenn die Wahrmänner uneinig sind.

Sind die Wahrmänner uneinig, da soll das gelten, was die Mehrzahl bestimmt, außer wenn acht der besten und glaubwürdigsten Bezirksmänner und der Bischof bezeugen, daß sie entweder Gesetzesbruch oder Unrecht oder beides getan haben. Und schwören sie auch alle dasselbe und doch so offenbar einen Meineid, daß jedermann weiß, daß sie falsch schworen, so wenn sie einen Mann zu eines anderen Mannes Töter schworen, der gar nicht im Bezirk war, als jener getötet wurde, und gar nicht in dem Land, da mögen sie gleichwohl ihre Vermögensbuße verwirken, denn die Wahrheit soll immer stärker und lieber sein als das Gesetz. Aber wenn die meisten guten Männer im Bezirk nicht gegen sie klagen und sie alle dasselbe schwören, da soll das gelten. Schwören einige auf dem Ding, und sind die anderen nicht auf dem Ding, da soll man ihren Hinderungsgrund dartun, daß sie entweder nichts von dem Ding wußten oder rechtmäßigen Hinderungsgrund hatten. Da sollen sie auf dem nächsten Ding schwören, das darauf folgt, oder ihren Hinderungsgrund dartun, wie vorher gesagt wurde. Aber schwören sie nicht auf dem dritten Ding, nachdem die anderen schworen, verlieren sie ihre Vermögensbuße, wenn sie im Lande waren und nicht im Krankenbett.

34. Wenn jemandes Vieh einen Mann tötet.

Schlägt eines Mannes Pferd oder ein anderes Stück Vieh, das ihm zu halten erlaubt ist, sei es ein Rind, ein Schwein oder ein Hund, einen Mann zu Tode und wird es zu des Mannes Töter geschworen, büße der Bauer, dem es gehört, neun Mark Geld dafür und gebe noch dazu den Eidbeweis, daß er nicht wußte, daß das Tier diese Eigenheit hatte. Aber geschieht das dreimal, während es im Besitz des Bauern ist, und immer mit dem gleichen Tier, büße er volle Bußen.

35. Wenn jemand wilde Tiere aufzieht.

Zieht jemand wilde Tiere auf, wie Wolfswelpen oder Bärenwelpen, und richten sie Schaden an, dafür werden volle Bußen von dem gebüßt, der sie aufzog und im Besitz hat. Aber brechen sie aus und tötet sie ein anderer Mann, büße er nicht dafür. Aber im Besitz des Bauern soll man sie nicht töten.

36. Wenn jemand seinen Tod durch etwas findet, was nicht lebt.

Wenn jemand in eines anderen Mannes Brunnen ertrinkt, der diesem allein gehört, da büßt er dafür drei Mark Geld. Aber gehört er allen Dorfgenossen, wird dafür nicht gebüßt. Ebenso ist es mit einer Lehmgrube. Aber ertrinkt jemand in einem Mühlenteich oder einem Fischteich oder anderen angelegten Gewässern, oder fällt er von einem Haus oder das Haus fällt auf ihn, wird dafür nicht gebüßt.

61. Über Bürgschaft.

Wenn jemand für einen andern bürgt, und jener, der Bürge wurde, will nicht bezahlen, da soll man es so von ihm fordern wie andere Schulden, denn das, wofür jemand Bürge wurde, das soll er bezahlen, und niemand kann sich von einer Bürgschaft lossagen. Doch sollen die Ernannten dabei nicht auftreten und nicht darüber entscheiden, denn hier gilt dasselbe wie für andere Schulden.

64. Wer Bürge sein kann.

Gelehrte Leute und Klosterleute und Frauen und solche, die noch nicht zum gesetzlichen Alter gekommen sind, das sind achtzehn Winter, die können nicht Bürgen sein für Leute, die Leben oder Glieder verlieren sollen. Aber Pfaffen und Witwen können Bürgen werden für Geld, wenn jener es will, der einen Bürgen nehmen soll, denn sie haben Eigengut, um davon zu zahlen. Aber Mädchen oder Jungen oder jemandes Ehefrau oder Klosterleute, ausgenommen der Abt, können nicht Bürgen werden für Geld und nicht für anderes, denn einer, der kein Eigengut hat, kann nichts abtreten. Auch der Bauernsohn, der im Felag mit seinem Vater ist, kann nicht Bürge sein, selbst wenn er voll erwachsen ist.

86. Über Dieberei.

Wenn jemand einen andern wegen Dieberei anklagt und ergreift ihn mit etwas (Gestohlenem) in der Hand, binde er es ihm auf den Rücken und führe ihn zum Ding und überantworte ihn dem Amtmann des Königs, und der Amtmann verschaffe sich ein Dingurteil darüber, was er verwirkt hat mit solcher Stehlerei.

87. Wofür man einen Dieb hängen kann.

Hat ein Dieb Sachen von einer halben Mark oder mehr gestohlen, da kann der Amtmann ihn ohne Urteil hängen und hat deshalb keine Sünde getan, denn seine Tat hat ihn verurteilt, und er läßt ihn hängen für Recht und Königsmacht und nicht aus Rache. Aber der Bauer darf nicht selbst seinen Dieb hängen, denn er tut es aus Rache. Selbst wenn Böses gegen ihn getan wurde, da darf er doch nicht sein eigener Richter sein.

92. Wenn man einen Dieb ergreift mit etwas (Gestohlenem) in der Hand.

Ergreift man einen Dieb mit etwas (Gestohlenem) in der Hand, und hat er keinen Nachweis, woher er es bekam, da soll er gebunden werden. Aber gibt er einen Nachweis und mißlingen ihm Nachweis und Gewährschaft, da ist es ebenso. Und er kann den Nachweis nicht weiter abwälzen als bis zum dritten Mann. Der dritte Mann soll allezeit die Sachen herausgehen, die er eingesteht. Doch soll der dritte Mann einen Freund dabei haben, wenn er die Sachen herausgibt, die man mit Nachweis bis zu ihm (zurück)verfolgt hat, und er soll dafür nicht Buße zahlen, aber den Kaufpreis verloren haben. Aber hat er Zeugen dafür, daß er auf dem Markt kaufte, da soll er doch den Eidbeweis geben, daß er kein Dieb ist und keines Diebes Mitwisser und nicht weiß, ob sein Verkäufer lebend oder tot ist, und den Kaufpreis verloren haben. Freund ist ein Zeuge, und ein Zeuge zerreißt Band und Bast und des Königs Anspruch.

93. Wozu man einen Freund haben soll.

Für zugeschnittene Kleider und fertige Geräte und für Waffen, für Pferde oder Rindvieh und für anderes Vieh und für alles das, was eine besondere Marke an sich hat, dafür soll man einen Freund haben. Freund ist der Zeuge, der dabei war, als der Kauf geschlossen wurde; es sind nicht weniger als zwei Männer.

99. Wenn etwas gefunden wird im Besitz des Bauernsohns.

Findet man etwas in der Kiste des Bauernsohns, zu der er selbst den Schlüssel trägt, oder in seiner Kammer, zu der er einen besonderen Verschluß hat, da ist er ein Dieb für seine Tat, und es geht ihm an den Hals, wenn er verurteilt oder (mit Gestohlenem) in der Hand ergriffen wird. Da wird des Sohnes Kopfteil bestimmt, damit man dem Bauern seinen Bußanspruch und dem König seinen Bußanspruch zahle.

104. Wenn man seine Sachen in eines anderen Mannes Besitz sicherstellt.

Wenn jemand sein Pferd oder sein Rind in eines anderen Mannes Besitz erkennt und behauptet, es wäre seines, und leugnet jener, der es in Besitz hat, und behauptet, es wäre seines, und sagt, daß es auf seinem Hof geboren sei, da soll er das verteidigen mit Zwölfereid und zweier Nachbarn Zeugnis, daß das auf seinem Hof geboren ist. Aber sagt er, daß er es kaufte, da soll er mit seinem Verkäufer kommen, das ist der, von dem er kaufte, und der soll ihm dafür Gewährschaft geben. Aber hat er dafür keine Gewährschaft, und sagt jener, der klagt, daß es auf seinem Hof geboren sei, da soll er ein vollgültiges Kennzeichen beibringen, daß es auf seinem Hof geboren sei. Zeugnis darüber, ob etwas auf dem Hof geboren sei, sind Zwölfereid und zweier Nachbarn Zeugnis.

106. Wie man in einer Verdachtssache verfahren soll.

Kennt jemand seinen Dieb und kann doch seine Habe nicht zu Gesicht bekommen, da soll er den Mann auf dem Ding verklagen, den er der Sache verdächtigt, und ihn zum Ding laden lassen, wie zuvor über Raubklage gesagt wurde, und ihm auf dem zweiten Ding soviel zuschwören, wie er auf seinen Eid zu nehmen wagt. Auf dem dritten Ding sollen die Ernannten hinzutreten, und ihn entweder wegen der Habe klagfrei schwören oder zum Dieb.

107. Wenn jemand zum Dieb geschworen wird.

Aber wird jemand zum Dieb geschworen, da gebe er zunächst so viel heraus, wie jener ihn verurteilen ließ, und dazu doppelten Ersatz und dem König drei Mark, außer wenn er die Dieberei auf dem Ding zugibt oder etwas davon in seinem Besitz gefunden wird; da ergehe es ihm wie andern Dieben, und der König nehme seinen Kopfteil. Aber trotzt er, nachdem geschworen ist, und will nichts herausgehen, da soll jener, der klagte, mit Zeugen von seinem Heradsding zum Landsding ziehen und dort bezeugen, daß dieser Mann solcherart gesetzlich verfolgt wurde und doch sich zum Gericht nicht stellen will, obwohl auf seinem Hof dreifache gesetzmäßige Frist gewahrt wurde. Da soll das Landsding für ihn berufen werden. Kommt er nicht zur Gegenrede und stellt sich nicht für jenen zum Gericht, da wird ihm sein Leben abgesprochen, so als ob er mit Diebsgut ergriffen wurde.

112. Wenn jemand Silber oder Gold findet.

Findet irgendjemand Silber oder Gold entweder im Hügel oder hinter seinem Pflug oder auf irgendeine andere Weise, da soll das der König haben. Aber leugnet er, daß er etwas fand, wehre er sich mit Verwandteneid.

113. Wenn man einem andern etwas zum Verwahren gibt.

Gibt jemand einem andern etwas zum Verwahren oder setzt es zum Pfand und es kommt Feuer ins Haus und das verbrennt mit den anderen Sachen des Bauern und es ist Zeugnis da, daß der Bauer seine Sachen mit jenen verlor, da soll er schuldlos sein. Aber will er sich nicht mit dem Zeugnis begnügen, da wehre jener sich mit Ernannten aus dem Geschlecht, daß er es nicht durch seine Schuld einbüßte. Aber ist er ein Kaufmann, wehre er sich mit Ernannten aus seiner höchsten Gilde. Mißlingt ihm der Eid, gebe er die Sachen heraus und büße dazu drei Mark dem Bauern und ebenso dem König. Aber gingen ihm nicht seine eigenen Sachen verloren mit denen des andern, da bezahle er das, was ihm übergeben wurde, und wehre sich nicht mit Eid. Aber Geliehenes oder geschütztes Gut kann nicht verlorengehen.

Drittes Buch

25. Wie für Verstümmelung beim lebenden Mann gebüßt wird.

Verliert jemand seine Zunge oder Nase oder beide Augen oder beide Hände oder beide Füße oder das Gerät, das in der Hose hängt, da wird für jedes volle Mannbuße gebüßt. Aber verliert jemand ein Auge oder eine Hand oder einen Fuß, wird für jedes halbe Mannbuße gebüßt. Aber verliert jemand sein Ohr, da wird dafür ein Viertel Mannbuße gebüßt, weil das mit Hut oder mit Haaren verborgen werden kann. Für Daumen wird ein Viertel Mannbuße gebüßt und für die anderen vier Finger auch ein Viertel Mannbuße, doch so, daß für jeden der beiden, die dem Daumen am nächsten sind, der achte Teil einer Mannbuße gebüßt wird, für jeden der beiden äußersten der sechzehnte Teil einer Mannbuße. Und wo ein Nagel abgehauen wird und das oberste Glied, büße man so dafür, als wäre der Finger ganz ab.

34. Wenn jemand eines andern Mannes Pferd schlägt, auf dem dieser sitzt, oder seine Kleider beschädigt.

Will jemand einen andern auf dem Pferd schlagen und verfehlt den Mann und schlägt das Pferd, da wird für die Wunde, die das Pferd erhielt, drei Mark gebüßt, so als ob er den Mann schlug, und das Pferd, das er schlug, nimmt er in seinen Besitz und vergütet es so, wie es war, bevor es geschlagen wurde. Aber wird das Pferd getötet oder bleibt ein Schaden nach, bezahle er das Pferd danach, wie es eingeschätzt wurde, bevor es geschlagen wurde, und büße drei Mark. Aber beschädigt jemand eines andern Mannes Kleider und gesteht er es ein, büße er drei Mark. Leugnet er, bringe er Ernannte aus dem Geschlecht.

45. Wieviel die Frau, die einen Mann hat, als Seelengabe geben darf.

Die Frau, die ein Kind mit ihrem Mann hat, darf nicht ihren halben Kopfteil oder etwas andres von großem Wert als Seelengabe geben ohne Ja und Willen ihres Mannes. Aber will irgend jemand doch eine solche Seelengabe fordern, da soll der Bauer mit Ernannten aus dem Geschlecht auftreten, und die Wahrmänner wirken nicht mit. Aber mißlingt ihm der Geschlechtseid, gebe er heraus, was für ihre Seele gegeben war. Aber hat die Frau keine Kinder mit dem Mann, da darf sie die Hälfte ihres Kopfteils als Seelengabe fortgeben. Fordert da Kirche oder Kloster und ist das mehr als eine halbe Mark Silber, da wirken die Wahrmänner mit. Aber für das, was nicht in jemandes Testament mit dem Zeugnis guter Männer geschrieben ist und was das Kloster fordert oder die Kirche oder das Spital, dafür soll der Bauer immer mit Ernannten aus dem Geschlecht auftreten.

61. Über Wrack.

Wrack, das ans Land geworfen wird und dem niemand folgt oder nachkommt, das gehört dem König, denn dem König gehört der ganze Vorstrand, und das was keinem gehört, das gehört auch dem König.

64. Über Falschmünzerei.

Wegen Falschmünzerei und wegen Mordbrand und wenn jemand beschuldigt wird, daß er Wegelagerer ist, soll man sich mit Heradsernannten wehren, das heißt: drei Männern aus jedem Viertel, die im Herad sind, und die soll der Amtmann ernennen oder ein unparteiischer Mann, der selbst mit dem Streit nichts zu tun hat und weder mit jenem, der die Klage erhebt, noch mit jenem, dem die Klage gilt, verwandt ist. Derjenige aber, dem die Klage gilt, darf in diesem Eid seine offenbaren Feinde ausscheiden, wie vorher gesagt wurde, denn niemand soll genötigt werden, sich mit seinen offenbaren Feinden zu wehren. Diejenigen aber, die ernannt werden, die sollen entweder jenem, dem die Klage gilt, die Tat zuschwören oder abschwören, denn man kann keinem durch Schweigen seinen Hals retten oder seine vierzig Mark.

65. Was Falschmünzerei ist.

Falschmünzerei ist, wenn jemand Amboß und Stempel setzt und Geld schlägt ohne Erlaubnis oder Gebot des Königs oder falsches Silber brennt und mit Geld kauft oder verkauft, von dem er weiß, daß es falsch ist, oder mit falschem Silber. Wenn jemand Falschmünzerei betreibt, da gehört seine Hand dem König und jedem, der falsches Geld bekam, Schadensgeld. Aber wird jemand betrogen und erhält entweder falsches Silber oder Geld und trägt es zu einem Münzer oder Goldschmied oder einem andern Mann, der es unterscheiden und untersuchen kann, und will den Handel mit dem (Silber oder Geld) nicht eher abschließen, bis der es geprüft hat, ob es falsch ist oder nicht, da soll er nicht Falschmünzer heißen. Aber wenn er weiß, von wem er es bekam, erhebe er Klage gegen ihn und erhalte von ihm entweder Schadensgeld oder Eidbeweis, und doch bleibe das Falschgeld mit Zeugnis dort, wo es gefunden wurde. Das Falschgeld, das so gefunden wird, soll nicht mehr ausgegeben werden, sondern soll entweder dort gebrannt oder in Stücke geschlagen oder ins Meer geworfen werden, so daß es niemand finden kann.

66. Über Mordbrand.

Es ist Mordbrand, wenn jemand entweder zur Nachtzeit oder sonst heimlich hingeht und Feuer in eines andern Mannes Haus setzt. Wird er auf frischer Tat ergriffen, habe er seinen Hals verwirkt, und der Schade wird von seinem Vermögen bezahlt und dem Bauern vierzig Mark. Aber wird er mit Eidbeweis zu Fall gebracht, bezahle er den Schaden und verlasse das Land, bis der König Gnade in seiner Sache zeigt.

67. Über Wegelagerer.

Wegelagerer ist der, der im Wald liegt oder im Versteck oder auf der Heide oder an befahrenen Wegen und reitende oder fahrende oder zu Fuß wandernde Leute beraubt und dann mit dem Raub im Versteck verschwindet und die Tat verheimlicht. Wird er auf frischer Tat ergriffen, habe er seinen Hals und sein Kopfteil gegenüber dem König verwirkt. Aber wird er mit Eidbeweis zu Fall gebracht, bezahle er den Schaden von seinem Vermögen, und selbst sei er in des Königs Gewalt. Denn jedermann soll den Frieden stärken. Amen.

8. Stadtrechte

Die besonderen Verhältnisse der Städte brachten ein Recht hervor, das in mancherlei Hinsicht von den Provinzgesetzen abwich. Die ersten Stadtrechte waren private Aufzeichnungen des geltenden Rechts. Später wurden die Stadtgesetze offiziell erlassen. Die Stadtgesetze können mit einigen Ausnahmen nach der geografischen Lage in verschiedene Gruppen eingeteilt werden. Eine Gruppe ist vom Stadtrecht der Stadt Schleswig, dem ältesten Dänemarks (um 1200), beeinflusst worden. Eine weitere Gruppe entstand im seeländischen Rechtsgebiet unter dem

Einfluss der Stadtrechte von Kopenhagen und Roskilde. Im schonischen Rechtsgebiet schließlich galt für die meisten Städte ein in Lund oder Helsingborg entstandenes allgemeines Stadtrecht.

a. Das Stadtrecht von Ripen (26. Juni 1269)

Das Gesetz wurde auf Veranlassung des Rates der Stadt erstellt und später vom König bestätigt. Lübisches Recht hat das Gesetz stark beeinflusst.

Quelle 7

1269. 26. Juni Nyborg.

Am 26. Juni des Jahres 1269 nach der Geburt Gottes hat der hochgeborene Herr Erik, König zu Dänemark und Sohn des Herrn Königs Kristoffer, in seinem 12. Regierungsjahre auf dem Hofe in Nyborg den Bürgern in Ribe folgende Gesetze und Anordnungen erlassen, und mit der Billigung der vorzüglichsten Männer des Reiches besiegelt.

[...]

Kommt es zwischen zwei Männern auf der Straße, auf einem öffentlichen Platz oder vielleicht beim Trinkgelage plötzlich zu Streit oder Zank und folglich unter Verwendung von Knüppeln und Stöcken zu gegenseitiger Körperverletzung, dann soll [der Friedensstörer] dem Geschädigten 6 Mark, der Stadt 6 Mark sowie dem Vogt 6 Mark bezahlen, wenn es durch zwei gute und am Tatort anwesende Männer erwiesen werden kann, daß der Vorfall sich nicht aus Vorbedacht ereignete, sondern einer Heftigkeit entsprang. Kann es aber durch gute Männer erwiesen werden, daß es zwischen ihnen schon vorher Streit herrschte, und hat dies dazu geführt, daß der eine dem anderen aus dem Hinterhalt verletzt hat, dann soll, wenn der Geschädigte das Leben rettet, der Friedensstörer ihm, der Stadt und dem Vogt je 40 Mark bezahlen. Stirbt der Geschädigte dahingegen, hat auch der Friedensstörer sein Leben verwirkt.

[..]

Wird ein Mann mit der Ehefrau eines anderen Mannes ergriffen, ist es Recht, daß er von der Frau an dem Glied herumgeführt wird, die Straßen der Stadt hinauf und hinab, und falls der Ehemann in Gegenwart von Zeugen den Ehebrecher oder auch beide im Bett umbringt, dann soll ihm weder Geldbuße noch Entschädigung auferlegt werden. Und sollte eine Frau ohne die Billigung ihrer Eltern in aller Öffentlichkeit und aus freiem Willen, doch ungesetzlich einen Mann nehmen, dann soll sie ihr ganzes Vermögen einbüßen.

b. Das Stadtrecht von Kopenhagen (13. März 1254)

Das Stadtrecht von 1254 ist vom Bischof zu Roskilde, dem Herrn der Stadt, mit Zustimmung der Bürger erlassen worden. Kanonisches Recht hat einige Bestimmungen des Gesetzes beeinflusst.

Quelle 8

13. März. 1254 Kopenhagen

Gesetze von Jakob I. Erlandsen, Bischof zu Roskilde, über das Verhältnis zwischen dem Bischof zu Roskilde und den Bürgern.

Sollte jeder in eigenen Sachen nach eigenem Gutdünken sein Urteil fällen, dann würde zügellose Habsucht, die Zwietracht und Streit erzeugt und sich nicht mit dem Eigenen zu begnügen weiß, gerechte Zustände umstürzen und das Recht anderer Männer ganz zunichte machen. Deshalb wünschen wir, Jakob, von Gottes Barmherzigkeit Bischof zu Roskilde, allen Anlaß zur Streitigkeit über das Recht und die Sitten und Gesetze zu beseitigen, die bis jetzt beobachtet sind, und künftig jederzeit von uns und unseren Nachfolgern einerseits und von der Bürgerschaft Kopenhagens andererseits beobachtet werden, und damit das, was jetzt zweifelhaft und dunkel ist, für alle klar werden soll, haben wir mit dem einstimmigen Rat und Einverständnis der Bürger beschlossen, folgende Vorschriften zu erlassen, und sie zum ewigen Andenken durch diese Urkunde zu bestätigen und sichern.

[2]Wenn sich jemand innerhalb der Mauern und Wallgräben der Stadt solchermaßen vergeht, daß er 40 Mark Buße zu zahlen hat, soll er erst dem Herrn Bischof eine Buße von 40 Mark zahlen, danach in derselben Sache, noch 40 Mark an den Bischof und die Stadt gemeinsam, und zwar so, daß die Hälfte dem Bischof und die andere Hälfte der Stadt zufällt. Auch haben wir beschlossen, daß es auf dieselbe Weise in allen 3-Mark-Sachen zu verfahren sein wird, so daß die ersten 3 Mark an den Bischof, und die nächsten 3 an den Bischof und die Stadt gemeinsam gezahlt werden. In 9-Ørtug [1/3 Öre = 1/300 Krone]-Sachen soll die Bürgerschaft, zusammen mit dem Ombudsman, [königlicher oder kirchlicher Vertreter in der lokalen Verwaltungseinheit, dem sogfferred] Geldbußen einziehen, dann dem Bischof eine Hälfte und der Stadt die andere Hälfte geben. Und alles, was auf diese Weise der Bürgerschaft beigetrieben wird, soll der Stadt zu Nutz und Frommen verwendet werden, und zwar zur Anlegung von Wallgräben, zu Pfahlzäunen und Brükken.

[...]

Gäste dürfen weder frische Häute oder Lammfelle kaufen noch Kleider oder Leinenstücke ausschneiden, ausgenommen so viel er unter dem Arm tragen kann; ebenfalls darf er auf dem Markt keinen Schemel zum Verkaufen aufstellen, damit dies nicht den Bürgern zum Schaden gereichen wird. Falls ein Gast aber eines jener Verfahren versucht, soll er 3 Mark Buße zahlen, wovon der Bischof die Hälfte erhalten soll. Die andere Hälfte soll die Bürgerschaft zum obengenannten Zweck erhalten. Denn es wird nicht, wie im vorhergehenden festgesetzt, für solche Vergehen zweimal 3 Mark gezahlt.

[5] Es ist auch keinem Gast gestattet, auf dem Markt Speck oder Getreide eimerweise zu kaufen, wenn es zum Schaden der Bürger wird, sondern dieses ist nur für die Bürger zugelassen. Wenn dagegen verfahren wird, nehmen die Bürger und der Ombudsman das Getreide für ihren Gebrauch, und keine sonstige Geldbuße soll in diesem Fall verhängt werden.

[...]

[7] Finden innerhalb des Stadtpfahlzauns Angriffe oder andere Gewalttaten gegen Bürger, Chorherren sowie die ihnen Untergebenen, Kaufmänner oder Diener des Bischofs statt, sollen alle Bürger dem zu Hilfe kommen, der Schaden erleidet. Wer dieses nicht tut, soll durch den Verlust seines größten Flurstückabschnitts bestraft werden. Im Falle eines solchen Verbrechens muß die Strafe im Verhältnis zur Schwere des Angriffs oder der Gewalttat nach Ermessen der Bürger festgesetzt werden. Die Strafe soll von 3 Bürgern und 3 Männern des Bischofs festgesetzt werden, nachdem sie, durch Eid gebunden, versprochen haben, die Strafe gerecht festzusetzen; und können sie sich darüber nicht einigen, soll der Bischof nach der sorgfältigen Untersuchung aller Umstände der Sache herangezogen werden, und dann gilt die Entscheidung der Mehrheit [d.h. die Stimme des Bischofs zählt mit].

9. Sogenannte Wahlkapitulation des Königs Erik Glipping (29. Juli 1282)

Erik Glipping, König von 1259 bis 1286, hat nach Streitigkeiten mit der Aristokratie 1282 dieses Gesetz unterzeichnet und damit verschiedene Beschränkungen der königlichen Gewalt anerkannt. Das Gesetz trägt deshalb die Bezeichnung Wahlkapitulation (Handfeste) und wird in neuerer Zeit als „das erste Grundgesetz von Dänemark" oder „die dänische Magna Charta" bezeichnet. In der Handfeste wurde u. a. bestimmt, dass der König verpflichtet ist, einmal jährlich eine Versammlung bei Hof, „Danehof" genannt, abzuhalten (Art. 1.). Der „Danehof" war der Vorläufer des „Herrentags". Die Verpflichtung ist Ausdruck dafür, dass der König für die Regierung des Landes verantwortlich ist und die politische Gewalt mit der Aristokratie teilen soll; eine staatsrechtliche Ordnung, die bis zur Einführung des Absolutismus (im Jahre)1660 fortbestand. Der König verzichtete darauf, Strafen nach seinem freien Ermessen zu verhängen, (Art. 2 und 3). Diese Bestimmungen hatten jedoch keinen dauernden Erfolg. Der König verpflichtete sich auch, die alte Rechtsordnung („die Gesetze des Königs Valdemar") aufrecht zu erhalten und kein neues Recht zu erlassen.

Quelle 9

Erik, König der Dänen und Wenden von Gottes Gnaden, an alle, die diesen Brief sehen, der Sache zum ewigen Angedenken.

Wir wollen, daß es sowohl für heute noch Lebende als auch für die Nachgeborenen fest stehen soll, daß wir im Jahre 1282, am Tag des heiligen Olav, in Nyborg und auf den Rat der besten Männer des Reiches so verfügt haben, wie wir auf der Sitzung in Vordingborg auf den Rat derselben Männer versprochen haben, nämlich daß einmal im Jahr um Mittfasten, eine Versammlung einberufen werden soll, die „Hof" genannt wird, (2) daß weiterhin niemand in Haft genommen werden darf, wenn er nicht zwanglos vor Gericht die ihm zur Last gelegte Tat zugegeben hat, gesetzlich wegen eines Verbrechens verurteilt oder geradezu auf frischer Tat festgenommen worden ist, während er ein Verbrechen verübt hat, wofür er nach dem Gesetz des Landes mit Leib oder Leben büßen soll; es soll aber dem gesetzlich Verurteilten die Frist, die in den Gesetzbüchern vorgeschrieben ist, um aus dem Reich zu fliehen, [bleiben], (3) daß kein Mann fernerhin mit einer Geldbuße oder einer anderen Strafe bestraft werden darf, außer mit der in den Gesetzen zum Ausdruck kommenden Strafe, und Geldstrafen dürfen niemandem auferlegt werden, der nicht gesetzlich verurteilt worden ist, und dies gilt für alle, ungeachtet der Sache, in welcher sie verurteilt worden sind, (4) daß kein Mann in irgendeiner Sache einen Königsbrief gegen jemanden erhalten darf, wenn seine Sache nicht zuerst vor Gericht geprüft und untersucht worden ist; wenn jemand aber trotzig den ersten, auf diese Weise erhaltenen Königsbrief mißachtet, soll er, außer den Geldstrafen, die schon früher vor Gericht über ihn verhängt wurden, dem Kläger eine Geldbuße von einer Mark, dem König eine Geldbuße von drei Mark bezahlen. Für den zweiten Brief soll er genau so viel bezahlen, und für den dritten ebenfalls. Für den vierten Brief soll er aber dem Kläger eine Geldstrafe von drei Mark, dem König eine Geldstrafe von 40 Mark bezahlen (von dem Amtsbezirk Lund abgesehen, wo die Geldstrafen in den einzelnen Fällen so zu verstehen sind, wie es seit jeher der Brauch gewesen ist, und wie es auch auf der Sitzung in Vordingborg öffentlich bekanntgemacht wurde), und wenn er keine Fahrnis, sondern bloß Land hat, dann soll ihn der Bevollmächtigte daran mahnen, innerhalb eines Monats so viel von seinem Land zu verkaufen, als er dem König und dem Bauer schuldig ist. Wenn er sich weigert dies zu tun, dann soll der Bevollmächtigte des Königs (Ombudsmand) nach einer Bewertung seines Gutes so viel, aber auch nicht mehr von dem zuvor genannten Land entgegennehmen, als dem König und dem Bauer zukommt, und wenn sein Land für die Geldbuße nicht reicht, soll der Mangel verhältnismäßig von dem König und dem Bauer getragen werden. Wenn jemand aber unrechtmäßigerweise und gegen das, was gesprochen ist, Königsbriefe erhält, dann soll er sowohl dem Bauer als auch dem König drei Mark bezahlen. (5) Wir verfügen auch und versprechen fest, die Gesetze des seligen Königs Valdemar unverbrüchlich einzuhalten, so wie sie in seinen Gesetzbüchern stehen, indem wir alle Mißbräuche und Abweichungen als vollständig ungültig widerrufen, die gegen die Gesetze eingeführt worden sind, besonders aber diejenigen, die nachher geschrieben sind (...) (13) Weiterhin darf keinem Mann wegen irgendeines Deliktes sein Land abgesprochen werden, wenn er nicht wegen eines Majestätsverbrechens durch einen Eid von dem „Vordholdsnævn" verurteilt wird (...) (17) Fernerhin wollen wir, daß kein Mann weder geistliche noch weltliche Klöster mit fehlender Zurückhaltung besuchen darf, sondern daß er sich damit zufriedengeben soll, was der Hausherr hat, und was er ihm geben möchte. Wenn jemand sich dazu erdreistet, mehr zu verlangen, indem er etwas mit Gewalt raubt, dann soll der Geschädigte, falls er ein Geistlicher ist, dazu Befugnis haben, solche Gewalttaten wie Sachbeschädigung, Diebstahl oder Sachen des Banns gerichtlich zu verfolgen, wenn er aber ein weltlicher Mann ist, dann nur Sachbeschädigung oder Diebstahl, (18) daß die dänische Kirche weiterhin alle Freiheiten genießen soll, bei welchen sie auch zu der Zeit König Valdemars geglänzt hat, der ihre Freiheit in jeder Beziehung ungeschmälert erhalten wollte.

Aber damit alle diese Vorschriften auch künftig in Kraft bleiben und gültig sein können, haben die ehrwürdigen Väter, Herr Jens, Erzbischof in Lund, die Herren Peder, Bischof in Viborg, Tyge, Bischof in Århus, Tyge, Bischof in Ribe, Svend, Bischof in Børglum, und Ingvar, Bischof in Roskilde, die Herren Jakob und Jens, die auserwählten und bestätigten Bischöfe Schleswigs und Odenses, sowie der Graf Otto von Ravensberg und Herr Valdemar von Rostock, diesen von uns versiegelten Brief auch mit ihren Siegeln versehen lassen.

In Nyborg im obengenannten Jahre und am obengenannten Tag verhandelt.

10. Wahlkapitulation des Königs Kristoffer II. (25. Januar 1320)

Dänemark hatte bis zum Jahre 1660 ein Wahlmonarchie. Das ganze Mittelalter hindurch gab der König mit seiner Wahl, das mündliche Versprechen, in Übereinstimmung mit dem Landesrecht herrschen zu wollen. Die Wahlkapitulationen, von denen die König Kristoffers die erste ist, sollten die mündlichen Versprechungen präzisieren und ergänzen.

Quelle 10

Wahlhandfeste Christophs II.

Dieses ist der vollständige Inhalt der ersten, lateinisch abgefassten Wahlhandfeste

Im Namen des Herrn Amen.

Im Jahre des Herrn 1320 am Tage der Bekehrung St. Pauli ward in einer Versammlung zu Wiborg von den Vornehmsten des Reiches zugleich mit den Gemeinden wegen der Wahl eines neuen Königs Hof gehalten und einträchtig festgesetzt:

erstens, Bischöfe und Geistliche sollen ihrer Rechte, Gerichtsbarkeiten und Freiheiten über ihre Güter und Leute ungestört genießen, wie es von Alters hergebracht ist:

ferner, Kirchenzehnten sollen nicht gefordert noch angenommen werden, außer wenn vorher den Prälaten der Kirchen und den Pfarrgemeinden eine Bürgschaft gestellt ist, womit sie sich zufrieden geben:

ferner, Geistliche sollen nicht auf ein weltliches Thing, noch vor einen weltlichen Richter geladen werden, sondern, was auch die Sache sey, vor einen geistlichen Richter geladen und von diesem gesetzlich überführt werden:

ferner, kein Ausländer, der eine fremde Zunge spricht, auch keiner von unreifem Alter soll ein Kirchenamt bekommen:

ferner, die Geistlichkeit soll nicht geschatzt werden, noch durch Briefe des Königs irgend Beschwerung erleiten:

ferner, von dem Ackerlande des Pfarrgeistlichen, auf welchem dieser persönlich seine Wohnung hat, soll kein Königsdienst gefordert werden:

ferner, Niemand soll einen Geistlichen an einer Kirche anstellen, er habe denn herkömmlich das alleinige Patronatsrecht:

ferner, kein Bischof oder Geistlicher soll gefangen genommen, des Landes verwiesen, oder seiner Güter beraubt werden, außer auf besonderen Befehl des Papstes, wenn er Bischof ist, oder wenn er der niederen Geistlichkeit angehört, auf Befehl seines ordentlichen Richters, nachdem das Urteil nach canonischem Rechte er folgt ist:

ferner, die Klöster sollen nicht mit dem Füttern von Pferden und Hunden beschwert werden:

ferner, er (der König) soll die Güter des Erzbischofs, Schloß und Land (Bornholm) räumen, soviel an ihm liegt, und was geräumt ist, zurückstellen:

ferner, alle Ritter und Knappen sollen von ihren Leuten die drei- und die neun-Marks-Brüche [Bußen] erheben, nach dem Herkommen jedes Landes und auch höhere Brüche, wenn sie dazu bevorrechtigt sind:

ferner, dieselben sollen nicht pflichtig seyn, außerhalb des Reiches Kriegsdienste zu leisten, und wenn sie auf des Königs Geheiß, sey's außerhalb des Reiches ausgezogen sind, soll der König sie, wenn sie in Gefangenschaft fallen, alsbald loskaufen, spätestens in Jahresfrist, und wegen ihrer Verluste entschädigen, ehe sie abermals zum Auszuge entboten werden, ohne Nachteil für ihre alten Freiheiten, wenn sie nicht ausziehen:

ferner, der König darf gegen Niemand Krieg anfangen, als nach dem Rate und mit Zustimmung der Prälaten und Vornehmen des Reiches:

ferner, kein Deutscher darf Schlösser, Festungen und Lehen erhalten, noch in des Königs Rate seyn:

ferner, die Schlösser in Nordjütland sollen niedergerissen werden, ausgenommen in Ripen, Kolding und Skanderborg:

ferner, den Verwiesenen und ihren Erben, oder wer sonst seiner Güter widerrechtlich beraubt ist, sollen ihre Güter, wie sie sich finden, wiedergegeben werden:

ferner: keinem Laien oder Geistlichen soll es zum Nachtheil gereichen, wenn er sich im Dienste des jetzt verstorbenen Königs treu erwiesen hat, und hat er sich wegen eines ihm gegebenen Befehls des Königs, Feindschaften zugezogen, so soll er durch den künftigen König gänzlich davon befreit seyn, mit Ausnahme von Niels Alussen, vormals Drosten (*dapifero*), der vertrieben ist:

ferner soll er alle Feindschaften und Streitigkeiten unter den Einwohnern des Reiches nach Vermögen beilegen und beschwichtigen:

ferner soll er alle Bürgen für den letztverstorbenen König und die seinethalb Gefangenen lösen unter Rat und Beistand der Vornehmen des Reiches, wovon im nächsten Parlament gehandelt werden wird, und soll danach trachten, daß er längere Fristen für sie erlange.

Ferner sollen die Bürgen ihren Handel treiben ohne neue Lasten und Zölle, und ohne eine Abgabe von ihren Waren außerhalb des Reiches kaufen und verkaufen, es wäre denn, daß der König aus triftigem Grunde und der Notdurft halber mit Zustimmung der Besten (Großen) ein Verbot gewisser Ausfuhren verfügte:

ferner soll der König und seine Beamten, wenn sie von Kaufleuten borgen, ihnen dafür gerecht werden:

ferner sollen sie nicht unbarmherzig besteuert werden, was, wie man weiß, bisher geschehen ist.

Ferner, die Bauern sollen nicht durch die königlichen Vögte wider Gesetz und Landrecht beschwert werden:

ferner nicht gezwungen seyn, die Vorräthe des Königs außerhalb der Harde zu führen, worin sie wohnen:

ferner, es sollen durch des Königs Vögte ihnen keine ungebräuchliche Schatzungen und Lasten auferlegt werden.

Ferner soll er einmal im Jahre Parlament zu Nyborg halten:

ferner soll er alle Gesetze König Waldemars beobachten und wenn sich ein Gebrechen darin findet, soll es durch die erfahrnen Männer des Königreiches ergänzt werden:

ferner soll Niemand unmittelbar vor des Königs Thing und Recht geladen werden, sondern zuerst vor Thing und Recht seiner Harde, und wenn er sein Recht weiter sucht, vor das allgemeine Thing des Landes unter herkömmlicher Buße, und wenn er seines Rechts hier nicht ersättigt ist, so soll auf seine Berufung vor dem Könige seine Sache untersucht werden, und hat er auch da des Rechts nicht genug, geht er weiter an das allgemeine Parlament:

ferner soll Niemand gefangen genommen, noch zum Tode verurteilt oder seiner Güter beraubt werden, als nach gesetzlicher Ladung ohne Gefährde, nach öffentlicher Anklage und gesetzlicher Verurteilung, wie die Gesetze des Landes vorschreiben:

ferner soll der König keinen Zorn gegen Jemanden um dessentwillen tragen, was Einer für das Recht des Landes und des Königreiches redet, noch ihn oder die Seinen deshalb verfolgen:

ferner sollen alle und jedwede seit Kurzem aufgelegte Lasten von nun an nicht mehr gefordert werden, als Pflugpfennige, Goldkorn, Zölle oder was nur irgend sonst seit dem Tode König Waldemars aufgelegt und erfunden ist:

ferner, Alle die, welche Schiffbrüchige plündern, sollen wie Straßenräuber (tamquam pro Stygh Roff) verurtheilt und bestraft werden:

ferner soll der Vogt, woher er auch gebürtig sey, einen Bauern der Harde zu seinem Beamten bestellen, (der an seiner Stelle Gericht halte, wenn er nicht kommen mag oder die Sache ihn selber angeht):

ferner, alle offenkundige und erweisliche Schulden des verstorbenen Königs bei den Landeseinwohnern soll der künftige König bezahlen und die Bürgschaften, welche bis zu ihrer vollständigen Tilgung gesetzt sind, sollen fortbestehen, mit Ausnahme der zu zerstörenden Schlösser:

ferner, in welchem Lande auch der König sein Landgericht halte, da sollen die Partheien nach dem Landrechte dieses Reichslandes gerichtet werden:

ferner, Niemand soll außerhalb der Grenzen seines Landes vorgeladen werden:

ferner, keine neuen Gesetze sollen erfunden werden, außer mit Zustimmung des ganzen Reiches in einem allgemeinen Parlament, welches demnächst zu halten ist, und auf welchem es dem künftigen Könige freisteht, nach dem Rathe zu verändern, zu vermindern oder auch zu vermehren, zu erschweren oder zu erleichtern, je nachdem es für Förderung und Ehre des Königreiches Dacia und für den Nutzen des Gemeinwesens dienlich scheint.

11. Bischof Knud Mikkelsens Glossen zum jütischen Gesetz (um 1460)

Das Kommentarwerk, das später Knud Mikkelsens Glossen bekannt wurde, enthält Erläuterungen über die einzelnen Artikel des jütischen Rechts und Vergleiche mit dem Römischen und dem kanonischen Recht.

Knud Mikkelsen, Anfang des 14. Jahrhunderts geboren und zwischen 1478-88 verstorben, war seit 1451 Bischof von Viborg. Zuvor war er zeitweise im Staatsdienst tätig. In den 1420er Jahren studierte er in Rostock und Erfurt. In den Jahren 1434-35 war er Rektor der Universität Erfurt, wo er auch die Würde eines doctor juris utriusque erhielt.

Quelle 11

Im Namen der Heiligen Dreieinigkeit des Vaters, des Sohnes und des Heiligen Geistes. Amen. Weil man leichter versteht, was von vielen erforscht wird (Decr. Grat. 1, dist. 20 c. 3), und weil die Wahrheit bei Mitwirkung von mehreren Menschen vollkommen offenbart wird (Cod. 6, 42, 32, § 1; Decret. Grat. 1, 64, c. 5) und da bekanntlich besonders erstrebt und geschätzt werden muss, was mit der Autorität der Kaisergesetze der Vorfahren übereinstimmt (Decret. Greg. IX., 2, 7, c.1), habe ich dafür gesorgt und beschlossen, das Recht der Städte des Königreichs Dacien verkünden und aufschreiben zu lassen, damit es von allen besser gekannt und genauer befolgt werde. Darin gleichen einige der hier zu befolgenden angeordneten Artikel den Kaiser- und den Kirchengesetzen. Einige darin unterscheiden sich von ihnen oder widersprechen den Kaiser- und den Kirchengesetzen. Einige sind abgestorben und überholt. Was nämlich anfangs irrtümlich und später gewohnheitsmäßig befolgt worden ist, wird in anderen, vergleichbaren Fällen nicht beachtet (Dig. 1, 3, 39). Soweit die Gesetze dem Kaiserrecht nicht widersprechen oder von ihm abweichen, müssen sie wegen der unterschiedlichen Verhältnisse der Reiche befolgt werden. Denn auch das Recht ändert sich im Wandel der Zeiten und Orte (Decr. Greg. IX. 4, 14, c. 8). Durch diese hier vorliegende Zusammenstellung der Rechtssätze und Erläuterungen werden die darin klar geregelten Rechtsstreitigkeiten leicht beendet und die darin nicht geregelten können durch deren entsprechende Anwendung erörtert werden (Dig. 1, 3, 12), zumal diese Ergänzungen des Rechtswissens nach der Lehre des Philosophen (Aristoteles, De sophistcis elenchis) erfolgt sind. So ende denn, bitte ich, euer blanker Hass gegen mich. Es verstumme die Geschwätzigkeit der Neider. Vielmehr lese der Leser zuerst dieses Buch, statt es zu schelten, studiere es zuerst gründlich, bevor er Einwände erhebt (Decret. Grat. II, 11, 3, 76). Es beruhige sich der Streit auf dem Lager, das ihm die Güte bereitet hat. Und indem er sich beruhigt, erweise sich der Nutzen dieser Schrift. Sie heile behutsam das übereilt Verwirrte und trage hilfreich das bisher Vergessene nach.

12. Ripener Privileg vom 5. März 1460

Nach dem Tode des Grafen Adolf VIII. im Jahre 1459 wurde der dänische König Christian I. 1460 von der schleswig-holsteinischen Ritterschaft zum Herzog in Schleswig und zum Grafen in Holstein gewählt. Besonders bedeutsam ist hierbei das Versprechen des Königs, dass Holstein (deutsches Gebiet) und Schleswig (dänisches Gebiet) „ewig zusammen und ungeteilt bleiben" sollten. Hiermit wurden die Interessen der Ritterschaft gesichert worden. Diesem Versprechen wohnte aber auch der Keim für spätere politische Auseinandersetzungen inne.

Quelle 12

Ripener Privileg vom 5. März 1460

Wir Christian von Gottes Gnaden König zu Dänemark, Schweden, Norwegen, der Wenden und der Goten, Graf zu Oldenburg und Delmenhorst, bekennen und bezeugen mit dieser unserer gegenwärtigen Urkunde öffentlich vor allen denen, die sie sehen, hören oder lesen, daß die ehrwürdigen Prälaten, die gestrenge Ritterschaft, die ehrsamen Städte und die Einwohner des Herzogtums Schleswig wie der Lande und Grafschaft Holstein und Stormarn uns zum Herzog zu Schleswig und Grafen zu Holstein und Stormarn gewählt haben. Sie haben uns auch als ihren Herren angenommen und uns gehuldigt, und zwar nicht als einem König zu Dänemark, sondern als ihrem Herren in den genannten Landen mit Festsetzung aller der Artikel und Bestimmungen, die im Folgenden aufgeführt sind.

Zum ersten wollen und sollen wir zur Wahrung beständigen Friedens in diesen Landen den christlichen Glauben [ ] nicht verletzen, sondern nach unserem Vermögen mehren, jeden Einwohner in den Landen – er sei geistlich oder weltlich –, die Ritterschaft, die Städte wie Schleswig, Flensburg, Hadersleben, Hamburg, Kiel, Itzehoe, Rendsburg und alle anderen kleinen und großen Städte und ihre Einwohner, den Kaufmann und wandernden Menschen bei ihren Rechten und Freiheiten lassen und darin beschirmen. Wir wollen und sollen auch alle ihre Privilegien, ihre Freiheit, ihr Recht und jede geziemende Sitte und Gewohnheit in allen diesen Landen besiegeln, verbriefen und bestätigen in ihrer Gesamtheit und jedem besonders, der es verlangt. [ ]

Ferner bekennen und anerkennen wir, daß [ ] die Einwohner und ihre Nachkommen [ ] nach unserem Ableben, ebenso wie wir jetzt nach freiem Willen zu diesen Landen gewählt sind, so oft die Lande frei werden, die Entscheidung behalten, dann eines von unseren Kindern zum Herrn zu wählen, und wenn kein Kind da sein sollte, was Gott verhüten möge, einen unserer rechten Erben zu wählen. [ ]

Wenn wir um des Friedens willen und zum Wohle dieser Lande Krieg beginnen, dann mit Rat, Zustimmung und Willen der gemeinen Räte dieser Lande. [ ] Wir, unsere Erben und Nachkommen sollen und wollen auch den Einwohnern dieser Lande samt und sonders – ausgenommen unsere eigenen Bonden [Bauern] und Lansten [Pächter], soweit sie nicht versetzt und verpfändet sind – ohne freundlichen Willen, Zustimmung und einträchtige Genehmigung aller geistlichen und weltlichen Röte und der Mannschaft dieser Lande weder Schatzung [Steuer] noch Bede [Sondersteuer] auferlegen. [ ]

Wir geloben, nach Rat, Willen und mit Zustimmung unserer Räte im Herzogtum Schleswig als Drost über das Herzogtum stets einen landeseingeborenen Mann zu haben, der alle Sachen entscheiden soll, deren Entscheidung ihm nach Ausweis des Rechts zusteht, und ebenso über Holstein und Stormarn einen Marschall zu haben, der ebenfalls sein Amt gebührend versieht [ ]

Unser Drost und Marschall sollen jährlich in den Gegenden des Landes, wo es am nötigsten ist, öfters Ding und Recht halten. Wir wollen und sollen auch selbst in jedem Jahr und in jedem Land, wenn wir nicht behindert sind, einmal Landgericht abhalten und dann alle wichtigen Klagen hören und sie nach den Rat unserer Räte entscheiden [ ]

Diese Lande geloben wir mit allen unseren Kräften in gutem Frieden zu erhalten und daß sie ewig zusammen (und) ungeteilt bleiben. Deshalb soll niemand den anderen befehden, sondern jeder soll sich am Recht genügen lassen. Damit solcher Friede desto besser erhalten werde, sollen und wollen wir als unsere Amtsleute wie Drost, Marschall, Schenk, Küchenmeister, Vögte und dergleichen in unseren Landen nur Landeseinwohner haben. [ ]

Was ein Geistlicher oder ein Mitglied der Ritterschaft zum eigenen Bedarf und nicht zum Handel haben will, braucht er in diesen Landen nirgends zu verzollen.[ ]

Alle die genannten Artikel schwören wir bei den Heiligen getreu und nach bestem Vermögen stetig und fest zu erhalten, [ ]

Dafür haben wir unser königliches Sekretsiegel unter diese Urkunde hängen lassen.

13. Statuten der Juristischen Fakultät Kopenhagen 1479

Die Universität Kopenhagen wurde 1479 gegründet. Die ältesten Statuten der Universität sind noch erhalten und scheinen deutlich von denen der Universität zu Köln beeinflusst worden zu sein. Unter den Fakultätsstatuten sind nur die der juristischen Fakultät erhalten, die ebenfalls die Kölner Statuten zum Vorbild hatten. Nach einer allgemeinen Einleitung folgten die Vorschriften über den Dekan, die Doktoren, sowie über die Vorlesungen sowie die Studenten.

Quelle 13

Die Statuten der Juristischen Fakultät

Von allen Gaben, mit denen uns Gott aus der Höhe in seiner Güte beschenkt hat, sind die größten das Priesteramt und das Herrscheramt – dieses den Dienern der göttlichen, jenes denen der menschlichen Dinge anvertraut. Sie gehen gewissermaßen wie zwei Lichter aus einem Ursprung hervor, scheinen wunderbar in der kämpfenden Kirche und erleuchten das ganze Menschenleben. Was ist denn größer und heiliger als die päpstliche Amtsgewalt, von der die Weisheit des kanonischen Rechts ausgeht und welche die göttlichen wie menschlichen Dinge wohl ordnet? Wenn dieses Recht verstanden und gekannt wird, können dadurch die geistlichen wie die weltlichen Angelegenheiten geordnet werden. Und was überragt die Erhabenheit des Reiches, das bei Nacht und Tag tätig ist, um seine Untertanen unversehrt zu bewahren, dass sie sorglos und geruhsam leben? Die Weisheit des bürgerlichen Rechts sorgt dafür, dass sie nicht in Armut leben und in Ängsten sterben müssen. Es sind dies die allerwürdigste kanonische Weisheit und zivilrechtliche Gelehrsamkeit, ihre kostbaren Künste des Guten und Gerechten, welche die schädliche Gier durch die festen Grenzen des Rechts zähmen, durch welche auf Erden die Gerechtigkeit gebaut, das Unrecht vertilgt, der Frieden unter den Sterblichen bewahrt und die Eintracht, welche diese Welt sonst verlassen würde, zurückgeholt wird. Wer sonst als ein völlig Blinder und Tor erkennt nicht ihre großartige Würde? Durch sie lernen die Menschen die Gerechtigkeit, dass man seinen Nächsten nicht verletzt und einen jeden in dem Seinigen belässt. Auf diesen unseren verehrten Wissenschaften ruht unsere Mutter, die Fakultät beider Rechte, gegründet und erbaut auf diese beiden ehernen Säulen. Dies wollen wir zur Geltung bringen und mit dem Rechtsgelehrten wahrhaft sprechen: „Wir pflegen das Recht und die Kenntnis des Guten und Gerechten, wir scheiden Gerechtes vom Ungerechten, grenzen Erlaubtes vom Verbotenen ab, wir wollen die Guten nicht nur durch Furcht vor Strafe, sondern auch durch Belohnung ermuntern und lieben die wahre, nicht die erdichtete Philosophie." Aber wer, so frage ich, darf andere anklagen, wenn er selbst unrein und befleckt ist? Wer darf als würdig geachtet werden, anderen Heilmittel zu reichen, wenn er es zulässt, dass sich seine Krankheit in seinem eigenen Hause ausbreitet? Gewiss niemand, so lange wir unter Menschen und nicht wie das Vieh leben. Damit wir also würdig werden, einer so großen und heiligen Fakultät beider Rechte anzugehören und sie zu vertreten, müssen wir sorgsam nicht nur auf das achten, was wir durch Studium anderer Wissenschaften gelernt haben, sondern auch auf das, was wir durch künftiges Studieren lernen. Denn wie im Römischen Recht geschrieben steht, ist das menschliche Geschlecht unstet und wankelmütig und kann nicht einen Tag beständig bleiben. Daher hat kein Gesetz noch Senatsbeschluß des Römischen Staates auf die Dauer Bestand und bedarf häufiger Berichtigung, um dem Wandel der Natur und ihren Veränderungen genügen zu können. So scheint es uns unbedingt wichtig, dass wir dem Statut einer jeden Fakultät unserer Universität jene Gesetze und Ordnungen beigeben, durch welche wir die Glieder und Untertanen unserer Mutter Fakultät beider Rechte würdig leiten, sie zu den hier reichlich vorhandenen Belohungen der Tugend auf sicherem Wege führen und zugleich die Faulpelze aussondern, die sich der Erziehung widersetzen. Daher haben wir, der Dekan und die anderen Vertreter der erwähnten Mutter, unserer Fakultät beider Rechte, uns ordnungsgemäß versammelt, haben demütig den heiligen Namen Gottes angerufen, in gründlicher Beratung und einmütig die unterschriebenen Statuten und Ordnungen zur Ehre Gottes des Allmächtigen, zum Heil der Fakultät und zum Nutzen und Gedeihen ihrer Mitglieder gesammelt, geordnet und das Schriftwerk in die hier verfasste Form gebracht. Es soll jedem daran Interessierten zu seiner Zeit und an seinem Ort bekannt gemacht werden, damit alle erfahren, wie wir die folgenden Statuten unserer Fakultät befolgt wissen wollen, alle es zur Kenntnis nehmen können. Mit Unkenntnis soll sich künftig niemand entschuldigen und den gebotenen Gehorsam verweigern können.

Im Namen der Heiligen Dreieinigkeit. des Vaters des Sohnes und des Heiligen Geistes. Amen.

[ ]

5. Von den Vorlesungen und der Ordnung der Bücher.

Ferner bestimmen wir und ordnen an, dass der Doktor oder ordentliche Lizentiat, der vormittags das kanonische Recht liest, die Schule an den Vorlesungstagen zur sechsten Stunde betritt und bis einschließlich der siebenten liest, und zwar über etwas aus den fünf Büchern der Dekretalen. Wer dagegen über das Dekret liest, soll nach Mittag zur Schule kommen und bis zur zweiten Stunde lesen. Zu dieser Zeit folgt der Dozent des neueren Kirchenrechts und liest bis zur dritten Stunde.

6. Ferner bestimmen wir und ordnen an, dass die Ordinarien des (römischen) Zivilrechts in derselben Weise ihre Vorlesungen halten. In der Frühe zur sechsten Stunde komme man und lese eine Stunde, und zwar in einem Jahr über den Codex, im anderen über das Digestum Vetus. In der ersten Stunde nach Mittag bis zur zweiten lese man die Institutionen und in der zweiten Stunde bis einschließlich der dritten in einem Jahr das Digestum Infortiatum und im anderen das Digestum Novum, und so im Wechsel. Aus dem Buch des Codex und den Digesten werde jeweils über jene Titel gelesen, die für die Berufspraxis besonders nützlich sind und dies in der Weise, dass in den Vorlesungen über den Codex und die Digesten nicht über dieselben Gegenstände gelesen wird.

II. Das 16. und 17. Jahrhundert

1. Urteil des königlichen Gerichtshofs vom 15. April 1537

Im Laufe des Mittelalters wuchs die Bedeutung eines königlichen Gerichts, welches die königliche Gerichtsbarkeit und die des adligen Reichrats ausübte. Besonders nach der Reformation (1536) fungierte dieses Gericht teils als Forum des Adels in Ehrensachen oder Kapitalsachen, teils als das oberste Appellationsgericht Dänemarks.

Nach dem Bürgerkrieg (1533-36) machten König und Reichsrat eine Rundreise durch Jütland ohne Zweifel zu dem Zweck, die neue königliche Autorität zu demonstrieren sowie Sitte und Ordnung wiederherzustellen.

Bei dem folgenden Urteil, das in Aalborg gesprochen wurde, handelt es sich um einen Fall des Ehebruchs, wofür weder das jütische Gesetz noch das Stadtrecht von Aalborg die Todesstrafe vorschrieben. Da jedoch das königliche Gericht ein Exempel statuieren wollte, wurde das Kaiserrecht als strafrechtliche Grundlage herangezogen. Am Rande des Protokolles steht: „Wie unser Prediger uns erklärt hat". Es ist aber nicht klar, was der Prediger, einer der deutschen Prediger des Königs, mit Kaiserrecht gemeint hat. Vielleicht ist der Begriff „Kaiserrecht" hier nur als allgemeiner Hinweis auf Römisches Recht zu verstehen. Kurz danach wurde die Todesstrafe für Ehebruch im Reich eingeführt (Rezess von 1537).

Quelle 14

Todesstrafe nach dem Kaiserrecht

Urteil des Rettertings vom 15.4.1537
Anm.: Das Retterting war der bis 1660 dem Landesting übergeordnete Gerichtshof, wo der König seine richterliche Gewalt ausübte.

Wir, Christian, durch Gottes Gnade auserwählter König von Dänemark und Norwegen, Herzog von Schleswig, Holstein, Stormarn und Dithmarschen, Graf von Oldenburg und Delmenhorst, machen durch diesen unseren offenen Brief allen bekannt, daß Jens Vognfører, unser Bürger in Aalborg, am Sonntag Misericordia Domini im Jahre 1537 nach der Geburt Gottes in unserer eigenen Anwesenheit in unserer Stadt Aalborg, nebst unserem liebenswürdigen Ritter und Hofmeister des dänischen Reiches, Herrn Magnus Gøye, Herrn Ove Lunge, Ritter, unserem Landgerichtsrat in Nordjütland, Magnus Munck, Erik Banner, Knud Gyllenstjerne, Peder Ebbesen, unseren Männern und Rätern und Axel Jul, unserem Mann und Diener, vor uns, auf das Retterting geschickt war. Er hatte vor Gericht Blasius Isfelder verklagt und sich darüber sehr beschwert, daß Blasius Isfelder vor einigen Jahren bei ihm beherbergt wurde, und ihm dort seine Ehefrau verlockte, wonach er seine Güter, Haus und Hof verzehrte und verhehlte. Er enthält ihm seine Ehefrau, Anne

Hansdatter, immer noch vor, und sucht mit ihr unverhohlen Bett und Verkehr, was jedem Mann in Aalborg und anderwärtig bekannt ist, und darüber hinaus hat er ihn, wo möglich, des öfteren verfolgt, um ihn zu überfallen und verletzen, und dieselbe Anne Hansdatter, seine Frau, hat es auch so gewollt, und lebt noch täglich mit dem zuvor genannten Blasius in einem Verhältnis des offenbaren Ehebruchs und will sich keineswegs zu dem zuvor genannten Jens Vognfører bekehren oder sich ihm gegenüber verbessern etc., weder vor Gott noch vor der Welt. [...]

Nachdem die Anklage und Gegendarstellung gehört, und die Umstände der Sache dargestellt waren, wurde es dann für Recht gehalten, daß der zuvor genannte Blasius mit dem Fallbeil hingerichtet werden soll, weil er sich auf eine solche Weise in das Haus des zuvor genannten Jens Vognfører eingeführt hat und dort seine Ehefrau verführt und mit ihr Ehebruch getrieben hat, denn er war Herr über Schloß und Riegel, über Kommen und Gehen, und geht heute noch früh und spät zu und aus dem Bett mit derselben Anne Hansdatter, die somit ihren Ehemann verhöhnt und verachtet hat, und sie soll deshalb ebenfalls sterben und nach dem Kaiserrecht in einem Sack versenkt werden, daß andere künftighin wissen werden, wie solche ungebührlichen Taten bestraft werden, und zuvor genannter Jens Vognfører soll sofort sein auf diese Weise verlorenes Haus und ebenso seinen Hof wiederhaben, einschließlich der dort vorhandenen Güter, die ihm mit vollem Recht gehörten, und die Vereinbarung, die die zuvor genannten Bürger in dieser Sache unter sich ausgemacht haben, erklären wir hiermit für ungültig.

2. Dänische Gesetzgebung im 16. und 17. Jahrhundert

Der Zeitraum zwischen Erlass der Provinzialgesetze in der ersten Hälfte des 13. Jahrhunderts und 1500 ist arm an größeren Gesetzen. Erst im 16. Jahrhundert wurde durch eine gestärkte Staatsgewalt im Zuge einer intensiven Gesetzgebungstätigkeit das Rechtsgebäude der mittelalterlichen Gesetze verändert und ergänzt. Der reformeifrige König Christian II. (1513-23) erließ um 1520 zwei große Gesetze, die aber nach seiner Absetzung aufgehoben wurden. Die Gesetzgebung der Könige Christian III. (1536-59), Friedrich II. (1559-88) und Christian IV. (1588-1648) waren dagegen von Dauer. Die Gesetze, als Rezesse, Verordnungen oder Ordonnanzen bezeichnet, wurden vom König erlassen, sollten aber in Übereinstimmung mit den verfassungsrechtlichen Regeln vom Reichrat genehmigt werden.

3. Rezess des Königs Christian III. (24. August 1537)

Dieser Rezess ist der erste von mehreren Rezessen, die unter der Regierung König Christians III. erlassen wurden. Gottes Zorn ist ein häufiges Thema der Gesetzgebung im 16. und 17. Jahrhundert.

Quelle 15

Neue Strafvorschriften
Aus: Der Kopenhagener Rezeß Christians des Dritten, 1537

Wir, Christian, durch Gottes Gnade König von Dänemark, Norwegen, der Wenden und der Goten, Herzog von Schleswig, Holstein, Stormarn und Dithmarschen, Graf von Oldenburg und Delmenhorst, machen alle bekannt: Daß wir durch die milde und gnädige Fügung und Vorsehung des allmächtigen Gottes zu dem Regiment des dänischen Reiches gekommen sind, und damit dieses gute alte Königreich für immer an der Macht bleibe und der Zorn Gottes abgestellt und böse Gewohnheiten beseitigt würden, haben wir uns nun mit unserem liebenswürdigen dänischen Reichsrat, zu dieser gewöhnlichen Beratschlagung [Anm.: Im Original Herredag, d.h. Herrentag] hier in Kopenhagen versammelt, dem allgemeinen Reiche und seinen Einwohnern zu Nutz und Frommen, die ganze Lage und das Bedürfnis des Reiches hier bei uns überlegt, beratschlagt und danach, einträchtig und mit allgemeiner Zustimmung, hier im Reich eine solche Anordnung, Einrichtung und Ordnung beschlossen, wie es hier folgt. [...]

(5) Ebenfalls läßt sich auch hier im Reich ein großer Mißbrauch in bezug auf Meineidige feststellen, und dies geschieht hier so oft, daß Gott deshalb gewaltsam aufgebracht wird und das ganze Reich deshalb gröblich mit Streit, Krieg und Mangel bestraft wird, wie es uns besonderlich in unserer Zeit widerfahren ist, und deswegen sollen jeder Lehensmann, Bürgermeister und alle Beigeordneten beaufsichtigen und darauf achten, wenn ein Zeuge, der deutlich und nachweislich einen Meineid schwört, vor ihnen auftritt; daß sie demjenigen, der einen Meineid schwört, dann zwei Finger abhauen lassen, und er soll ehrlos sein, damit eine solche Untat durch eine solche Strafe gesühnt und bestraft werden kann.

[...]

(7) Wir empfinden und erfahren auch, daß es hier im Reich eine allgemeine Plage ist, daß einer dem anderen nach dem Leben trachtet, und zwar aus einem geringen Anlaß, was freilich nur damit zusammenhängt, daß Totschlag mit Geld gebüßt wird, und das unschuldige Geschlecht des Totschlägers, seine Freunde und sogar das in seiner Wiege schlummernde Kind müssen Geld zusammenbringen und mithelfen, den Gestorbenen zu büßen, und viele verlassen sich darauf, indem sie eine solche Tat begehen, was sie gewiß nicht täten, wenn sie gewußt hätten, daß ihnen eine Todesstrafe verhängt würde. Deshalb gilt künftighin für Totschlag: Wo irgendein Stadtmann oder Bauer jemanden totschlägt, und dies nicht durch Notwehr oder unbeabsichtigt geschieht, da wird, falls der Totschläger erwischt wird, Leben mit Leben vergolten, und der Kopfteil des Totschlägers soll verwirkt sein, nämlich so, daß die Hälfte uns, die andere Hälfte dem nächsten Erben des Verstorbenen zufällt, und damit sollen die Verwandten des Totschlägers schuldenfrei sein und sollen weder mit einer Fehde mit dem Geschlecht und den Freunden des Verstorbenen, noch mit weiterer Buße belästigt werden [...]

4. Universitätsgründung (10. Juni 1539)

Während der Reformationszeit kam der Unterricht an der Universität zum Stillstand. Nach der Reformation wurde die Universität wiederbelebt, nunmehr grundsätzlich als Ausbildungsstelle für lutherische Pfarrer der dänischen Fürstenkirche. Eine juristische Fakultät wurde zwar auch eingerichtet, ihr einziger Jurist hatte aber lediglich die Aufgabe, den Theologiestudenten und Geisteswissenschaftlern Grundstrukturen des Römischen Rechts und der römischen Politik zu vermitteln.

Quelle 16

Ein Rechtsgelehrter hält die Vorlesung über die kaiserlichen Institutionen. Ist er gebildet und kann sonst noch etwas, ergänze er seine juristische Vorlesung häufig durch Zitate aus Plato, Cicero oder der Geschichte. Außerdem auch aus der „Politik" des Aristoteles usw., um die jungen Leute in seine Vorlesung zu locken. Auch trage er seinen Hörern gelegentlich nützliche Dinge vor, aber wenig aus den anderen Gebieten des Zivilrechts. So werden hoffentlich einige der Schüler zu Männern werden, die mit ihrem Rat dem Gemeinwesen nützlich sind. Denn obgleich wir hier in unserem Reich insgesamt nicht nach dem römische Recht und römischer Gewohnheit leben und unser eigenes Recht haben, ist es doch billig, das Römische Reich in Ehren zu halten. Seine Gesetze sind offenbar aus dem Naturrecht hervorgegangen und ihre Befolgung kann nicht als im Widerspruch zum Naturrecht stehend angesehen werden, so dass die Gesetze anderer Reiche mit dem Naturrecht zusammenkommen, wenn und soweit sie irgendwie dem Römischen Recht entsprechen. Das sagt auch die allerhöchsten Wahrheit, nämlich die Worte Christi (Matth. 7,12): „Alles, was ihr wollt, das euch die Leute tun sollen, das tut ihr ihnen auch!" Der Verstand wird nämlich durch Erkenntnis fremder Rechte geschärft, soweit sie offensichtlich zu unserem Recht und unserer Gewohnheit passen.

Deshalb erläutert der Lehrer gelegentlich den eherechtlichen Baum der Abstammung und Verwandtschaft. Ferner gelegentlich eherechtliche und andere Fälle mit Gewissensbezug, etwa aus dem Recht des Zinsnehmens, des Kaufs usw. zusammen mit Theologen, denen er insoweit selbst dienlich sein kann. Doch darf weder er noch sonst jemand Recht und Evangelium durcheinanderzubringen, wie dies gelegentlich von manchen unter Mißachtung der von Gott eingesetzten Obrigkeit, unter Verletzung der zu leistenden Eide usw. geschieht. Deshalb sollen die Theologen für eine solche Einrichtung der Vorlesung sorgen, dass die Jugend sich freut daran teilzunehmen, wenngleich diese ihrer Ermahnung dienen soll.

Der Rechtslehrer veranstalte viermal im Jahre eine Disputation, also in jedem Vierteljahr jeweils eine. Er wähle dazu Rechtsfragen, welche den Predigern und dem Gemeinwesen gefallen und der ganzen Schule dienlich sind. Er erfinde dazu keine raffinierten Widersprüche aus einem überhaupt nicht existierenden utopischen, verdrehten oder ausgedachten Recht. Einmal im Jahre halte er selbst einen Vortrag, empfehle so das Studium des Rechts oder erörtere etwas der ganzen Schule Nützliches. Sein Gehalt für dieses Jahr beträgt hundert rheinische Goldgulden, in jedem Vierteljahr ein Viertel. Erscheint es uns aber angezeigt, einen weiteren Rechtslehrer anzustellen, werden wir und nicht die Schule ihm sein Gehalt und Wohnung geben und er halte den Hörern in der Schule einige nützliche juristische Vorlesungen über Titel aus den Digesten und dem Codex oder erledige, was sonst ihm aufgetragen wird. Wir werden auch für unsere Rechtsberatung verwenden. Wenn uns aber auch jener andere von Nutzen sein kann, werden wir auch ihn so verwenden, doch in der Weise, dass dadurch nicht die Vorlesungen der Schule benachteiligt werden. Auch übertragen wir ihm nicht mehr als vier Vorlesungsstunden pro Woche, sofern er sich nicht selbst mehr Arbeit aufbürdet.

5. Die dänische Kirchenordnung (1537/39)

Nach seinem Sieg im dreijährigen Bürgerkrieg führte König Christian III. 1536 die luthersche Reformation in Dänemark offiziell ein. Als Ausdruck der päpstlichen Gesetzgebungsgewalt verlor damit das kanonische Recht im Wesentlichen seine Bedeutung. Die kirchlichen Verhältnisse wurden durch eine staatliche Gesetzgebung – König und Reichrat – geregelt. Schon 1536 wurde eine neue Kirchenordnung vorbereitet. Im Jahre 1537 konnte die auf Latein verfasste *Ordinatio Ecclesiastica* erlassen werden. Bei dieser Arbeit spielte der deutsche Reformator Johann Bugenhagen eine entscheidende Rolle. Auch lässt sich der Einfluss deutscher Kirchenordnungen erkennen. Nach einer Revision wurde die dänische Kirchenordnung 1539 in einer dänischen Fassung erlassen.

Quelle 17

Die dänische Kirchenordnung von 1539.

Auf dem Herrentag in Odense am 14. Juni 1539 beschlossen.

Kundgabe des Königs.

Wir, CHRISTIAN, durch Gottes Gnade König von Dänemark, Norwegen, der Wenden und Goten, Herzog in Schleswig, Holstein, Stormarn und Dithmarschen, Graf in Oldenburg und Delmenhorst, grüßen unsere Reiche und Herzogtümer mit Gottes Gnaden, Frieden und Glück.

Nachdem unser Herr, Gott, diesen Kampf und Getöse wohl eingestellt und uns das Reich unseres Herrn Vaters und Großvaters zu steuern und regieren gegeben hat, ist es unser allervorzüglichster Wille und größter Wunsch, daß wir die Lehre unseres Herrn, des gekreuzigten Jesu Christi, und die rechte wahre Christverehrung fördern sollen, was wir seit langer Zeit unserem Lande gewünscht hatten, bis wir es jetzt vervollständigen können, für welches wir unseren Herrn Jesus Christus danken und preisen. Dieser Sache zuliebe ließen wir hochgelehrte Männer und Prediger der Kirchengemeinde des dänischen

Reiches und unserer Herzogtümer versammeln und befahlen ihnen, uns eine christliche Ordnung zu schreiben, die wir zu Rate ziehen können. Und als diese Ordnung uns übergeben wurde, sandten wir sie zum ehrwürdigen Vater, Dr. Martin Luther, durch den Gott in seiner Mildheit und Barmherzigkeit Christi heiliges und reines Evangelium seit letzter Zeit wieder geschickt hat. Dann sah er und mehrere andere in der heiligen Schrift Hochgelehrte dieselbe Ordnung durch und hielten sie für gut und recht.

Aber damit ein solcher Vorgang im Namen Gottes auf rechte Weise geschehe, verlangten wir von dem hochgeborenen Fürsten Johann Friedrich, Herzog und Kurfürsten von Sachsen, unserem sehr guten Freund, daß er uns den liebenswürdigen Hans Bugenhagen, einen hochgelehrten Doktor der heiligen Schrift, hierherkommen ließ, dessen Rat und Hilfe wir uns jetzt, zusammen mit unserem Reichsrat, zunutze gemacht haben, um diese heilige Ordnung zu vollenden. Dieses sei erwähnt, damit man weiß, daß wir in dieser Sache weder eigensinnig noch unbesonnen gewesen sind, sondern von so vielen und angesehenen Hilfskräften Gebrauch gemacht haben.

Als jetzt die Ordnung vollbracht worden war, wurde sie durch unseren Kanzler dem gemeinen Reichsrat vorgelegt, der dieselbe Ordnung annahm und in jeder Hinsicht genehmigte.

Sie verlangten bloß, daß die Prediger dazu ermahnt werden sollten, anfangs in der christlichen Kirchengemeinde glimpflich gegenüber den Sündern zu verfahren, denen das heilige Sakrament zukünftig verwehrt werden konnte. Und wer wird sich nicht darüber freuen, wenn er im Übrigen ein Christ ist? Denn es geht ja hier ausschließlich um das klare und reine Evangelium, die Sakramente nach Christi eigener Einsetzung, die heiligen Lektionen, um Gesang und eine ehrliche Zusammenkunft, wo das Predigen und das Spenden des heiligen Sakraments stattfinden; es geht um die rechte Erziehung der Kinder zu guten Kenntnissen und besonders zur Kenntnis des Buches, der heiligen Worte Gottes und der heiligen Schrift; es geht um das genügende Versorgen der Diener in der heiligen Kirche, das Aufrechterhalten des Schulwesens und der Armenpflege, die Verbreitung der Schulweisheit in alle Häuser, daß auch Bauernkinder künftig wissen werden, worüber früher weder die Bauern, noch der Adel, ja selbst nicht Könige oder Fürsten wußten. (Weshalb auch diejenigen Christo Rede und Antwort stehen sollen, die sich ihrer Position als Häupter der heiligen Kirche gerühmt haben und sich trotzdem nur um sich selbst und ihren eigenen Gewinn gekümmert haben). Wem könnte dies mißfallen? Würde sich nicht jeder Christ aus vollem Herzen die Durchführung jeder dieser Sachen wünschen?

Um dem Gedanken aber vorzubeugen, wir hätten uns lediglich das Erachten anderer Männer zunutze gemacht, dürfen wir nun mit großer Dankbarkeit darauf hinweisen, daß Gott in seiner Güte auch uns einiges Verständnis für das heilige Evangelium gegeben hat. Wir werden daher unsere Meinung über diese Ordnung sagen.

Zwei Stücke werden hier in dieser Ordnung behandelt. Das eine gehört Gott allein und folgt hier: Wir wollen, daß Gottes Wort, nämlich das Gesetz und das Evangelium, redlich gepredigt, die Sakramente recht gespendet, die Kinder wohl erzogen werden, sowie die in Christo Getauften in Christo bleiben. Wir wollen, daß die Diener der Kirche, das Schulwesen und die Armen mögen versorgt und ernährt werden.

Unsere Ordnung ist nicht eine solche, wir wünschen aber dadurch der Ordnung unseres Herrn Jesu Christi zu dienen, um unseres einzigen Lehrers und Meisters, unseres Retters und gewisser Seligkeit willen, von dem der Vater rief und sagte: „Meine Schafe hören meine Stimme." Er hat uns selbst das Evangelium geoffenbart und in die Welt gegeben, das Evangelium, das früher seit Ewigkeiten in Gott verborgen gewesen war. Und er befahl, dieses der ganzen Schöpfung zu predigen. So setzte er auch die Taufe und das heilige Altarsakrament ein, das er genau nach seiner eigenen Einsetzung und nicht anders zu spenden und zu empfangen befahl. Man soll keinen gegen dieses Evangelium und diese Einsetzungen Christi Sprechenden hören oder achten, wäre es auch ein Engel vom Himmel, wie es Paulus zu sagen wagt. [...]

Vorrede

Nachdem es nun leider große Zwietracht und viel Uneinigkeit hier im Reich gegeben hat, indem wir einen großen Mißbrauch gesehen haben, und es nicht denselben allgemeinen Brauch, in bezug auf Messen, Predigten, Taufen, Sakramente und anderen Gottesdienst, in der einen wie in der anderen Kirche gegeben hat, haben wir uns mit dem Einverständnis unseres liebenswürdigen gemeinen dänischen Reichsrats überlegt, was das Beste und Nützlichste für das Reich und die Reichseinwohner ist, um die Ruhe des Reiches bezüglich der Religion und anderer Fragen aufrechtzuerhalten, und die folgende christliche Ordnung sowohl erarbeitet als genehmigt. Es ist unser Wille, daß diese Ordnung in allen Bischofsstiften und Kirchen des Landes beobachtet werden soll, wenn nicht anderes auf einem allgemeinen, freien und christlichen General-Konzil beschlossen wird. Dann wollen wir uns immer danach richten, wie es sich für jeden frommen Christen gehört.

Der Gehalt der Kirchenordnung

Eine gute Kirchenordnung umfaßt besonders diese 6 Hauptstücke.

1. Das erste ist die Lehre

Man soll gute, geeignete Prediger wählen, die redlich predigen, die Sakramente gebührend spenden und den Katechismus recht erklären können und wollen. Dieser betrifft die Schulweisheit über die zehn Gebote Gottes, die Artikel des Glaubens, das Vaterunser und den Sakramentenbrauch der jungen, unerfahrenen und ungelehrten Christen.

2. Das zweite geht um die Zeremonien und den äußerlichen Kirchendienst.

Nützliche und gleichartige Zeremonien sind zu verordnen und beizuordnen, das heißt äußerliche Sitten für alle Pfarrkirchen, daß keine Ungleichartigkeit in dieser Hinsicht das Ärgernis einfacher und einfältiger Leute erregt.

3. Das dritte ist die Schule.

In den Kleinstädten sollen gute, geeignete Schulmeister ernannt werden, die mit großer Tüchtigkeit die Jugend in jeder Hinsicht erziehen können.

4. Das vierte geht um eine allgemeine Almosenkasse.

Diese ist für die Diener der Kirche und die Armen, daß es auch den Dienern der Kirche und den Armen etwas zum Lebensunterhalt gegeben werden kann.

5. Das fünfte geht um Superintendenten und ihre Pröbste.

Es muß solche Beamte geben, die die Diener der Kirche zu ihren Amtspflichten anhalten können und zusehen, daß überall alles ordentlich und recht vor sich geht.

6. Das sechste geht um Bücher,

die gute Pfarrer haben müssen, um wahre Gottesfurcht hervorzurufen, und nicht versehentlich von üblen Büchern verderbt werden, von denen schon viele ergangen sind und täglich noch mehr ergehen.

6. Rezess von Kolding (13. Dezember 1558)

Der Koldinger Rezess ist eine Sammlung der Gesetzgebung der Regierung König Christians III. (1536-1559). Die 70 Artikel behandeln u. a. Prozessrecht, Strafrecht und Vermögensrecht.

Wenn im 16. und 17. Jahrhundert vom „Rezess" gesprochen wurde, meinte man im Allgemeinen den Rezess von Kolding.

Quelle 18

Der Koldinger Rezeß vom 13. Dezember 1558

Wir, Christian der Dritte, machen allen bekannt, daß wir erfahren, daß die von uns ergangenen Rezesse, seitdem wir mit unseren liebenswürdigen Reichsräten den Rezeß vom Jahre 1547 etc. in unserer Stadt Kopenhagen ergehen ließen, Beschwerden unverständiger Amtmänner und Richter zur Folge gehabt haben, weil sie nicht wußten, wie sie sich danach richten sollten. Deshalb haben wir nun, mit unseren liebenswürdigen dänischen Räten, die sich hier bei uns befinden, alle ab 1547 ergangene Rezesse in den folgenden Rezeß einbezogen, dem wir nun mit den zuvor genannten liebeswürdigen Reichsräten Dänemarks bestätigt und zugestimmt haben, und der hiernach folgt. Und falls dieser Rezeß keine Erklärung gibt, dann soll man sich nach dem Gesetz richten; doch soll der Rezeß, den wir mit unseren liebenswürdigen dänischen Reichsräten, Prälaten, Stadtmännern, Bauern, sowie mit unserem Adel, haben besiegelt und ergehen lassen, hiermit in allen hierin nicht erwähnten Artikeln unverletzt bleiben.

Artikel 11

11. Alle auf dem Thing oder auf dem Rathaus ausgestellten Briefe sollen registriert werden.

Item soll jeder Thingschreiber ein Grundbuch haben, wohinein er alle Urteile, Auflassungsurkunden, Zeugnisse und alle anderen wichtigen Briefe des Things während seines Amts eintragen soll, und zwar mit Datum versehen. Und wenn dieser Schreiber stirbt oder auf andere Weise aus dem Dienst scheidet, dann soll in jedem Amt sein Buch in der Stadtkirche oder dem Archiv verwahrt werden, oder auf andere Weise in eine solche Verwahrung gegeben werden, daß alle erfahren können, wenn es benötigt wird, was früher bestimmt und vereinbart worden ist. Und wenn ein Schreiber oder sonst jemand wegen Verfälschung des Grundbuchs verurteilt wird, dann soll er als Fälscher bestraft werden. Gleicherweise sollen auf dieselbe Weise alle Briefe der Bürgermeister oder der Räte in den Kleinstädten registriert werden, und dieses Buch soll auf dem Rathaus aufbewahrten werden.

Artikel 19

„Item darf niemand peinlich vernommen werden, wenn er nicht zuerst gerichtlich wegen seiner Übeltat zum Tode verurteilt worden ist.“

Artikel 52

Nach dem Tod eines Ehemannes soll die Hälfte der Ehefrau zufallen.

Item soll nach dem Tod eines Ehemannes die Hälfte des Grunds, des Guts und der Fahrnis der Ehefrau zufallen, ob sie ein Kind von ihm geboren hat oder nicht.

Artikel 50

Über das Gewohnheitsrecht der zwanzig Winter

Ein Mann behält einwandfrei und straflos das Gut und Eigentum, die er zwanzig Winter hindurch im Besitz gehabt hat, ohne daß Anspruch darauf oder Widerspruchsklage erhoben worden ist, wenn es nicht bewiesen werden kann, daß sie Pfand oder Belehnung sind.

Art. 66

Über Wucher

Nachdem es uns zu Ohren gekommen ist, welch großer Mißbrauch und unchristlicher Handel hier im Reich unter den Adligen sowie den Pfarrern, Bürgern und Bauern getrieben werden, und zwar auf eine solche Weise, daß der Geldverleiher sich nicht mit niedrigen Zinsen und einen kleinen Gewinn begnügt, sondern sich schamlos erdreistet, 6, 8, 10 Prozent Zinsen und eine Portion Geld obendrein von einem anderen zu verlangen; so zahlt ein Bauer, der einen Taler leiht, einen Sack Korn Zinsen, und wer einen Sack Korn leiht, zahlt einen Sack Korn Zinsen, und damit solche unchristlichen Zinsen und ungebührlicher Wucher abgeschafft und abgestellt werden, haben wir uns mit unseren liebenswürdigen dänischen Reichsräten sowie mit einigen der Hochgelehrten beraten und beschlossen, obwohl es ganz unschicklich und gegen Gottes Gebot ist, überhaupt Wucher zu treiben und Zinsen zu nehmen, wenn Geld oder anderes verliehen wird, aber weil dieser Handel doch nicht vollkommen unterbunden werden kann, und damit der Wucherer wissen wird, was gegen ihn verhängt werden kann, wenn seine Wucherbriefe dem Gericht vorgelegt werden, daß wer künftighin Geld, Korn oder anderes gegen Zinsen ausleiht, nur ein Zwanzigstel vom Wert des Ausgeliehenen als jährliche Zinsen nehmen darf, das heißt, fünf Taler, wenn 100 verliehen werden. Falls jemand künftighin etwas ausleihen wird, es sei ein Adliger oder ein Nichtadliger, ein Pfarrer oder ein anderer, der Geld, Korn oder anderes gegen Zinsen ausleiht, und dessen für schuldig erklärt wird, mehr Zinsen als oben erwähnt zu verlangen, dann soll das Kapital des Übeltäters verwirkt sein, und zwar so, daß die Hälfte uns, die andere dem Kläger zufällt. Doch wünschen wir hier niemandem einen Grund zu geben, den Wucher zu verwenden, sondern jedem es zuzutrauen, diesbezüglich so zu handeln, daß ihn sein Gewissen nicht plagt und er nichts gegen das Gebot und den Befehl des allmächtigen Gottes tut.

7. Die Wahlkapitulation des Königs Friedrich II. (12. August 1559)

Die Wahlkapitulation König Friedrichs II. von 1559 ist denjenigen Christians III. (1536), Christians IV. (1596) und Friedrichs III. (1648) ähnlich und Ausdruck des dänischen Verfassungsrechts des 16. und 17. Jahrhunderts. Es wird betont, dass Dänemark ein Wahlkönigtum ist (Art. 47) und dass der König unter Mitwirkung des Reichsrats regieren soll (Art. 4).

Quelle 19

Die Wahlkapitulation Friedrichs II. 1559

2. Der König soll sich den allgemeinen Einwohnern des Reichs gegenüber an Recht und Gesetz halten.

In gleicher Weise werden wir uns gegenüber dem Reichsrat, dem Adel, den Stadtbewohnern und den allgemeinen Reichseinwohnern an Gesetz und Recht, Freiheiten und Privilegien halten, und keinen auf irgendeine Weise benachteiligen. Wir sollen auch unser königliches Amt so handhaben, daß wir dadurch jedermann vor Übermacht und Unrecht schützen und schirmen.

4. Der König soll die Reichsräte und den Adel lieben und fördern.

Gleicherweise wollen und sollen wir die Reichsräte und den Adel Dänemarks lieben und fördern, und mit ihnen das Reich Dänemarks beherrschen und regieren, und durch die Lehen der Krone den Reichsräten die Lebensbedürfnisse sichern, so daß sie es nicht nötig haben, bei eigener Kost und Zehrung Herrentage zu besuchen, oder auf andere Weise beschwert werden.

15. Der König soll keinen Krieg ohne den Rat, den Willen und die Zustimmung des allgemeinen dänischen Reichsrats beginnen oder entfachen dürfen.

Item dürfen wir auch keinen Krieg anfangen oder entfachen, wenn es nicht mit dem Willen, dem Einverständnis und der Zustimmung des allgemeinen dänischen Reichsrats geschieht.

30. Der König soll dazu verpflichtet sein, sich vor dem Reichsrat Dänemarks vor Gericht zu stellen.

Weil der Reichsrat Dänemarks, der Adel und die Einwohner dazu verpflichet sind, sich vor dem Reichsrat Dänemarks vor Gericht zu stellen, sind auch wir auf dieselbe Weise dazu verpflichtet, uns vor dem Reichsrat Dänemarks vor Gericht zu stellen, es niemanden deswegen übelzunehmen und sein Urteil zu vollstrecken.

45. Der König soll einen Hofmeister, einen Kanzler und einen Reichsmarschall von dänischer Geburt haben.

Und weil das höchste Regiment des Reiches größtenteils der Person des Königs obliegt, welches der König nicht allein führen kann, so soll der König immer einen Reichshofmeister, einen Kanzler und einen Reichsmarschall haben, die dänischer Herkunft und adlig sind, und die dem König und anderen Reichsräten bei den Geschäften und Sachen des Reiches behilflich sein sollen. Und wenn der König in irgendeiner Sache jemandem unrecht tut, es sei einem Adligen oder Nichtadligen, dann soll es dem Betroffenen frei und offen stehen, dem Reichshofmeister, dem Kanzler des Königs und dem Reichsmarschall dieses zur Kenntnis zu bringen, und an den König ein Appell richten zu lassen, daß er ihn vorläßt.

47. Daß das Reich Dänemarks ein freies Kurreich ist.

Und das Reich Dänemarks muß ein freies Kurreich sein und bleiben, so wie es ist, und seit je gewesen ist.

8. Niels Hemmingsen

De Lege Nature (Naturrecht)

Der dänische Theologe Niels Hemmingsen (1513-1600) wurde mit seinen zahlreichen Schriften in Europa bekannt. Seine kleine Darstellung des aristotelische Naturrechts aus dem Jahre 1562 wurde später als ein Vorläufer der Schriften des Hugo Grotius angesehen. Hemmingsen hat sein Werk dem dänischen Rat Erik Krabbe, der mit Gesetzgebungsstudien befasst war, vermacht.

Quelle 20

De lege naturae (1562)

Niels Hemmnigsen

Aus zwei Gründen, die mir höchst gerecht scheinen, habe ich, mein edler Herr, diese Methode, das Gesetz der Natur betreffend, mit deinem Namen verknüpft, veröffentlichen wollen. Zum einen will ich dir meine Dankbarkeit zeigen, du, der danach trachtet, allen von Nutzen, keinen zum Schaden zu sein (was für Cicero den guten Mann kennzeichnet). So hast du seit vielen Jahren auch mir einzigartiges Wohlwollen entgegengebracht. – Zum anderen hast du dich schon seit langer Zeit mit einer ähnlichen Aufgabe beschäftigt. Denn unsere Dänischen Gesetze (die ja gewisse Hypothesen sind, dem Gesetz der Natur entsprungen, worüber wir uns jetzt unterhalten), diese Gesetze, die wie getrennte und weggeworfene Glieder eines Körpers sind (was zwar nicht auf einem Fehler der Gesetzgeber beruht, denn sie haben den verschiedensten Völkern Gesetze erlassen, sondern mit der Verschiedenheit der Völker zusammenhängt, die unterschiedlicher Gesetze bedürfen), die versuchst du zu einem gerechten Ganzen zusammenzustellen, worin die einzelnen Teile wohl zusammengefügt sind.

[...]

Nachdem dieses in aller Kürze gesagt worden ist, werde ich folgende richtige und vollständige Definition anführen: Das Gesetz der Natur ist ein auf göttliche Weise in der Menschennatur eingeprägtes Wissen um die Grundsätze der Erkenntnis und Handlung, sowie um die von diesen Grundsätzen hergeleiteten Schlüsse, die mit der eigenen Bestimmung des Menschen übereinstimmen. Diese Schlüsse, die sich mit Notwendigkeit aus den Grundsätzen ergeben, stellen die Vernunft zur Führung des menschlichen Lebens auf, damit der Mensch das Rechte erkennen, wollen, wählen und tun kann, sowie das Entgegengesetzte meiden. Sowohl als Zeuge und Richter über all dies ist den Menschen das Gewissen auf Göttliche Weise gegeben.

9. Urteil des königlichen Gerichts vom 14. Juni 1572

Das Urteil zeigt, dass ein königlicher Akt, obwohl vom Reichrat genehmigt, berichtigt werden konnte, wenn dieser gegen die Gesetze, hier u. a. das jütische Gesetz, verstieß. Erst mit dem Gesetz König Christians V. (1683) wurde die Errichtung von Stammhäusern erlaubt.

Quelle 21

Fideikommiß des Johan Friis.

Urteil des Rettertings vom 14.6.1572.

Wir, Friedrich der Zweite machen allen bekannt, daß uns am 14. Juni im Jahre 1572 nach der Geburt Gottes, hier auf unserem Schloß in Kopenhagen, in unserer eigenen Anwesenheit einerseits der liebenswürdige Bjørn Andersen von Stenalt, unser Mann und Rat, geschickt war, der andererseits unseren liebenswürdigen Mann und Diener, Niels Friis von Hesselager vor Gericht verklagt hatte, und ihn wegen des Hofs und Bezirks Hesselager angeklagt hatte, einschließlich des ganzen Guts, das Johan Friis im Gudme-Amtsbezirk hatte, und auch der Fahrnis, die es nach Johan Friis' Tod und Verscheiden auf Hesselager gab, auf ermessen Voraus Niels Friis nach dem Tenor einer von obengenanntem Johan Friis so gemachten und ausgestellten Auflassungsurkunde einen Anspruch zu haben behauptet. Weil dieselbe Urkunde aber gesetzwidrig gemacht ist, meinte zuvor genannter Bjørn Andersen, daß sie weder ihm, als Vertreter seiner Ehefrau, oder ihren Geschwistern so oder so hinderlich oder nachteilig werden solle.

Da stellte sich zuvor genannter Niels Friis ein und legte dem Gericht dieselbe Auflassungsurkunde vor, die im Jahre MDXLVIII von unserem liebenswürdigen Vater seligen und hochgelobten Angedenkens ausgestellt und vom Reichsrat bestätigt war. Nach dieser Urkunde sei der Haupthof lange im Gewahrsam seiner Eltern gewesen, und weil er in seinem Leben denselben Hof mit Grund, Gebäuden und anliegenden Ländereien verbessert habe, und damit dieser noch einige Zeit mit dem Willen des allmächtigen Gottes bei seinen Erben männlicher Linie bleibe, so habe er gewilligt und gewährt, daß der Hof mit dem ganzen Gut, das er nun in Gewahrsam hat, oder hiernach im Gudme-Amtsbezirk bekommen kann sowie in der ganzen Gemeinde Hesselager, die ein freier Bezirk ist, nach seinem Tod im voraus bei seinen ältesten nächsten Verwandten männlicher Linie bleiben solle, wobei er viele andere Artikel, die von demselben Brief bestätigt werden, hinzufügte, und der 39. Artikel der Handfeste gibt an, daß die Briefe ehemaliger Könige durch uns in Kraft bleiben sollen. Dann trug zuvor genannter Niels Friis dem Gericht den Antrag vor, ob er nicht nach der obenerwähnten Bestätigung unseres Herrn denselben Hof und Gut behalten solle.

Demgegenüber antwortete zuvor genannter Bjørn Andersen, daß der obenerwähnte Hesselager Hof und Gut so von obenerwähntem Johan Friis ausgestellte Brief seines Erachtens in vielen Punkten und Meinungen gegen mehrere Artikel des Gesetzes, des Rezesses und der Handfeste verstoße, und weil das Gesetz ehrlich und ertraglich nach der Sitte des Landes sein müsse und nicht geschrieben sei, um dem Sonderwillen eines Mannes zu dienen, sondern dem Wohl der im Lande wohnenden Männer, und niemand gegen das vom König gegebene und vom Land verabschiedete Gesetz verurteilen dürfe, und zuvor genannter Bjørn Andersen meint hier die von zuvor genanntem Johan Friis so zur Schau gestellte Sitte, einen seiner Erben und Nachkommen allein zu bevorrechtigen, und den anderen Geschwistern und Miterben merkbar zu schädigen und zur Last fallen, fragte er, ob obenerwähnter Brief zu Recht seiner Ehefrau und ihren Geschwistern ihre rechtmäßige erbliche Freiheit vorenthalten könne, die ihnen sowie den allgemeinen Einwohnern des Reichs im Gesetz und im Rezeß zugestanden ist, und ob sich zuvor genannter Niels Friis oder sonst jemand einen Anspruch auf den Voraus in bezug auf zuvor genannten Hesselager Hof und Gut haben könne, und beide Seiten fügten weitere Worte und Äußerungen darüber hinzu.

Nach der Anklage, der Gegendarstellung und der Darlegung des Sachverhalts haben wir es danach für recht gehalten, daß wir, weil wir in unserer königlichen Handfeste erstens Gott, dann unseren Untertanen, verbürgt und versprochen haben, die allgemeinen Reichsräte, den Adel, Stadtbewohner, die Bauern und die gemeinen Leute an Gesetz und Recht, Freiheit und Privilegien zu halten, und die Freiheit des Adels größtenteils darauf beruht, daß sie durch das Gesetz des Königs Valdemar, den Rezeß und die Handfesten gehalten und gehandhabt werden, und weil das Gesetz Gleichheit in allen Nachlaßverfahren der Geschwister fordert, so daß kein Geschwisterteil mehr nimmt als der andere, davon abgesehen daß ein Bruder zwei Anteile und seine Schwester den dritten nimmt, und alte Sitte deswegen herbeiführt, daß das zu veräußernde Gut, auch sofort übertragen werden müß, wenn dessen Wechsel ins Grundbuch eingetragen ist, und die von obenerwähntem Johan

Friis gemachte Auffassungsurkunde stellt dem ältesten Geschwisterteil männlicher Linie zu, den Voraus in bezug auf den Hof und Gut Hesselagers zu beanspruchen, und seither trotzdem mit den anderen die Erbschaft ebenbürtig zu teilen, gegen das Gesetz und die ganze Erbfreiheit, die andere Adlige hier im Reich haben, so daß es dadurch keine Gleichheit, sondern nur die Privilegien eines Mannes gibt; da es außerdem in der zuvor genannten Auflassungsurkunde einige Artikel gibt, die nicht nur dem Gesetz, sondern auch in vielen Weisen dem Rezeß und den Handfesten zuwider sind, die wir unseren Untertanen einzuhalten und durchzusetzen versprochen haben, dann soll Johan Friis' obenerwähnte Urkunde obenerwähntem Bjørn Andersen und den Geschwistern seiner Frau in keiner Weise behinderlich oder schädlich sein, sondern Hesselager Gut und Hof mit Fahrnis und anderen Gütern, beweglich wie unbeweglich, die von Johan Friis und Henrik Friis nachgelassen sind, sollen unter den Erben gleichmäßig geteilt werden, und Niels Friis soll dieselbe Erbschaft wie einer seiner Brüder haben, und nicht mehr, und dadurch an den Bedingungen der anderen adligen Untertanen hier im Reich festgehalten werden. Und da unser hochgelobter Herr und Vater die Urkunde mit dem Reichsrat bestätigt hat, und es keineswegs unsere Absicht ist, gegen die Briefe des obenerwähnten Herrn etwas zu tun oder zu handeln, sondern es tatsächlich mehr unsere Intention sowie Vorsatz ist, bei dem Eid zu bleiben, den wir vor Gott und unseren Untertanen geschworen haben, und nach dem wir uns mit der Hilfe des allmächtigen Gottes sowohl in Urteilen als auch in anderen Weisen richten und verhalten wollen, und weil die obenerwähnte Urkunde von Johan Friis, wie zuvor genannt, in vielen Artikeln gegen die allgemeinen Freiheiten des Adels, das Gesetz, den Rezeß und die Handfesten befunden wird, und es nicht bezweifelt werden kann, daß sie ja auch durch Betrug erworben werden kann, dann soll die obenerwähnte Bestätigung in keiner Weise den obenerwähnten Björn Andersen, die Geschwister seiner Ehefrau oder ihre Nachkommen belasten. Doch soll jeder Erbe des obenerwähnten Johan Friis, so wie dieser verfügt und beschlossen hat, jedes Jahr dem Krankenhaus in Odense zwei Säcke Butter, der Nyborger Schule 24 dänische Mark und der Svendborger Schule 24 dänische Mark schenken, wobei diese Verpflichtung aber auch unter den Erben anders verteilt werden darf. Als weiteres Zeugnis hängt unten unsere Petschaft.

10. Eheordnung König Friedrichs II. (19. Juni 1582)

Die Reformation brachte auch für das Eherecht entscheidende Veränderungen. Im Gegensatz zum kanonischen Recht war die Ehe kein Sakrament und die Ehescheidung wurde gemäß lutherischer Auffassung in gewissen Fällen möglich. Die Praxis der Gerichte zeigte, dass kurz nach der Reformation Eheleute getrennt wurden, allerdings dauerte es noch beinahe 50 Jahre, bevor das erste dänische Ehegesetz erlassen wurde, nämlich die Eheordonnanz von 1582. Unter dem Einfluss der Regelungen anderer Länder wurde die Trauung im Gegensatz zum mittelalterlichen kanonischen Recht formalisiert; sie konnte nur im Beisein eines Pfarrers und fünf anderer Zeugen eingegangen werden. Die Scheidungsgründe waren in der Ordonnanz aufgezählt: Ehebruch, *Desertio localis* und *Impotentia.* Die meisten Bestimmungen der Ordonnanz wurden in das dänische Gesetzbuch (1683) übernommen.

Quelle 22

Die Eheordonnanz Friedrichs des Zweiten, 19. Juni 1582

Wir, Friedrich der Zweite [...], machen allen bekannt, daß wir, indem wir erfahren haben, wie sittenwidrig es mit einem Teil der Ehesachen hergeht, die vor dem Kapitel verklagt werden, um dort geurteilt zu werden, und zwar so, daß bisweilen in denselben Sachen nicht auf dieselbe Weise in dem einen, wie in dem anderen Kapitel geurteilt wird, daß viele Urteile aber gegensätzlich erlassen werden, was große Unrichtigkeit verursacht, und damit in solchen Ehesachen sittlich und gebührend vernommen und geurteilt wird, und es somit recht und ordentlich hergeht, so haben wir uns mit unseren dänischen Reichsräten sowie einigen Hochgelehrten hier im Reich diese Lage überlegt und einige Punkte und gewisse Artikel verfassen und ergehen lassen, die hier folgen, und wonach sich jeder, in bezug auf alle vor Kapiteln oder sonst wo verklagten Parteien einer Ehesache, die künftighin geurteilt werden, zu richten hat. [...]

5. Und damit alles um so ordentlicher und sittlicher vor sich gehen kann, soll eine Verlobung künftighin nur in Anwesenheit eines Pfarrers und mindestens fünf anderer Zeugnisse stattfinden können.

6. Auch soll es den rechtmäßigen Verlobten nicht zugelassen sein, mit einander geschlechtlich zu verkehren, bevor sie kirchlich getraut sind. Alle, die es wagen, trotzdem dies zu tun, sollen von ihrer Obrigkeit bestraft werden, indem sie von dem Pfarrer daran gemahnt werden, und wenn die Verlobten weiterhin so leben und sich weigern, sich vor der Kirchentür trauen zu lassen, dann soll ihnen der Pfarrer eine gewisse Frist setzen, und vor dem Ablauf der Frist sollen sie in die Kirche kommen und sich dort christlich trauen lassen; wenn sie dies nicht tun, soll er ihnen vor aller Augen das Sakrament vorenthalten; und wollen sie sich dennoch nicht fügen, dann soll ihres Ärgernisses wegen den Bann vor aller Augen über sie verhängt werden.

11. Verordnung über schnelle Exekution (19. Juni 1613)

Unter der Regierung König Christians IV. (1588-1648) wurde die strafrechtliche Ahndung von Verbrechen verschärft. Es ging zunächst um Verbrechen, die gegen den Willen Gottes verübt wurden und deshalb seinen Zorn erregen konnten. Ein wichtiges Mittel, diesem Zorn zu entgehen war, die schnelle Vollstreckung von Todesstrafen.

Quelle 23

Verordnung vom 19. Juni 1613

Am 19. Juni 1613, Kopenhagen. Verordnung betreffend die möglichst schnelle Exekution derjenigen, denen Leben oder Ehre abgesprochen werden.

Weil wir erfahren, daß die Exekution derjenigen, denen Leben oder Ehre abgesprochen worden sind, von unseren Lehensmännern sowie von unseren Bürgermeistern und Beigeordneten in den Städten unserer dänischen und norwegischen Reiche nicht mit gebührender Ernsthaftigkeit unternommen wird, weshalb grobe Laster und böse Delikte Tag für Tag um sich greifen und zunehmen, je länger je mehr, und das Reich mit solchen Verbrechern und Übeltätern voll wird, so haben wir mit unseren nun hier bei uns anwesenden Reichsräten, damit die Erzürnung Gottes sowie andere Inkonvenienzen in gebührender Weise verhütet werden, folgendes beschlossen, nämlich

1. daß künftighin bei niemandem, dem Leben und Ehre nach Recht und Gesetz abgesprochen wird, darüber hinweg gesehen werden soll, sondern, daß die Exekution direkt nach der Verurteilung unternommen werden soll.

2. Wenn einige von unseren Lehensmännern oder Offizieren aber des Gewissens oder anderer besonderer und wichtiger Gründe wegen Bedenken haben sollten, die Exekution direkt nach der Verurteilung durchführen zu lassen, dann sollen sie uns unverzüglich um Aufschiebung ersuchen, und sich späterhin nach unserer Resolution, ohne weitere Verzögerung, richten und verhalten.

12. Zauberverordnung vom 12. Oktober 1617

Mit dieser Verordnung wurden erstmals genauere Regeln für den Umgang mit dem Zauber festgesetzt. Die Verordnung unterscheidet zwischen Personen, die als „ausübende, kundige und erfahrene Verwender der oben erwähnten Künste" (Segnen, Beschwören, Messen usw.) bezeichnet werden (vgl. Art 1), und den „richtigen Zauberleuten" (vgl. Art 2). Diese wurden mit dem Tod auf dem Feuer bestraft, während die erste Gruppe mit einer milderen Strafe zu rechnen hatte. Es wird angenommen, dass die Zahl der Zauberprozesse aufgrund der Verordnung in den folgenden Jahren zunahm.

Quelle 24

Die Zauberverordnung

Verordnung vom 12.10.1617

Weil die tägliche Erfahrung zeigt, daß einige geheime Künste, und zwar Segnen, Beschwören, Messen, Zeichengeben oder Beschwören, Wiederzeigen, Auswahl gewisser Tage der Woche etc., gang und gäbe sind und deshalb für indifferent und nicht verboten gehalten werden, weil sie auf den Menschen und das Vieh eine nützliche und heilende Einwirkung haben sollen, und weil sich dadurch ab und zu einige vermeintliche Gotteswörter vermischen, die dort mißbraucht werden, obwohl solche Künste vom allmächtigen Gott streng verboten sind; Künste nämlich, die die Menschen Gott und der seinem Willen nach natürlichen Hilfe und Medizin entziehen, um sie, in Zaubermittel verwandelt, an den

Teufel zu richten; außerdem werden die obenerwähnten Künste als das erste Alphabet, der rechte Ursprung und der Anfang allen Zaubers angesehen. Und damit Gottes Erzürnung und solche Widerlichkeit mit Gottes Hilfe abgestellt und verhindert werden können, sind wir dazu bewogen worden, an ernste und dazu dienende Mittel und Wege zu denken. Deswegen haben wir mit unseren Reichsräten hierzu determiniert, bestimmt und verordnet, und determinieren, bestimmen und verordnen somit auch hier:

Von denjenigen, die künftighin für ausübende, kundige und erfahrene Verwender der obenerwähnten Künste befunden werden, sollen die Adligen vor Gericht gestellt werden und so bestraft werden, wie es von unserem Reichsrat beschlossen und verkündet wird. Das Vermögen der Nichtadligen soll verwirkt sein, und sie müssen alle unsere Reiche, Länder und Fürstentümer verlassen, aber diejenigen, die Mitwisser solcher Leute sind, und entweder ihren Rat und ihre Tat für sich selbst oder ihre Familien verwenden, sollen das erste Mal, wenn sie adlig sind, vor aller Augen zur Beichte gehen und nach ihrem Vermögen bestraft werden. Das zweite Mal, falls jemand schuldig desselben Vergehens befunden wird, sollen sie, wer sie auch sind, ohne Ausnahme derselben Strafe wie die erfahrenen Ausüber der Künste unterzogen werden.

Wenn von den richtigen Zauberleuten, so wie den mit dem Teufel Verbundenen oder den mit ihm Umgang Pflegenden die Rede ist, muß man sich nach dem Gesetz und Rezeß verhalten, diejenigen aber dagegen, die sich mit solchen Leuten einlassen und sich der Verrichtung ihres Zaubers unterwerfen, sollen ohne jede Gnade hingerichtet werden.

Und damit unserem ernsten Willen und dieser Verordnung zu Gottes Ehre desto besser nachgekommen wird, bieten und befehlen wir hiermit strengstens allen unseren Offizieren und unserer Ritterschaft, und so auch den Bischöfen, Propsten, Pfarrern, Bürgermeistern, Beigeordneten, Vögten und anderen, die im Amt und Beruf der Obrigkeit sind, daß jedermann nach seiner Kondition, sobald sie etwas davon erfahren, alle die von dieser Verordnung Betroffenen anzeigen, anklagen und bestrafen lassen, falls sie nicht selbst auch deswegen als Mitwisser und als solchen Leuten Zustimmende vor Gericht gestellt werden sollen.

[Worterklärung: Segnen: Bekreuzigung oder Hersagen magischer Formulare, um lebende Wesen zu heilen oder schützen. Beschwören: Durch Zauberworte oder Anwendung übernatürlicher Mittel bannen oder anrufen, um Macht über den Teufel oder Geister zu erlangen. Messen: Mit einem Faden o. ä. eine Reihe von verschiedenen Maße bei jemandem zu nehmen, um gewisse Krankheiten (z.B. Gelbsucht) zu heilen. Characteres: Geheime/ magische Zeichen. Wiederzeigen: Durch übernatürliche Mittel nachweisen, wo gestohlene oder verlorengegangene Sachen sich befinden. Auswahl gewisser Tage der Woche: Aberglaube an den Vorzug gewisser Tage der Woche.]

13. Verordnung über Minderjährige (1. Juli 1619)

Unter dem Einfluss des jütischen Rechts setzte sich im 15./16. Jahrhundert überall in Dänemark die Regelung durch, dass die Volljährigkeit im Alter von 18 Jahren erreicht wurde. Zweck der folgenden Verordnung ist es, mündige Personen zwischen 18 und 25 Jahren gegen Verpflichtungen bei dem Verkauf von Grundstücken und bei Bürgschaften zu schützen. Solche Personen wurden Minderjährige genannt. Die Bestimmungen über Minderjährigkeit wurde wohl von den Regeln der *minores XXV annis* im Römischen Recht beeinflusst. Im Übrigen gilt, dass die dänische Rechtsentwicklung im Mittelalter und in der frühen Neuzeit nur wenig vom Römischen Recht beeinflusst worden ist.

Quelle 25

Verordnung vom 1. Juli 1619

1619, am 1. Juli. Kopenhagen. Verordnung über Minderjährige und gesetzwidrige Verpflichtungen.

Weil wir erfahren haben, dass die Jugend unserer Reiche und Länder den größten Schaden erleidet, weil das Gesetz sie nach ihrem achtzehnten Jahre für volljährig hält, dass sie nach eigenem Gutdünken über ihre Güter, Erbe und Grund walten und sie vergeuden oder veräußern dürfen, weshalb viele entweder ihr eigenes Vermögen selbst ganz nutzlos verschwenden oder dazu bewogen werden, es jemandem anderen zu versprechen oder zuzusagen, und deswegen so viele Schulden machen, und zwar ehe sie großjährig und volljährig sind, dass sie sich seither nur spät oder nie davon erholen und befreien werden, weswegen wir als eine christliche Obrigkeit, die gewillt ist, soweit es möglich ist, den Schaden und Verderb unserer Untertanen zu verhüten und abzuwehren, mit dem Rat und Überlegung unseres Reichsrats zum Entschluß gebracht worden sind, diese Verordnung ergehen zu lassen, und folgendermaßen zu gebieten und zu befehlen.

1. Zuerst darf keine Mannsperson, die noch nicht fünfundzwanzig Jahre alt ist, Vormund für jemanden anderen sein, weil er ohne den Rat von anderen noch nicht fähig ist, für sich selbst zu sorgen.

2. Darüber hinaus dürfen solche Minderjährige ihre Güter auch nicht veräußern, außer wenn es geschieht, um ihre eigenen vom Reisen, Studieren, Kriegs- oder Hofdienst verursachten Schulden zu tilgen, oder die Schulden ihrer Eltern, deren Erbe sie sind, und in dem Fall sollen sie dies nur tun mit dem Rat und Einverständnis ihres vorigen Vormunds und ihrer nächsten Freunde, wenn diese in der Nähe wohnen. Wenn jemand auf eine andere Art und Weise mit den Minderjährigen handelt, soll er das verlieren, was er gekauft hat, und der Verkäufer soll das Seinige unentgeltlich zurückbekommen.

3. Drittens soll keiner, der nicht, wie zuvor genannt, sein fünfundzwanzigstes Jahr vollendet hat, auf die Versprechungen verpflichtet oder für sie verantwortlich sein, die sie künftighin innerhalb oder außerhalb der Grenzen des Reichs abgeben oder durch die sie sich vertraglich binden, während sie jünger als fünfundzwanzig Jahre sind.

14. Verordnung über das Unterpfand an Grundstücken (23. April 1632)

Pfand an Grundstücken kam im Mittelalter in der Regel nur als Faustpfand vor, bei dem der Pfandgläubiger das Pfand in seinen Besitz nehmen musste. Diese Verordnung führte unter dem Einfluss romanistischer Strömungen der europäischen Rechtswissenschaft des 15. und 16. Jahrhunderts zur Anerkennung des Unterpfandes (der *Hypoteca*) in Dänemark.

Quelle 26

Verordnung vom 23. April 1632

Am 23. April 1632, auf unserem Schloß Koldinghus. Verordnung über Grundpfandrecht.

Weil wir erfahren, daß viele von unseren guten Untertanen dadurch belastet werden, daß sie keine Bürgen bekommen können, wenn sie zum Anleihen genötigt sind, weil sie ihr Gut und Vermögen nur mit dem größten Schaden als Nutzungspfand abtreten können, indem es mit den größten Ausgaben verbunden ist, haben wir uns die Lage mit unseren dänischen Reichsräten überlegt, und, indem wir das schon über Pfand Verfügte für ungültig erklären, haben wir es gut für gut erachtet, noch einmal zu verfügen, wie es hier folgt, damit die Bedrängten auf diese Weise gefördert werden und ihre Güter selbst nutzen, brauchen und behalten können, und ferner, daß diejenigen, die dienstwillig, obzwar weder Bürgen noch Nutzungspfand vorhanden sind, ihr Geld ausleihen, sich darauf verlassen können, ihr Geld nicht einzubüßen.

Wenn jemand sein Land, Haus oder Grundstück verpfändet und beim Gericht ins Grundbuch eintragen läßt, und nachher auch dasselbe beim Landsting tut, wo das Gut liegt, soll es unter der Bedingung sein, daß der Verpfänder daraus Nutzen zieht, solange er fünf bis sechs (Prozent) bezahlt, wenn derjenige, der das Geld verleiht, sich nicht mit den christlichen und billigen Zinsen begnügen will, die der Rezeß zuläßt, und falls die Parteien sich im Übrigen darüber einigen können, daß der Pfandempfänger, solange er seine Rechte hat, sein Geld nicht aufwerten darf (hiermit ist freilich nicht gemeint, daß jeder nicht auf die gewöhnliche und einstige Art und Weise verpfänden oder Pfand empfangen darf); solches Pfandrecht ist vor allen Pfändern gültig, auch wenn es später von demjenigen, der es verpfändet hat, einem anderen als Nutzungspfand übertragen wird, denn dann hat der zuvor genannte Pfandgläubiger das Recht auf sein Pfand, und er darf es ohne jeden Prozeß oder ohne jede Pfändung in Besitz nehmen [...].

Den Gläubigern geht dieser Pfandgläubiger immer vor, und er soll zuerst ausgelöst werden; er darf auch sein Recht auf Pfand wieder verpfänden oder an wen, er auch wolle, verkaufen; ferner soll an jedem Amtsgericht oder Landsting ein Grundbuch vorhanden sein, und jede Nachricht über alle Güter, die zu übertragen sind, soll dort eingetragen werden; dies gilt auch für die zuvor genannten Nutzungspfänder oder desgleichen, deren Verpfändung schon vorher erfolgt ist.

15. Verordnung über Diebstahl (14. Mai 1636)

Den Provinzialgesetzen gemäß wurde Diebstahl in gewissen Fällen mit dem Tode bestraft. Der Zweck der Verordnung ist es, billige Arbeitskraft – Zwangsarbeit – für öffentliche Veranstaltungen zu schaffen. Die Todesstrafe wurde mit dem Dänischen Gesetzbuch von 1683 *(Quelle 33)* aufgehoben, 1690 jedoch wieder eingeführt *(Quelle 34)*.

Quelle 27

Verordnung vom 14. Mai 1636

2. Zweitens, weil wir auch erfahren, daß die kleinen Diebstähle, die auf unserem und der Krone Boden vielerorts begangen werden, gegen unseren ergangenen Befehl diesbezüglich mit dem Tod durch Erhängen bestraft werden, und angesichts dessen, daß nach dem Gesetz und auch anderen Urkunden heute noch eine halbe Mark genug Grund ist, hinzurichten, eine halbe Mark nämlich, deren Wert ehemalig zur Zeit der Revision des Gesetzes durch Valdemar den Ersten und den Zweiten ein ganz anderer und vielfach höher war, dann wollen wir unseren Lehensmännern hiermit befohlen haben, daß alle Täter, die sich zum ersten Mal durch Diebstahl gegen das Gesetz verstoßen, oder die kleinere Diebstähle des öfteren begangen haben, nicht hingerichtet werden dürfen, sondern erst nachdem das Urteil ergangen ist, entweder hingerichtet oder zum Gefängnis und Eisen verurteilt werden sollen. Die Übeltäter sollen dann mit ihrem Urteil nach Bremerholm wohl verwahrt übersandt werden, und zwar so, daß der Prozeßverursacher einen Ersatz bekommt, der dem Wert der gestohlenen Gegenstände entspricht, und auch zweifach, wenn das Gesetz ihm etwas von den übriggebliebenen Gütern des Diebs zuspricht, soweit sie reichen können. Da wir außerdem niemandem seine Freiheit nehmen wollen, und weil es aber, wie zuvor genannt, eine solche Ungleichheit zu dieser Zeiten in der Welt gibt, erachten wir es für unbillig, ein Menschenleben als so gering zu betrachten, weshalb der Adel und diejenigen, die über ungeschränkte Gewalt verfügen, sowie ihre Diener, sich in der gleichen Weise nach dieser Verordnung richten sollen, und somit nicht gestatten dürfen, daß die Täter solcher kleinen Diebstähle auf ihrem Boden hingerichtet werden, sondern zum Eisen und zur Arbeit verurteilt werden sollen. Und sofern sie nicht selbst die Mittel haben, um sie durch Eisen an der Arbeit zu halten, dann dürfen sie die Verurteilten mit ihrem Urteil, wie obenerwähnt, nach Bremerholm auf ihre eigene Kosten übersenden. Wenn es auch jemanden von ihnen gibt, die von Anfang an die Sache an unseren Lehensmann abtreten oder verweisen, oder die so unvermögend sind, daß sie niemanden übersenden können, und das übrige Vermögen des Diebs auch nicht dazu reicht, dann dürfen sie ihn mit seinem übrigen Vermögen an unseren Lehensmann abtreten oder ausliefern lassen, und zwar so, daß der Prozeßverursacher durch die übriggebliebenen Güter des Diebs, soweit sie reichen können, vorrangig durch einen dem Wert der gestohlenen Gegenstände entsprechenden Ersatz zufriedengestellt wird, und auch zweifach wenn das Gesetz ihm es zuspricht. Wenn jetzt solche Übeltäter an unseren Lehensmann abgetreten oder übergeben werden, dann soll er sie wohl verwahrt in Eisen nach Bremerholm übersenden.

16. Verordnung vom 9. August 1638 (Rechtsanwälte)

In dieser Verordnung, die verschiedene Verhältnisse behandelt, werden zum ersten Mal in der dänischen Gesetzgebung die Rechtsanwälte (Prokuratoren) erwähnt. Die Rechtsanwälte, die keine juristische Ausbildung hatten, durften nur in der Stadt tätig werden, nicht jedoch in den Dörfern, weil sie den Ausgang der Prozesse erfahrungsgemäß beeinflussten.

Quelle 28

Die ersten Rechtsanwälte

Da mehrere Unordnungen uns zu Ohren gekommen sind, die in unseren Reichen gang und gäbe sind, haben wir uns diese Umstände fleißig mit unserem nun bei uns versammelten Reichsrat überlegt und beratschlagt, und mit ihrem Rat, Einverständnis und ihrer Billigung haben wir es nun zu ihrer Abschaffung für richtig befunden, so zu bestellen, befehlen und verfügen, wie hier folgt [...]

Weil sich gegen alte und gesetzmäßige Sitte nun seit einiger Zeit Prokuratoren auftreten, die die Rechtsstreite anderer Leute verfolgen und aus eigener Macht übernehmen und davon leben, als wäre es ein Handwerk, und demzufolge viele Arme und Unverständige gegeneinander aufhetzen, zugunsten der Prokuratoren selbst zu Leichtsinn, Zwist und Geldverschwendung verführt werden, und weil solche doch nicht alle wegen der Unkenntnis vieler Untertanen und aus anderen Gründen entbehrt und abgeschafft werden können, soll es in den Städten künftighin Prokuratoren geben, wie im folgenden festgesetzt wird:

1. Zum einen darf sich keiner darauf einlassen, abgesehen von denjenigen, die von den Lehensmännern, Bürgermeistern und Räten des Königs damit beauftragt werden, welche gute, fromme, unbescholtene und aufrichtige Ehrenmänner sein sollten; und es soll an einem Ort mehrere von ihnen geben, denn falls es um einen Rechtsstreit mit jemanden geht, der mit einem Prokurator durch Verwandtschaft, Schwagerschaft oder andere Beziehungen verbunden wäre, dann soll ein anderer ernannt werden, der von solchen Beziehungen frei ist; denn in solchen Fällen sollten die Lehensmänner, Bügermeister und Räte jedem einen solchen verschaffen, der ihn nach den Umständen der Sache verteidigen kann, wenn er keinen anderen Prokurator finden kann.

17. Rezess König Christians IV. (27. Februar 1643)

Der sogenannte große Rezess von 1643 ist eine Zusammenfassung der Gesetzgebung Christians IV. Er ist in drei Bücher eingeteilt: Das weltliche und das kirchliche Recht und die besonderen Regelungen für Norwegen. Das Gesetz gehört zu den Hauptquellen des dänischen Gesetzbuchs aus dem Jahre 1683.

Quelle 29

Großer Rezeß

Wir, Christian der Vierte [...], machen bekannt, daß wir, weil wir in unserer Regierungszeit aus königlichem Eifer und Fürsorge, den heiligen Namen Gottes zu ehren, ihm unverfälscht zu dienen sowie den Wohlstand unserer lieben getreuen Untertanen zu verbessern, uns genötigt sahen, mehrere Verordnungen ergehen zu lassen, um dadurch, soweit es möglich war, dem Schaden vorzubeugen und die Unsittlichkeit abzuwehren, die durch die merkwürdigen und fast mehr zum Bösen als zum Guten verdrehten Veränderungen der Zeiten durch mehrere gesetzeswidrige, listige und mit viel Kunst hervorgebrachten Erfindungen verursacht sind, wie es auch anderswo in der Welt passiert ist, und nun gnädigst die große Menge wahrnehmen, wozu unsere wohlgemeinten Verordnungen angewachsen sind, und die Diskrepanz und Unterschiedlichkeit bedenken, die infolge der Zeit unter einigen von ihnen bestehen, was Richter sowie Fremde oder Einfältige verwirrt und in die Irre führt; demzufolge haben wir es mit unserem liebenswürdigen dänischen Reichsrat (...) gnädigst für richtig befunden, daß alles, was in unserer Regierungszeit, seit Anno 1596, veröffentlicht und vorgeschrieben worden ist, und was Dänemark und Norwegen im allgemeinen angeht, davon abgesehen, was besondere Stiftungen, Städte oder deren Beschaffenheit angeht, oder das, was unaufhörlichen Veränderungen unterworfen ist, wie zum Beispiel der Zoll, die Erhebung der Akzise, der Wert der Währung und desgleichen, in einem großen Rezeß zusammengezogen und zusammengefaßt werden soll (manche Stellen sind freilich auch verbessert worden), und zwar mit der Absicht, daß alles, worin sich irgendeine nicht mit dem großen Rezeß übereinstimmende Verordnung finden lässt, hiermit für ungültig erklärt wird.

18. Die Wahlkapitulation des Königs Friedrich III. (8. Mai 1648)

Aufgrund der in mancher Hinsicht geschwächten Königsgewalt wurde es möglich, eine das Widerstandrecht betreffende Bestimmung in die Wahlkapitulation aufzunehmen. Dieses Recht konnte ausschließlich vom königlichen Rat ausgeübt werden. Der Artikel ist eine Ausprägung der sogenannten Ephorlehre.

Quelle 30

Die Wahlkapitulation Friedrichs III.

Art. 55. Wir, Friedrich der Dritte, der auserwählte Prinz und Herr von Gottes Gnaden über Dänemark, Norwegen, die Wenden und die Goten, verpflichten uns dazu, alle diese zuvor genannten Artikel, keinen ausgenommen, unverbrüchlich und fest, sowie alle Punkte und Worte, die sie in sich schließen und zum Ausdruck bringen, ohne jede Arglist in jeder Beziehung, einzuhalten. Und falls sich etwas ereignen sollte, das gegen diese unsere Handfeste, gegen Recht und Gesetz, wäre, und wir uns von den anwesenden Reichsräten weder raten noch sagen lassen wollten, was wir mit Gottes Hilfe nicht vermuten, dann sollen wir nach ihrer Erinnerung verpflichtet sein, alle Reichsräte einzuberufen und ihre Bedenken zu vernehmen. Tun wir es nicht, wenn es von uns verlangt wird, dann sind die anwesenden Reichsräte dazu verpflichtet und bevollmächtigt, ihre Mitbrüder, die anderen Reichsräte, an einen passenden Ort einzuberufen, um uns dazu zu bewegen, was sie für recht und billig halten; lassen wir uns trotzdem nicht unterrichten und beraten, was freilich nicht zu vermuten ist, dann steht es den Reichsräten frei, nach Recht und Gesetz des Landes, zu statuieren und verordnen, was recht und billig ist, womit wir uns zufriedengeben werden.

III. Absolutismus, Lex Regia und Dänisches Gesetzbuch

1. Lex Regia (14. November 1665)

Das dänische Königsgesetz, die *Lex Regia* aus dem Jahre 1665, nimmt unter den absolutistischen Verfassungen Europas eine Sonderstellung ein, indem sie eine Gesetzesform dem König alle Rechte zuspricht. Das Gesetz war eine Folge der Einführung des Absolutismus im Jahre 1660. Dem König war es damals überlassen, selbst eine neue Verfassung zu erlassen. Nach einigen gescheiterten Entwürfen konziperte Peder Schumacher das Gesetz, indem er die geläufigen zeitgenössischen Begriffe sowie insbesondere die Gedanken Jean Bodins, so wie sie in den Werken von Henning Arnisäus dargestellt worden waren, einarbeitete.

Quelle 31

Lex Regia, das ist das souveräne Königsgesetz, gesetzt und gegeben von dem Großmächtigsten Hochgeborenen Fürsten und Herrn Friedrich dem Dritten, von Gottes Gnaden König zu Dänemark, Norwegen etc., und von Seiner Majestät unterschrieben den 14ten Nobember 1665

Wir, Friedrich der Dritte, von Gottes Gnaden König zu Dänemark, Norwegen, der Wenden und Goten, Herzog zu Schleswig, Holstein, Stormarn und Ditmarschen, Graf zu Oldenburg und Delmenhorst etc., tun jedermann kund und zu wissen:

[Übertragung des absoluten Erbkönigtums]

Nachdem Wir nicht allein aus anderer Beispiel, sondern auch aus eigener Erfahrung verspürt und in der Tat befunden haben, wie wunderbar der große und allmächtige Gott über alle Könige und Herrschaften sowie über ihre untergebenen Reiche und Länder nach dem Rat seiner unerforschlichen Weisheit herrscht und alles in denselben lenkt und verordnet, vornehmlich indem seine göttliche Allmacht die über Uns, Unser Königliches Haus und diese Unsere Königreiche und Länder in vergangenen Jahren schwebende Gefahr, ja den fast augenscheinlich bevorstehenden Verderb und Untergang solchergestalt väterlich abgewendet und zu einem solchen Ende ausgeführt hat, daß nicht allein Wir errettet und in erwünschten friedlichen und ruhigen Stand versetzt worden sind, sondern auch Unser damaliger Reichsrat und sämtliche Stände, Adel und Nicht-Adel, Geistliche und Weltliche dazu bewogen wurden, ihr vormaliges Kur- und Wahlrecht abzustehen und sich desselben zu begeben, die früher von Uns unterschriebene Handfeste mit allen ihren Abschriften, Punkten und Klauseln für tot, kraftlos und nichtig zu erklären, Uns von Unserem Eide, den Wir beim Antritt Unserer Regierung leisteten, auf jegliche Weise und ohne alle Exzeption quitt und frei zu sprechen und solchergestalt Uns und den von Uns als dem Haupt und ersten Besitzer durch rechte gesetzmäßige Ehe abstammenden männlichen und weiblichen Linien, so lange einer von diesen am Leben ist, das Erbrecht in diesen Unseren Königreichen Dänemark und Norwegen mit allen Jura Majestatis, absoluter Macht, der Souveränität und allen königlichen Herrlichkeiten und Regalien ungezwungen und ohne Unsere Anregung, irgendein Ersuchen oder Begehren, aus eigenem freien Willen und wohlüberlegtem Entschluß alluntertänigst anzutragen und zu überantworten, desgleichen den von Uns wegen Unseres geliebten teuren Sohnes, Prinz Christian, Anno 1650 den 18. Juni ausgestellten Revers sowie Unsere Provisional-Disposition, datiert Anno 1651 den 9. Juni, und zugleich alles, was in Rezessen und anderen Verordnungen den Handfesten gemäß in Widerstreit mit dieser Unserer Erbgerechtigkeit, Souveränität und absoluter Regierung aufgefunden werden könnte, zu renunzieren.

Sie stellten es auch in Unseren eigenen allergnädigsten Willen, nicht allein auf welche Weise die Regierung in Zukunft eingerichtet werden solle, sondern auch wie es mit der Sukzession und den Erblinien ordentlich in aufeinanderfolgender Reihe in männlicher und weiblicher Linie gehalten werden und auf welche Weise die Regierung während eines minderjährigen Königs jüngeren Alters (wenn solche Minorennität in Zukunft sich ereignen sollte) geführt und verwaltet werden solle und hierüber nach Unserem eigenen gnädigsten Gutdünken und Wohlgefallen eine Verordnung zu machen, welche sie gelobt und eidlich sich verpflichtet haben als ein sie, ihre Erben und Nachkommen bindendes Fundamental-, das ist ein unveränderliches Grund-Gesetz, zu halten und in allen seinen Punkten und Klauseln zu befolgen, so daß Wir, Unsere ehelichen Leibeserben und ihre Deszendenten auf keine Weise heimlich oder offen darin von ihnen oder ihren Erben und Nachkommen sollen gehindert oder beunruhigt werden. Außerdem haben sie sich eidlich verbunden, gegen jeden und alle, wer es auch sein möge, Inländer oder Ausländer, die hiergegen handeln oder reden sollten, diese [Erbgerechtigkeit und Souveränität] zu verteidigen, Leib und Ehre, Gut und Blut dafür zu wagen und daß von solcher ihrer Pflicht und Schuldigkeit sie, ihre Erben und Nachkommen keine Freundschaft oder Feindschaft, Furcht oder Gefahr, Gewinn oder Schaden, Haß, Mißgunst oder sonst menschliche List oder Erfindung sie im Geringsten soll abwenden.

Diese und weitere untertänigste Versprechen und Zusagen sind [ein schöner Beweis und ein hervorragendes Denkmal], womit Unsere genannten lieben und getreuen Untertanen ihre innerliche Devotion und Liebe zu Uns und ihr herzliches Verlangen nach blühendem Gedeihen und Zuwachs Unseres Königlichen Erbhauses und nach allgemeiner Sicherheit und ruhigem Wohlstand dieser Unserer Erbkönigreiche zu erkennen geben wollten.

So haben Wir auch solche sonderbare Schickung der göttlichen Vorsehung und Unserer lieben und getreuen Untertanen große Liebe und alluntertänigste Devotion zu Uns gebührend erwogen und betrachtet und deswegen billig Unsere Gedanken dahin gewendet und gerichtet, solche Regierungsform und Erbsukzession zu verordnen und zu bestellen, wie solches Alleinherrschafts-Erb-Königtum und Regiment es schließlich fordert und verlangt, welches Wir auch mit und in diesem Königsgesetz als des Königreiches rechtem unveränderlichem Fundamental-Gesetz verordnet und bestellt haben wollen, das von Unseren Erben, ihren Nachkommen und Deszendenten sowie auch von sämtlichen Einwohnern Unserer Königreiche und Länder, vom höchsten bis zum niedrigsten, keiner ausgenommen, für eine vollkommen unerschütterliche und unwidersprechliche Verordnung und ein Gesetz für ewige Zeiten gehalten und geachtet werden soll.

[Konfession]

1: Der beste Anfang in allen Dingen ist mit Gott zu beginnen. Darum ist das erste, was Wir vor allen Dingen in diesem Königsgesetz ernstlich befohlen haben wollen: daß Unsere Nachkommen, Kinder und Kindeskinder bis ins tausendste Glied, von Vater- und Mutterseite, die Alleinherrschafts-Erbkönige von Dänemark und Norwegen, den einzigen rechten und wahren Gott auf die Weise verehren, dienen und anbeten, wie er sich in seinem heiligen und wahren Wort offenbart hat und Unser christlicher Glaube und [Unser] Bekenntnis darüber berichten, nach der Form und Weise, wie es rein und unverfälscht in der Augsburgischen Konfession im Jahr eintausendfünfhundertunddreißig ist vorgeschrieben und festgelegt worden, und zu diesem reinen und unverfälschten christlichen Glauben sollen sie des Landes Einwohner anhalten und denselben tätig handhaben und beschirmen in diesen Ländern und Reichen wider alle Ketzer, Schwärmer und Gotteslästerer.

[Souveränitätsrechte]

2: Es soll der Alleinherrschafts-Erbkönig von Dänemark und Norwegen künftig sein und von allen seinen Untertanen gehalten und geachtet werden das oberste und höchste Haupt hier auf Erden über allen menschlichen Gesetzen, das kein anderes Haupt und keinen Richter über sich anerkennt, weder in geistlichen noch in weltlichen Sachen, denn Gott allein.

3: Es soll daher auch der König allein die höchste Macht und Gewalt haben, Gesetze und Verordnungen zu machen nach seinem eigenen guten Willen und Wohlgefallen, sie zu erklären, verändern, vermehren, vermindern, ja auch ganz aufzuheben früher von ihm selbst oder von seinen Vorfahren gegebenen Gesetze (dieses Königsgesetz allein ausgenommen, welches als der rechte Grund und das Grundgesetz des Königreiches ja durchaus unveränderlich und unerschütterlich bleiben muß), so wie [er] auch [Macht haben soll], was und wer ihm gefällt, von den allgemeinen Vorschriften des Gesetzes auszunehmen.

4: Es soll auch der König allein die höchste Macht und Gewalt haben, ein- und abzusetzen alle Beamten, hohe und niedere, welchen Namen und Titel sie haben mögen, nach seinem eigenen freien Willen und Gutdünken, so daß alle Ämter und Amtsgeschäfte, welche Gewalt sie auch gewähren mögen, aus des Königs Alleinherrschafts-Macht wie aus einer Quelle ihren ersten Ursprung haben sollen.

5: Der König soll allein die Waffengewalt innehaben, zu rüsten, Krieg zu führen, [Frieden zu schließen], Bündnisse zu schließen und aufzuheben mit wem und wann es ihm gefällt, Zoll und alle andere Kontribution aufzulegen, da jeder wohl weiß, daß Reiche und Länder nicht sicher können besessen werden ohne bewaffnete Macht und Kriegsmacht kann nicht gehalten werden ohne Besoldung, und Besoldung wird nicht zuwege gebracht ohne Schatzung.

6: Es soll auch der König allein die höchste Macht haben über die ganze Kirche, vom höchsten bis zum niedrigsten [Geistlichen], allen Kirchen- und Gottesdienst vorzuschreiben und anzuordnen, Synoden, Zusammenkünfte und Versammlungen in Religionssachen, wenn er es ratsam erachtet, zu gebieten und zu verbieten, und im allgemeinen, um es kurz zu sagen, soll der König allein Macht haben, alle Regalien und Jura Majestatis, wie sie auch Namen haben mögen, zu gebrauchen.

7: Alle Regierungsgeschäfte, Briefe und Verrichtungen sollen unter keines als des Königs Namen und unter seinem Siegel ergehen, und er soll allezeit mit eigener Hand unterschreiben, wenn er schon zu seinen mündigen Jahren gekommen ist.

[Mündigkeit des Königs]

8: Für des Königs mündiges Alter soll sein vierzehntes Lebensjahr, das dreizehnte vollendet, das vierzehnte begonnen, geachtet werden, so daß, sobald er in sein vierzehntes Jahr tritt, er sich selbst öffentlich für mündig und keine Vormünder mehr gebrauchen zu wollen erklären soll.

[Thronfolge]

15: Es soll deshalb auch künftig niemals angesehen werden, als seien diese Reiche und Länder ohne König, solange Unsere herabsteigenden männlichen und weiblichen Linien dauern, so daß, sobald ein König mit Tod abgeht, derjenige, den die Erblinie als den nächsten ausweist, alsbald wirklich und in der Tat selbst König ist und den Königsnamen und -titel führt; und es soll ihm unverzüglich der Titel der Königlichen Majestät und die ungebundene Alleinherrschafts-Macht erblich zu- und anheimgefallen sein in demselben Augenblick, in welchem sein Vorgänger den Geist aufgibt.

16: Und obwohl, nachdem alle Stände, Adel, Nicht-Adel, Geistliche, Weltliche, eine unumschränkte Alleinherrschafts-Königsmacht Uns und den von Uns herabsteigenden männlichen und weiblichen Linien auf ewige Zeit erblich zu besitzen einmal übertragen haben, künftig sogleich, wenn ein König mit Tod abgeht, dem nächsten in der Erblinie Krone, Szepter und Titel sowie Macht eines Alleinherrschafts-Erbkönigs in demselben Augenblick gehört und zukommt, so daß keine weitere Übertragung in irgendeiner Art nötig ist, da die Könige zu Dänemark und Norwegen künftig zu ewigen Zeiten, so lange irgendeiner von Unserem königlichen Erbstamm übrig ist, gezeugte und geborene, nicht aber gekorene und gewählte Könige sind; so wollen Wir nichtsdestoweniger auch, damit alle Welt wisse, daß die Könige zu Dänemark und Norwegen es für ihre größte Hoheit halten, sich vor Gott zu demütigen, und es für ihre höchste Macht und Gewalt achten, von Gott durch die Diener seines Wortes zu einem glücklichen Antritt ihrer Regierung gesegnet zu werden, daß der König öffentlich in der Kirche mit dazu passenden Zeremonien sich salben lasse.

17: Es soll aber der König ganz und gar keinen Eid oder irgendeine Verpflichtung, welchen Namen sie auch haben möge, mündlich oder schriftlich von sich geben, weil er als ein freier und unumschränkter Alleinherrschafts-König von seinen Untertanen durch keinen Eid oder vorgeschriebene Verpflichtungen gebunden werden kann.

18: Der König kann das feierliche Fest seiner Salbung halten lassen, wann es ihm gefällt, wenn er auch noch nicht zu seinen mündigen Jahren gekommen ist, und es ist je früher desto besser Gottes Segen und der kräftige Beistand des Herrn, welche dem Gesalbten folgen, anzunehmen und zu erlangen; alles, was jedoch nur die Zeremonien angeht, so kann es damit gehalten werden, wie es sich zeigt, daß es nach Gelegenheit der Zeit am bequemsten ist.

[Unteilbarkeit des Reiches]

19: Und weil die Vernunft und die tägliche Erfahrung genugsam lehren, daß eine gesammelte und verbundene Macht viel stärker und von mehr Kraft und Nachdruck sei als eine geteilte und gespaltene und daß, je größer die Macht und Herrschaft [ist], die ein Herr und König besitzt, desto sicherer er und seine Untertanen vor dem Anfall aller auswärtigen Feinde [leben], so wollen Wir auch, daß diese unsere Erbkönigreiche Dänemark und Norwegen samt allen dazu gehörenden Provinzen und Ländern, Inseln, Festungen, königlichen Herrlichkeiten und Gerechtigkeiten, Kleinodien, Geldern und allen anderen Mobilien, Kriegsmacht und Rüstung sowohl zu Lande wie zu Wasser sowie auch alles, was Wir jetzt mit Eigentumsrecht besitzen oder künftig entweder von Uns oder von Unseren Nachkommen mit dem Schwert gewonnen oder durch Erbschaft oder andere gesetzliche Titel oder Mittel erworben werden kann, alles zusammen, nichts ausgenommen, ungetrennt und ungeteilt sein und bleiben soll unter einem Alleinherrschafts-Erbkönig von Dänemark und Norwegen. Die anderen Prinzen und Prinzessinnen vom Geblüt lassen sich mit der Hoffnung begnügen und warten, bis die Reihe demnächst an sie und ihre Linien kommt, eine nach der anderen.

[Zusammenfassung]

26: Was nun im Vorhergehenden über des Königs Alleinherrschafts-Regierung, Macht und Hoheit gesagt ist, und wenn es noch etwas gäbe, was jetzt in Sonderheit noch nicht ausdrücklich erklärt wurde, so ist solches kürzlich in diesen wenigen, aber nachdrücklichen Worten zusammengefaßt: daß der König von Dänemark und Norwegen ein freier höchstvollmächtiger Alleinherrschafts-Erbkönig ist, so daß alles, was von einem absoluten, souveränen, christlichen Erbkönig Vorteilhaftes kann gesagt und geschrieben werden, solches alles auch von dem Alleinherrschafts-Erbkönig von Dänemark und Norwegen im günstigsten und besten Sinn erklärt und gedeutet werden soll, welches gleichfalls auch von der Alleinherrschafts-Erbkönigin von Dänemark und Norwegen zu verstehen ist, wenn die Erbsukzession der Regierung irgendwann auf eine Prinzessin von Geblüt fallen sollte. Und weil die tägliche Erfahrung und anderer Länder jammervolle Exempel genugsam beweisen, wie schädlich es ist, wenn der Könige und Herren Milde und fromme Gesinnung so mißbraucht werden, daß ihnen ihre Macht und Gewalt von dem einen oder anderen, ja zuweilen sogar von ihren eigenen nächsten und höchst vertrauten Dienern auf fast unsichtbare Weise beschränkt wird und solchergestalt das gemeine Beste ebenso wie die Könige selbst den größten Eintrag und Abbruch leiden, so daß es an manchen Orten höchlich zu wünschen gewesen wäre, daß die Könige und Herren mit größerer Sorgfalt auf ihre Gewalt geachtet hätten, als oftmals geschehen ist, so wollen Wir auch Unseren

Nachfolgern, den Alleinherrschafts-Erbkönigen über Dänemark und Norwegen, ernsthaft befohlen haben, daß sie eifrig und mit wachsamem Auge achtgeben, ihre Erbgerechtigkeit und absolute und souveräne Hoheit, nämlich die der Alleinherrschafts-Macht, unbeschränkt zu erhalten, wie sie gegenwärtig und von Uns in diesem Königsgesetz ihnen zum ewiglichen Erbe vollkommen vorgestellt ist. Und deshalb gebieten und befehlen Wir nun auch hiermit zu dieses Gesetzes fernerer Bestärkung ernstlich, daß, wenn jemand, sei es auch wer es wolle, sich unterstehen sollte, etwas auszuwirken oder zu bewerkstelligen, was der absoluten souveränen Alleinherrschafts-Gewalt des Königs auf eine oder andere Weise zum Abbruch oder Eintrag gereichen könnte, so soll alles, was auf solche Art zugesagt oder erlangt sein möchte, für ungesagt und ungeschehen gehalten werden, und die, welche sich solches erworben oder erschlichen haben, bestraft werden wie die, welche die Majestät beleidigt und sich an der Hoheit der Alleinherrschafts-Regierung des Königs gröblich vergriffen haben.

[Erbfolge]

27: Und da Wir oben gesagt haben, daß ein einziger Alleinherrschafts-König und Herr über diese Reiche und alle Uns untertänigen Länder oder was in Zukunft noch hinzugefügt werden möchte, sein soll und die anderen königlichen Kinder sich mit dem begnügen sollen, was der König ihnen zu ihrem notwendigen Unterhalt, ihrem Stand einigermaßen gemäß, vergönnen wird, sowie mit der Hoffnung, die sie zu seiner Zeit auf die Erbsukzession in der Regierung haben, so wollen Wir nun, um allem Zwist und Streit zuvorzukommen und abzuwehren, kürzlich hier anordnen, in welcher Reihe und auf welche Art und Weise einer nach dem anderen zu seiner Zeit erblich in der Regierung zu sukzedieren hat. Es soll also der Schwertseite, aus rechter gesetzlicher Ehe gezeugt, alle Zeit zuerst die Erbsukzession in der Regierung zukommen; und solange ein Mann vom Mann übrig ist, so lange sollen weder Weiber vom Mann noch Männer oder Weiber vom Weib zur Erbschaft gerufen werden, und [es soll] durchaus niemand vom weiblichen Stamm die Krone erben, solange es vom Mannesstamm noch irgendeinen Leibeserben gibt, so daß sogar das Weib vom Mann dem Mann vom Weib vorgehen soll.

28: Es sollen auch, um die Reihe der Erbenden zu kennen, alle Linien genau in acht genommen werden, so daß nicht des Alters wegen von einer Linie in eine andere Linie übergesprungen werde, sondern der Sohn sogleich an die Stelle des Vaters trete. Und solange in der ersten männlichen Linie eine Mannsperson gefunden wird, soll die zweite männliche Linie nichts erben können, und so weiter Linie nach Linie. Wenn endlich die Erbsukzession in der Regierung auf das weibliche Geschlecht fällt, so treten zuerst ein die von Uns in männlichem Stamm durch Söhne herabsteigenden weiblichen Linien und danach später die, welche von Uns in weiblichem Stamm durch Töchter abstammen, alles Linie nach Linie, einer nach dem anderen und das Recht der Erstgeburt immer in acht genommen; kurz so, daß die Schwertseite immer vorgeht, die männlichen Linien alle Zeit zuerst, und schließlich unter denjenigen, die gleich sind in Linie und Geschlecht, daß der Ältere stets dem Jüngeren vorgeht und das Recht der Erstgeburt genießt.

29: Und auf daß ja alles so klar vor Augen gestellt sei, daß künftig niemand mit einigem Schein des Rechts eine Schwierigkeit streitiger Worte gegen diese Vorschriften des Königsgesetzes vorwenden könne, so wollen Wir sie in Sonderheit mit Unserer eigenen königlichen Kinder beispielsweise erläutern. Wenn also Wir nach Gottes Willen und Ratschluß diese irdische Krone ablegen und gegen die ewige und himmlische vertauschen, so sollen Dänemarks und Norwegens und aller Unserer Länder vollkommen unumschränktes, höchstes, vollmächtiges Alleinherrschafts-Königtum und die Regierung Unserem erstgeborenen Sohn, Prinz Christian, erblich zufallen, also daß, solange in den von ihm herabsteigenden männlichen Linien (wenn er gleich mit Tod abgehen sollte, ehe die Erbsukzession in der Regierung ihm wirklich zugefallen wäre) ein männlicher Erbe sich findet, weder Prinz Georg und seine Linien noch seine Schwester und ihre Linien den geringsten Teil Unserer Reiche und Länder erben sollen.

[Gottes Hilfe]

So haben Wir nun so weit, wie menschlicher Vorsicht möglich ist, alles auf die beste Art und Weise geordnet und festgestellt, wie nach Unserer Meinung aller Schaden und Nachteil am besten und bequemsten könne abgewehrt werden und Unsere innig geliebten Untertanen in Frieden und Ruhe ohne Furcht vor innerem Zwist und Aufruhr sicher bauen und wohnen können. Des Menschen, auch des allerweisesten, Rat ist indes in Gottes Hand, und wie weise auch eine Sache angefangen ist, so ist es doch Gott, der nach seinem gnädigen Willen Ende und Ausgang einrichtet; seiner göttlichen Vorsehung und seinem väterlichen Schutz befehlen Wir Unser Königliches Erbhaus und Unsere Reiche und Länder und deren Einwohner in alle Ewigkeit.

Gegeben auf Unserem königlichen Schloß Kopenhagen, den 14. November im Jahr 1665, unter Unserem Siegel.

Friedrich

Ad mandatum Sae. Regiae

Majestatis proprium

P. Schumacher.

2. Privilegien der Grafen und Freiherrn (25. Mai 1671)

1671 erließ König Christian V. besondere Privilegien, die mit Hilfe einer besonderen öffentlichen Genehmigung die Annahme größerer Güter als Lehen gewährten. Der König wollte auf dieser Weise einen neuen Stand von Adligen, die im Gegensatz zum alten Adel von ihm abhängig waren, an sich binden.

Quelle 32

Verordnung über die Privilegien der Grafen vom 25. Mai 1671

Da der König es für billig befunden hat, diesen und jenen von den durch lange treue Dienste hoch verdienten und qualifizierten Personen in den ehrwürdigen Grafenstand zu erheben, um ihre treuen und aufrichtigen Dienste dadurch zu belohnen, sowie andere zu demselben Pflichteifer im königlichen Dienst, zu unveränderlicher Treue und Devotion zum König und den erblich berechtigten Nachfolgern in der Regierung zu ermuntern, um sie und ihre Nachkommenschaft dabei um so mehr an ihre Pflicht und Schuldigkeit der königlichen Souveränität, dem absolutum dominium und dem Erbrecht und dessen Übergang auf den Königs erblich berechtigte Nachfolger in der Regierung gegenüber zu erinnern, sowie um auch das Wohl, den Nutzen und das Beste des Königs und des Erbkönigtums in jeder Hinsicht zu verfechten, zu fördern und um zu erreichen, daß sie ihr eigenes Leben, Gut und Blut dabei zurückstellen, Schaden und Verderb unter Aufwendung aller Gewalt, Kraft und ihres ganzen Vermögens abwenden und zu verhindern suchen und, daß sie sowohl innerhalb als auch außerhalb des Reichs stets im Dienst des Königs über sich verfügen lassen; so hat der König in seiner absoluten souveränen königlichen Gewalt und Machtbefugnis den in den Grafenstand zu erhebenden oder schon erhobenen Personen außer allen anderen zum Adel und dessen Gut gehörigen und von ihm genossenen Privilegien folgende Privilegien vergönnt und bewilligt;

1. In Anbetracht dessen, daß es große Mittel und Vermögen erfordert, eine solche Ehre und Würde mit Anstand zu tragen, und daß ein solches Vermögen leicht verschwindet, wenn es in viele kleine Parzellen aufgeteilt wird, wird ihnen und ihrer Posterität auf folgende Weise Jus Majoratus bewilligt: Grafentitel und das zu einer Grafschaft aufgerichtete ehrwürdige Gut sollen allein ihnen und ihren ältesten Söhnen gehören, solange die Söhne leben; wenn es aber keine Söhne gibt, dann den Töchtern. Die anderen Kinder sollen aber nach dem Gesetz zusammen mit ihrem älteren gräflichen Bruder den übrigen nicht zur Grafschaft gehörenden Grundbesitz sowie die Fahrnisse erben, wenn keine andere Anordnung im Testament gemacht worden ist; wo keine Graftschaft vorhanden ist, soll der Ältere aber im voraus 2500 „Hartkorn"-Einheiten [Getreidemaß], das Gebäude nicht einberechnet, oder 120000 Reichstaler haben, um dafür eben so viel Gut zu kaufen, aber darüberhinaus mit seinen anderen Geschwistern nach dem Recht und Gesetz des Landes teilen. (...)

6. Alles der Grafschaft gehörende Gut soll von den Forderungen der Kreditoren und der Verfolgung des Gerichts verschont bleiben. Die Grafschaft soll ohne das Wissen der in der Sukzession Beteiligten und ohne eine königliche Sonderbewilligung nicht mit Arrest oder Verbodmung belegt, geschweige denn als Bezahlung für Schulden verkauft oder veräußert werden. Auch darf in die Grafschaft keine Zwangsvollstreckung beantragt werden. Dies gilt für alle Schulden, die, [die] des Königs ausgenommen, ein Graf haben möge.

3. Dänisches Gesetzbuch (Danske Lov) vom 15. April 1683

Auch das dänische Gesetzbuch von 1683 ist ein Ergebnis der neuen Staatsform. Die Arbeit an einer Gesetzesreform wurde bereits 1661 mit dem Ziel der allmählichen Ausarbeitung eines vollständigen Gesetzbuches eingeleitet. Dieses Ziel wurde nach gründlicher Bearbeitung durch drei Gesetzeskommissionen und vier Revisionskommissionen im Jahre 1683 endlich verwirklicht.

Das Gesetzbuch wurde in sechs Teile untergliedert. Nur wenige Vorschriften gelten jedoch heute noch, z. B. Normen zur Vindikation, Ersitzung und einige zum Schadensersatz.

Quelle 33

Das Dänische Gesetzbuch (1683)

[Vorrede]

Wir Christian der Fünfte von Gottes Gnaden König zu Dänemark, Norwegen, der Wenden und Gothen; Herzog zu Schleswig, Holstein, Stormarn und der Ditmarschen; Graff zu Oldenburg und Delmenhorst; thun hiermit kund allermänninglich. Demnach Gottesfurcht und Gerechtigkeit die zwo vornehmste Seulen und Hauptpfeiler seyn, wodurch Land und Reiche in ihrem beständigen Flor und Wohlstande befestiget und erhalten werden; Gott aber der Allmächtige Uns zu dem ersten große Anleitung gegeben, in diesen Nordschen Landen, allwo Er so gnädig seines Wortes und Evangelii helles Liecht hat anzünden lassen, welches offenbar zu Stärkung der wahren und rechten Religion, die in einer vernünftigen und rechtschaffenen Gottesfurcht und Dienste bestehet, unter uns überall scheinet und leuchtet: Als ist auch zu dem andern, welches ist Recht und Gerechtigkeit in Landen und Reichen zu handhaben hoch vonnöthen, solche Gesetze zu stellen und anzuordnen, wodurch die Gerechtigkeit wieder alle Gewalt und Eingriff beschirmet werde. Zwar wann ein jeder so gerecht wäre, daß er sich an dem, was ihm mit Recht gebührt, begnügen ließe, seines Nechsten Schaden nicht verlangte, sondern sich gegen ihn verhielte, wie er wollte daß sein Nechster sich gegen ihn verhalten soll, so wäre keine Gesetzgebung von nöthen. Aber darumb wird das Gesetz verordnet, daß die Gerechten und Friedliebenden ihres Rechts genießen, die Ungerechten aber und widerspänstigen, die dem Gesetze widerstreben durch die im Gesetze verordnete Strafe übel zuthun einen Abscheu gewinnen mögen. Solches haben Unsere geliebte Vorfahren und hochlöbliche Könige in Dänemark sehr wohl und reiflich erwogen und bedacht, welche dahero einer nach dem andern zu ihrer Unterthanen Nutzen und Frommen, Gesetze und Rechte im Reiche angeordnet. Frembde Geschichtschreiber, die vor etlichen hundert Jahren gelebt haben, legen dem Könige Harald Gormons Sohne, welchen sie den Großen und Allerchristlichsten nennen, diesen Ruhm bey, daß er, zu der sonderbaren Gottesfurcht, die sich bey ihm befunden, nicht allein den Dänen, sondern auch den Sachsen sowohl dies- als jenseits der Elbe, gleichfalls auch den Frisen Gesetze und Rechte gegeben, worüber sie insgesamt eifrig gehalten haben. Demnach aber die Gesetze in alten Zeiten mehr in dem Gedächtnisse als in einem schriftlich abgefaßtem Gesetzbuche bestunden; als haben die höchstberühmten Könige, Waldemar der Große und Waldemar der Siegreiche, außer den Kirchen Gesetzen zu einem jeden Lande hier im Reiche ein geschriebenes verfassen lassen, wonach Recht und Urteil sollte gesprochen werden; in Betrachtung, daß weil das Reich zuweilen in verschiedene Regierungen abgetheilt gewesen, und ein jedes Theil seine eigne Gesetze und Gebräuche gehabt, die Unterthanen bey dem Rechte, zu welchem sie gewohnt wären, bleiben könnten. Ihre Nachkömlinge haben zwar hernach von Zeit auf Zeit das Gesetz durch verschiedene Rechte, Recessen und Verordnungen verbessert, jedennoch sind sie bis auf diesen Tag weder in ein Buch allein, noch in gute Ordnung gebracht, wie dann auch eine jede Materie zu ihrem bequemen Ohrt nicht hingeführet worden, welches sowohl den Richtern, als den Parteyen Schwierigkeit verursachet, daß eine jede Materie an verschiedene Ohrten hat müssen gesucht werden. Zu dem waren solcher Gestalt die Unterthanen, welche einen GOTT, einen Glauben, einen König in einem Reiche hatten, durch besondere Gesetz-Bücher und Gerichts-Händel gleichsam geschieden. Auch haben die Länge und der Wechsel der Zeit unterschiedliche Veränderungen, in dem, was anfänglich wohl genug mag geordnet worden seyn, zu wege gebracht.

Damit also das Gesetz nach Gelegenheit und Umbständen der Zeit auf verschiedene Art möchte verbessert werden, als hat Unser Geliebter Herr Vater Gottseeligsten und Glorwürdigsten Andenckens alsobald im Anfange der Königlichen Souverainen Erb-Regierung, welche durch Göttliche Versehung von Unsern lieben und getreuen Unterthanen aus freyem Willen und wollbedachtem Muth und Rath unserm Geliebten numehro Gottseligen Herrn Vater aufgetragen, nachdem solcher gestalt die alte Erb-Gerechtigkeit in unser Königl. Haus und Familie wiederumb eingeführet worden, allergnädigst anbefohlen, daß nach verschiedenen Auswürffen, die zu einem vollkommenen Gesetz-Buch gesamlet waren, ein besonders Buch aus den Gesetzen, Recessen,Ordinationen, und bis zu der Zeit ausgegangenen Verordnungen, so weit selbige mit der Königl. Souverainen Erb-Regierung, und der Zeit Gelegenheit übereinkämen, und einzuführen dienlich wären, sollte abgefasset werden, damit so wohl in den Gesetzen und Gerichtshandel, in denen sämptlichen zum Reich gehörigen Ländern, Gleichheit gehalten, als auch das jenige, so in den vorigen Gesetzen und Verordnungen nicht so genau in Obacht genommen worden, verbessert wurde; Selbiges Werck, das dergestalt auf Königlichen Befehl gesamlet und verfasset worden im Jahr 1669, ein Jahr zuvor, als Gott Unsern Höchstbemeldeten Seeligen Hr. Vater von diesem indischen zu seinem Ewigen himlischen Reiche und der Ehren-Krone berufen, und Gott der König aller Könige Uns auf den Königl. Erbstuel und Thron gesetzt, haben Wir, aus Christlichem und Königlichem Eifer, Recht und Gerechtigkeit unter unsern lieben Unterthanen hier im Reiche mit ungehindertem Lauffe und Fortgange zupflanzen und zu handhaben, durch etliche unsrer Räthe und Bedienten mit Fleiß durchsehen lassen, und endlich selbst über alles was daran hinzuzuthun, zuverendern, oder davon abzunehmen, für billig und nothwendig hat können erachtet werden, Unsern allergnädigsten Schluß ertheilt. Absonderlich ist all dasjenige, welches mit unsrer Königl. Souverainen Erb-Regierungs-Recht sich nicht bequemen könnte, ausgelassen; Ferners so ist auch weggelassen so wohl alles, was bishero durch Meineid Gottes Zorn nach sich gezogen, als auch bey denen Unterthanen, durch weitläufftige und langwirige Processen große Unkostungen und Armuth verursachet, und dennoch zu Eröffnung der Wahrheit nichts gedienet, vielweniger dem nothleidenden zu seinem Rechte verholffen hat. Zum dritten ist auch aus diesem Buche ausgelassen alles, was das Policey Wesen betrift, massen davon, keine so beständige Gesetze und Anordnungen können gemacht werden, die nicht nach Gelegenheit der Zeit einen oder andre Verendrung vonnöthen hätten. Wannenhero Wir solche verenderliche Gesetze und Anordnungen, (welche dennoch unverbrüchlich sollen gehalten werden, bis allergnädigste anderweitige Verfügung von Uns geschieht) in ein besonder Buch, PoliceyOrdnung genannt, wollen verfassen lassen, und nicht in dieses Gesetz, welches in Unserm Reiche Dännemarck in stets wärendem Gebrauche, nach diesem verbleiben soll, einführen, noch mit demselben vermengen wollen. Endlich weil das Gesetz einem jeden zum besten eingerichtet und für alle gleich billig seyn soll, dergestalt, daß niemand durch das Gesetz vor andren einigen Vorteil zugeniessen oder Schaden zugewarten habe, so ist auch ausgelassen alles, was dergestalt einem vor andre, zum Vorteil oder Nachteil, es mag in bloßen Worten, oder in Wercken selbst bestehen, gereichen könnte. Was sonst die Privilegien und Freyheiten anbelanget, welche das Gesetz, die Recessen und ein Teil der Verordnungen, denen zugeeignet, derer Vorfahren selbige anfänglich durch ihre Tugend und Dienste gegen dem Reiche und dem Vaterlande erworben, so haben Wir, einen jeden zur Tugend dadurch aufzumuntern, zu seiner Zeit, und an seinem Ohrt, solche allergnädigste Anordnung gemacht, daß ob angeregte Privilegien und Freyheiten auf alle unsere liebe und getreue Unterthanen ins gemein sich erstrecken sollen, dergestalt daß alle diejenigen, die ihrer Tugend und Geschicklichkeit halber zu einigem Ampte und Verrichtung, wovon sie selbst Ehre und Ruhm haben können, bestellet und angenommen werden, alle vorberührte Privilegien, Freyheiten, Ehre und Würde geniessen mögen. So dann ist dieses wichtig Werck durch GOTTES Gnädigen Beystand nach langwierigem Wunsche numehro verfertiget, und so weit gebracht, daß es auf unsern Allergnädigsten Befehl getruckt worde, womit wir dann alle vorige Gesetze, Recessen und Verordnungen, so weit sie hierin nicht sind eingeführt, gänzlich abgeschaffet haben, und keines weges gestatten wolle, daß solche, wie sie zu ewigen Zeiten kraftlos und nichtig sein sollen, nach diesem Tage von dem Parten in dem Gerichts Handel gebraucht, noch von dem Richter in fürfallenden Sachen angesehen werden mögen. Hierumb gebieten und befehlen wir ernstlich allen und jeden, wer sie seyn, die in unserm Reiche Dennemarck bauen und wohnen, oder Güter darin zu eigen haben, oder sich alda aufhalten, daß sie sich nach allem, was in diesem Gesetz-Buche geschrieben ist, richten sollen, sofern sie der darin verordneten Strafe entgehen und alle Königl. Huld und Gnade nicht wollen verbrochen haben. Insonderheit wird den Richtern, und allen die richten sollen, ernstlich befohlen, daß sie in allen Sachen, die für sie gelangen, diesem Gesetze als einer Richtschnur folgen und Urteil und Recht sprechen, ohne Ansehung der Gewalt, Macht, Freundschaft, Feindschaft, Hasses oder Neides, und einem jeden, denen geringen und Armen so wohl als den Hohen und Reichen, In- und Ausländischen, zu rechte verhelffen, und durch ihre Urteil alle diejenigen, die mit Gewalt gezwungen werden, zumal arme Witwen und Waysen entfreyen. Damit Wahrheit, Gerechtigkeit und Friede im Lande wohne, und des Gerechten und Höchsten Richters Gnade und Barmherzigkeit über Unser Königliches Erb-Haus, Reiche und Unterthanen zu beständigem Wohlstande, mit zeitlichem und ewigem Segen bestätiget und vermehret werde. Gegeben auf unserem Schloße Copenhagen, den Fünfzehnden Aprilis, im Jahr nach Christi Gebuhrt Ein tausend Sechs hundert Drey und Achtzig, Unsrer Regierung im Viertzehnden.

Das erste Buch: Von dem Gerichte/ und gerichtlichen Personen.

[…]

Das andre Buch: Von der Religion und Geistlichkeit.

2.1

In des Königs Reichen und Landen soll allein die Religion zugelassen werden, welche mit denen Heiligen Biblischen Schriften, dem Apostolschen, Nicanschen und des Athanasii Symbolis, mit der unveränderten im Jahr 1530 übergebenen Augspurgschen Bekäntniss, und des Lutheri kleinem Catechismus übereinstimmig ist.

Das dritte Buch: Von Welt und häuslichem Stande.

3.19.1.

Der Dienstboten Mißhandlung soll ihrem Haus-Herrn nicht zum Schaden gereichen, sondern sie sollen ihr Verbrechen selbst büßen.

3.19.2.

Giebt der Haus-Herr seinem Dienstboten oder einem andern Vollmacht, etwas zuverrichten, so soll der Haus-Herr zu dem versehen desjenigen, der die Vollmacht empfangen, zu antworten pflichtig seyn, und mag nachgehends die Erstattung seines Schadens wiederum bey ihm suchen.

Das vierte Buch: Vom Seerechte.

[...]

Das fünfte Buch: Von rechtmäßigem Titul/ Gut und Schulden.

5.1.1.

Einjeder ist dem nachzuleben pflichtig, was er mit Mund, Handlung und Siegel ausgelobet und eingegangen hat.

5.1.2.

Alle Handlungen, die freywillig von denen, die zu ihren mündigen Jahren gekommen, es mögen seyn Kauff-Handlungen, Gaben, Tauschungen, Verpfändungen, Anlehn, Miethe, Verpflichtungen, Bürgschafften, oder sonst mit was Namen sie mögen benannt werden, wofern sie dem Gesetze und Erbarkeit nicht entgegen seyn, sollen in allen ihren Worten und Puncten, wie sie eingegangen, gehalten werden.

Das sechste Buch: Von Mißhandlungen.

(1.) Von irriger Lehre/ Gottes Lästerung/ und Zauberey.

(2.) Von Schweren und Fluchen. (3.) Von Entheiligung der Feyertage. (4.) Von Vergreiffung wider des Königs Hoheit / oder dem Laster der beleidigten Majestät. (5.) Von Versehen der Kinder gegen die Eltern/ wie auch des Mannes und Der Frauen Verbrechen. (6.) Von Entleibung. (7.) Von abhauen und verwunden. (8.) Von ausfordern und duellen/ oder Zweykämpfen. (9.) Von Hausfrieden/ Kirchfrieden/ Dingfrieden/ Strassfrieden und Pflugfrieden. (10.) Von Schaden von eines andern Waffen oder Viehe. (11.) Von Schaden so unversehens geschietet. (12.) Von Notwerhs. (13.) Von Unzucht. (14.) Von Gewalt und Frevel. (15.) Von Raube. (16.) Von Straßenraub. (17.) Von Diebstaal. (18.) Von Falsch. (19.) Von Mordbrennen/ und Anzündung der Heide. (20.) Von getödtem und verwundetem Vieh. (21.) Von Ehrensachen. (22.) Von Verlockung und Abspannung eines andern Weibs/ Kinder/ und Dienstbothen.

6.1.1.

Niemand, wer es ist, der zur Päpstlichen Lehre abgefallen, mag Erbe nehmen, sondern selbiges soll an seine nechste Verwandten und Erben verfallen seyn. Hat er aber geerbet, ehe dann er seine Religion geändert, so mag er zwar das Erbe behalten, aber in des Königs Reichen nicht wohnhafft seyn.

6.4.1.

Wer den König oder die Königin schimpflich lästert, oder Ihnen und Ihren Kindern nach dem Leben trachtet, der hat seine Ehre, Leben und Gut verbrochen, und soll ihm lebendig die rechte Hand abgehauen, der Leib zerstücket und auffs Rad geleget, und das Haupt sampt der Hand auff den Pfahl gesetzet werden. Würde aber der Missethäter entkommen, also daß er am Leibe nicht könnte gestrafet werden, so soll die Strafe an seinem Bilde oder Contrefaite geschehen. Ist der Übelthäter ein von Adel oder von höherem Stande, so soll sein Wapen von dem Schaffrichter zerbrochen werden, und alle seine Leibes-Erben ihres Standes und Stammes verlustig seyn.

6.5.3.

Schlägt jemand seine Eltern, so ist es eine Todeswürdige That.

6.6.1.

Wer einen andern entleibet, nicht unversehens oder aus Nohtwehr, der soll es mit dem Leben büssen. Er mag aber seine Strafe ausstehen, oder durch die Flucht entkommen, daß man ihn nicht erfragen oder betreten könne, sondern friedlos urtheilen müsse, so sollen doch seine Güter, Landgut ausgenommen, zum halben Theile an des Entleibten nechste Erben, und das übrige an seine Herrschaft verfallen seyn.

6.6.7.

Leichtfertige Weibes-Personen, die ihre Gebuhrt entleiben, soll der Kopf abgeschlagen und auff einen Pfahl gesetzet werden.

6.17.32.

Wird einer auff geringem Diebstahl beschlagen, und hat zuvor nicht gestohlen, so soll er mit Ruthen gezüchtiget werden.

6.17.33.

Wird er zum andern mahl auff geringem Diebstahl betreten, so soll er an dem Pranger zu staupen geschlagen und auff dem Rücken gebrannt werden.

6.17.34.

Wird aber solcher Diebstahl zum dritten mahl an ihm befunden, so soll er an dem Pranger zu staupen geschlagen und an der Stirn gebrannt werden.

6.17.35.

Stielt er aber zum vierten mahl, so wird er am Pranger zu staupen geschlagen, mit einem Diebes Zeichen gebrannt und nach dem Bremerholm [Inselgefängnis in Kopenhagen] oder anderwerts hingesant, da er in Eisen und Arbeit die Zeit seines Lebens gehen soll.

6.17.36.

Würde jemand einen grossen Diebstahl begehn, als zum Exempel Pferde, Rindvieh oder sonst was zwanzig Loth Silbers wehrt ist, stehlen, ist er auf dergleichen Diebstahl vorhin nicht betreten, so soll er an dem Pranger gestraffet und an seiner Stirn mit dem Diebs-Gemerck gezeichnet werden.

6.17.37.

Wird er auff grossem Diebstahl zum andern mahl betreten, so soll er abermahl an dem Pranger gestrichen, auch mit dem Diebes Zeichen gebrannt, und nach dem Bremerholm oder anderswo hin, da er in Eisen und Arbeit seine Lebzeit gehen soll, gesandt werden.

6.17.38.

Wer aus Eisen oder Gefängnis ausbricht und nachgehends auff Diebstahl betreten wird, der soll mit dem Galgen gestrafft werden.

4. Verordnung vom 4. März 1690 über die Bestrafung von Dieben und ungetreuen Dienern

Die Todesstrafe für Diebstahl war mit dem dänischen Gesetzbuch von 1683 im wesentlichen aufgehoben worden, wurde aber mit dieser Verordnung bei großen und wiederholten Diebstählen wieder eingeführt. Die Möglichkeit, Diebstähle mit dem Tode zu bestrafen, bestand bis zur Verordnung vom 27. April 1771 (*vgl. Quelle 44)*.

Quelle 34

Verordnung vom 4. März 1690

Seitdem Diebe durch das dänische Gesetzbuch 1683 von einer Verurteilung zum Tode befreit wurden, beklagte man sich im Lande über die vielfache Vermehrung von Dieben. Sofern ihre Strafe nicht erhöht werde, sei ein tägliches Ansteigen zu befürchten.

Wer Pferd, Stute, Ochse oder Kuh aus dem Felde entwendet, und wer in der Nacht in das Haus eines anderen Mannes einbricht (in Anbetracht dessen, daß es ebenso bald sein Vorsatz sein könnte, zu töten, als zu stehlen, wenn er auf Hindernisse oder Widerstand stieße), soll zum Tode am Galgen verurteilt werden; in gleicher Weise soll man auch denjenigen behandeln, der als Dieb gebrandmarkt und beim Stehlen ergriffen wird [Anm.: durch die Verordnungen vom 27. April 1771 sowie vom 20. Februar 1789 gemildert]. Werden Diener oder Bevollmächtigte, denen Haus, Hof oder andere Verwaltungen anvertraut sind, einer solchen absichtlich untreuen Verschwendung, Vergeudung oder Entwendung der ihnen anvertrauten Mittel oder der von ihnen einzuziehenden königlichen Steuer in der Weise überführt, daß sie weder die von ihnen selbst beim Abschließen der Rechnung eingestandenen oder dementsprechenden zugesprochenen Bestände sofort entrichten, noch dafür Bürgschaft leisten können; dann sollen sie zu Bremerholm verurteilt werden. Im Unterschied zum Debitor, der, wenn er seine Schulden nicht bezahlen kann, auf Gefängnis verklagt werden darf. Damit solche und andere Übeltäter besser festgenommen werden können, ist den nächstliegenden Offizieren der Befehl gegeben, auf Antrag der Amtmänner [Anm.: Im Original: Amtmand, d.h. der oberste Regierungsbeamte in einem Amt] oder Landgutsbesitzern, den Betreffenden die nötige Assistenz zu leisten.

5. Verordnung vom 16. Oktober 1697 über die Bestrafung schweren Mordes

Abgesehen von Raubmord wurde Mord laut des dänischen Gesetzbuches von 1683 als Totschlag behandelt und mit Enthauptung bestraft. Mit dieser Verordnung wurde die Strafe für bestimmte Morde verschärft.

Quelle 35

Verordnung vom 16. Oktober 1697 über die Bestrafung schweren Mordes (in Dänemark und Norwegen)

In der letzten Zeit sind mehrere grausame Morde in unseren königlichen Reichen und Ländern begangen worden, indem die Ehefrau ihren Ehemann, der Diener seinen Dienstherrn und die Knechte das Kind ihres Brotherrn und ihrer Brotfrau umgebracht haben. Deshalb wurde (damit das derlei unchristlich vergossene, unschuldige Blut gerecht gesühnt werden kann und solche schweren Mörder ihre verdiente Strafe bekommen und anderen gleichgesinnten übeltätigen Menschen zur Warnung als abschreckendes Beispiel dienen) die gesetzliche Strafe für solche schweren Morde auf folgende Weise verschärft wird:

Wer künftig der vorsätzlichen und absichtlichen Ermordung seines Ehegatten, Herrn, Hausherrn, sowie seiner Frau, seiner Brotfrau oder einiger ihrer Kinder schuldig befunden wird, soll ohne jede Gnade so bestraft werden, daß er vom Scharfrichter zunächst vor dem Haus oder am Ort, wo die Ermordung stattgefunden hat, mit glühenden Zangen gezwickt wird, später wenn von einer Kleinstadt die Rede ist, auf allen Marktplätzen oder öffentlichen Plätzen, und wenn es auf dem Lande vor sich geht, drei Male zwischen dem Tatort und der Richtstätte, und zum allerletzten Mal wieder an der Richtstätte. Daraufhin soll die rechte Hand des noch lebenden Schuldigen und sein Kopf mit einem Beil abgehauen werden. Dann soll der Körper von einem Abdecker aufs Rad gebunden und der Kopf sowie die Hand auf eine Stange über den Körper gesetzt werden. Wurden noch schwerere Morde als die oben erwähnten begangen, soll der den Übeltäter zu verurteilende Richter dem König Bericht über die Beschaffenheit des Mordes und der Sache erstatten. Dieser wird dann darauf bedacht sein, die Strafe des Schuldigen, je nach den betreffenden Umständen, noch mehr als oben beschrieben zu verschärfen.

IV. Das 18. Jahrhundert und die Aufklärung

1. Verordnung vom 10. Februar 1736 über das Juristische Examen

Diese Verordnung wurde erlassen, um den Standard der Richter und Prokuratoren, besonders an den unteren Gerichtshöfen, zu erhöhen. Eine strukturierte juristische Ausbildung wurde nur stufenweise eingeführt, zunächst im 18. Jahrhundert und erst später mit der Verordnung von 1821. Die Studienfächer waren in erster Linie Naturrecht und das dänische Recht, während das Römische Recht nur als Nebenfach galt.

Quelle 36

Verordnung vom 10. Februar 1736

Verordnung über die examina juridica an der Universität zu Kopenhagen, und wie sie künftighin abgelegt werden sollen (damit die Justiz durch rechtsgelehrte und geeignete Richter [Anm.: Im Original: Rettens-Betient, d.h. Beamter, der meistens als Richter an einem Amtsgericht angestellt ist] und Prokuratoren [Anm.: Im Original: Procurator, d.h. eine in Jura ausgebildete Person, die die Erlaubnis hat, andere Prozesse als die eigenen vor Gericht zu führen; im Laufe des (18. und) 19. Jahrhunderts von dem Titel Rechtsanwalt verdrängt] um so besser gepflegt werden kann).

I. 4.) Im juristischen Examen sollen, wie im theologischen, drei Zensuren möglich sein, nämlich a.) *Haud contemnendus*, zu deren Erlangung gefordert wird, in Jure Naturae leidlich fundiert zu sein, das dänische und norwegische Gesetz und das hiesige Gerichtsverfahren sowie die in Institutionibus vorkommenden terminos juridicos zu verstehen. b.) *Haud Illaudabilis*, zu deren Erlangung es gefordert wird, in Jure Naturae & Gentium wohlfundiert zu sein, das dänische und norwegische Gesetz und das hiesige Gerichtsverfahren zu verstehen, sowie leidlich Kenntnis von der jetzt gebrauchten Jurusprudentia Romano-Germanica zu haben. Und c.) *Laudabilis*, zu deren Erlangung gefordert wird, in Jure Naturae, Gentium & Universalis sowie Danico & Norvegico wohlfundiert zu sein, gute Kentnisse von dem Jure Romana-Germanico und deren Unterschieden zum Jure Danico zu haben, sowie Jus Militare & Jus Publicum Universale Danicum und Germanicum leidlich verstanden zu haben, so daß man von dem Nötigen davon Kenntnisse hat. (...) 8.) Nach dem Examen soll Examinatus sich den Examinatores gegenüber durch Handreichung und Stipulata manu dazu verpflichten, von Recht und Gerechtigkeit nie absichtlich zu weichen, niemandem anzuraten, unnötige Prozesse zu führen, oder sonst in irgendeiner unrechtmäßigen Sache oder Absicht consulendo concurrere.(...) III. 1.) Da es nicht zu vermuten ist, daß so viele geeignete und gut ausgebildete Rechtsgelehrte sich so schnell finden lassen, als es für die vielen Ämter der Richter, Schreiber oder Prokuratoren bei den Amtsgerichten erforderlich ist, und es immer verständige unstudierte, aber im Gesetz und Recht wohl geübte Personen geben wird; gehen solche Gesetzeskundige bezüglich Anstellungen als Richter und Schreiber bei den Amts- oder Bezirksgerichten und Prokuratoren bei den Amtsgerichten, obwohl sie unstudiert sind, allen anderen vor, wenn sie sich privat auf die obenerwähnte Weise examinieren lassen und gute Testimonia erworben haben. 2.) Allerdings sollen, cæteris paribus, bei der Besetzung einer Stelle im Rechtswesen die studierten Personen immer denen vorgezogen werden, die nicht studiert haben und die keine besseren Testimonia vorzeigen können. 3.) Nur wer studiert und in Examine Juridico die besten Zensuren verdient hat, darf sich künftig um eine Stelle als Prokurator an dem Obersten Gerichtshof bewerben.

2. Ein dänischer Jurist

Andreas Højer, juristischer Professor an der Universität Kopenhagen, hat bereits 1736 unmittelbar in Verbindung mit der Einführung eines juristischen Examens, eine lateinisch verfasste Einführung in das juristische Studium mit dem Titel *„Idea IC(jurisconsult) i* Danici herausgegeben.

Quelle 37

Andreas Højers Vorstellung von einem Dänischen Juristen (1736)

§. I.

Bei uns soll sich ein jeder Jurist, nachdem er Wissen um das Naturrecht sowie das Göttliche Recht erworben hat, vor allem mit dem Dänischen und Norwegischen Recht bekannt machen, daß er sich auf Grund dessen ein richtiges Verständnis von dem Zusammenhang der einheimischen Rechtswissenschaft bilden kann.

§. II.

Zu diesem Zweck ist es weder vonnöten noch der Mühe wert, von den Römischen Gesetzen und deren Bürgerlichem Recht vorher Kenntnis zu haben; denn die Römische Jurisprudenz ist der unseren so weit entfernt wie die Zeiten Justiniani und Theodosii von denen, worin wir jetzt leben, oder wie die Einrichtungen und Sitten des alten Orientalischen und Okzidentalischen Römischen Reiches und Volkes von den unseren verschieden sind. Darum verhilft uns das Römische Recht nicht zum besseren Verständnis der Dänischen Jurisprudenz, sondern hindert uns vielmehr daran, einen reinen und genauen Begriff davon zu erlangen, indem es sie in allerhand unnötige, dem Römischen Recht entliehene Spitzfindigkeiten und Fictionen verwickelt, die sonst immer den treuherzigen und von jeher einfältigen Sitten unseres Nordens weit entfernt gewesen sind. Wenn aber der Zusammenhang sowie die Disciplin unseres Rechtes richtig verstanden werden, leugne ich nicht, daß auch das Römische Recht von Nutzen sein kann. Der Verstand kann dabei mehr geschärft werden, und die große Menge von Casibus, Decisionibus und Variationen, die in dem Römischen Recht vorhanden ist sowie deren Wechsel, können, wenn sie nach den Vorschriften unseres Rechtes überlegt und geschätzt werden, unsere Rechtswissenschaft wie auch die Vorsicht in Gerichtsverfahren klarer und vollkommener machen, was vielleicht später weitläufiger gezeigt wird.

3. Holbergs Naturrecht

Der dänische Komödienverfasser und Historiker Ludvig Holberg, Professor an der Universität Kopenhagen, gab als eines seiner ersten Werke eine Darstellung des Naturrechts in dänischer Sprache heraus. Holberg war besonders von Pufendorf und Thomasius beeinflusst, bekannte sich aber auch als ein Bewunderer von Hugo Grotius. Die kleine Darstellung von 1716 eignete sich vorzüglich als Einführung in das Naturrecht für juristischen Praktiker, die kein Latein konnten. Das Buch hat sechs dänische Auflagen erlebt und ist außerdem auch auf Deutsch und auf Schwedisch erschienen.

Quelle 38

Einleitung in das Natur- und Völkerrecht
Herrn Ludwigs Freiherrn von Holberg
Nach der vierten Dänischen Ausgabe ins Deutsche übersetzt
Kopenhagen und Leipzig, von Otto Christoph Wenzel, 1748

Eigene Lebensbeschreibung

Wie ich wieder zu Hause angelanget war, so gab ich eine Schrift in dänischer Sprache, unter diesem Titel heraus: Einleitung in das Natur- und Völkerrecht. Ich bauete meine Arbeit auf die Grundsätze des Grotius und Pufendorfs, welche nebst Christian Thomasius, meine Wegweiser waren. An statt des römischen Rechts sind die dänischen und norwegischen Gesetze angeführet, und die historischen Beispiele, wodurch die Moral pflegt erläutert zu werden, habe ich eben so wohl von den Thaten der nordischen Völker, als aus den römischen und griechischen Geschichten entlehnet. Aber dem gemeinen Manne gefiel diese Schrift nicht, da es doch einem jeden in die Augen leuchtet, daß den Unterthanen diese Reiches nicht nützlicher und vortheilhafter ist, als daß sie das Recht der Natur verstehen. Das dänische Gesetz ist so kurz gefaßt und eingeschränkt, daß ein Richter, wenn er in dem Recht der Natur nicht wohl erfahren ist, öfters zweifelhaft seyn muß, was er für einen Spruch fällen soll. In Deutschland und andern Oertern, wo das römische Recht eingeführet ist, verhält es sich ganz anders. Denn daselbst kann ein Richter, wenn er gleich selbst unerfahren ist, und seiner eigenen Einsicht nicht trauen darf, bey einem so großen Vorrathe allemal finden, wie dieser Fall durch rechtserfahrnen und verständigen Mann bereits ehedem entschieden worden, und er urtheilet also nicht selbst, sondern stimmt nur dem Ausspruche bey, den andre bereits vor ihm gefället haben. Aber bey einem so kurz gefaßten Gesetze wird weit mehr Mühe erfordert, ein Urtheil zu entwerfen, da man sich bey einem Falle sehr viele andre ähnliche Fälle vorstellen muß. Ich könnte dieses weitläufiger ausführen, wenn ich mir vorgenommen hätte, eine Vorrede zu dem dänischen Gesetze zu schreiben.

Das zweite Hauptstück
Von dem Gesetz der Natur

Ob es den Menschen nützlich gewesen wäre, ohne Gesetze zu leben?

Nachdem bisher von den sittlichen Handlungen überhaupt, so weit es die Gränzen dieser Einleitung verstatten, geredet worden, so erfordert die Ordnung, nunmehro weiter zu gehen, und die Frage zu entscheiden, ob es den Menschen nützlich gewesen wäre, ohne Gesetze zu leben, und ob ihr Zustand glücklicher würde gewesen seyn, wenn der Schöpfer ihnen die Freiheit verstattet hätte, alles nach ihrem eignen Gutdünken zu unternehmen, ohne sich an eine gewisse Regel oder Richtschnur zu binden?

Eine solche Freyheit hat der Schöpfer den Menschen nicht verstatten wollen, und zwar aus folgenden Ursachen.

Es ist der Würde und der Herrlichkeit der Menschen, welche dieselben vor andern unvernünftigen Creaturen besitzen, allerdings gemäß, daß ihre Handlungen nach einer gewissen Regel und Richtschnur eingerichtet werden, ohne welche Ordnung, keine Gesellschaft und keine Verbindung bestehen kann.

Es ist wegen der natürlichen Unart und Boßheit unumgänglich nöthig, daß die Menschen einem Gesetze, und einer sie verpflichtenden Verbindung unterworfen seyn müssen. Denn da die Menschen die Thiere an Bosheit weit übertreffen, so muß ihre Freyheit auch durch ein stärkeres Band, als die Freyheit der Thiere, eingeschränkt werden. Die Thiere werden allein durch die Unmäßigkeit und Geilheit erhitzt und aufgebracht, das letzte Laster bemerkt man überdem nur zu gewissen Zeiten an ihnen, und es ist zugleich auch von keiner langen Dauer. Die Begierden der Menschen aber sind nicht so leicht zu stillen. Sie zeigen sich nicht nur zu gewissen Zeiten, sondern sie brechen unaufhörlich aus. Die Thiere sind mit der schlechten Nahrung zufrieden, welche ihnen die Natur darreichet. Die Menschen aber wollen nicht blos gesättigt seyn, sondern sie sind daher auch zugleich lüstern, und alle Speisen sind ihnen nicht gleich angenehm. Man bemerkt ferner bey den Menschen verschiedene Begierden und Leidenschaften, welche den Thieren unbekannt sind. Die Menschen sind unmäßig, stolz, neidisch, ungläubig, tückisch, neugierig, u. f. f. Alles dieses trifft man niemals bey den Thieren an. Wenn demnach die menschliche Freyheit nicht durch einen so starken Zaum eingeschränkt und gebunden wäre, so würden die Menschen ärger, als Löwen, Wölfe und Tyger seyn, und sich in einer kurzen Zeit unter einander aufreiben. Denn geschieht so viel böses, da die Freyheit der Menschen so sehr gebunden ist, was würde alsdenn nicht erstlich zu erwarten seyn, wenn sie ihrem eignen Willkühr überlassen wären.

Man findet bey den Menschen eine weit größere Unbeständigkeit, und eine weit stärkere Neigung zur Veränderung, als bey irgend einer Art der Thiere, und es heißt mit Recht: So viele Köpfe, so viele Sinne. So widrig und unangenehm eine Musik klinget, wenn die Thöne nicht in der gehörigen Harmonie verbunden werden, eben so groß und widrig würde auch die Verwirrung unter den Menschen seyn, wo nicht die Wankelmüthigkeit, wozu sie geneigt sind, durch den Gesetzgeber in eine gewisse Ordnung eingeschränkt worden.

Die Schwachheit der Menschen giebt einen neuen Beweis ab, daß sie nicht ohne Gesetze leben können. Wie viele Jahre, werden nicht erfordert, und wie mühsam ist nicht die Unterweisung, ehe ein Mensch so weit gelanget, daß er sich selbst unterhalten kann. Da die Thiere ein Gegentheil nur wenige Tage dazu nöthig haben. Und wie elend würde nicht der Zustand eines Menschen seyn, wenn derselbe allein in einer Wüste ohne alle menschliche Hülfe, ohne Erziehung und ohne Unterricht aufwüchse. Damit also der Mensch nicht das elendeste Leben unter allen Creaturen führen möchte, so erforderte es die Nothwendigkeit, daß eine gewisse Verbindung und Gemeinschaft unter ihnen aufgerichtet würde. Eine solche Vereinigung aber kann ohne Beyhülfe der Gesetze weder gestiftet noch erhalten werden, woraus man sieht, wie nothwendig es sey, daß die Menschen einen solchen Gesetz unterworfen worden.

Nachdem ich also gezeigt habe, daß das menschliche Geschlecht ohne ein solches Gesetze nicht bestehen könne, so muß ich nun von diesem allgemeinen Gesetze, welches alle Menschen verbindet, etwas genauer reden:

Das Gesetz der Natur ist darauf gegründet, daß ein jeder Mensch, so weit es in seinen Kräften stehet, die gemeinschaftliche Vereinigung zu erhalten suchen muß. Daraus folgt: Was überhaupt etwas beyträgt, diese Vereinigung und diesen freundschaftlichen Umgang zu unterstützen, das ist in dem Gesetz der Natur befohlen. Was aber dagegen streitet, das hat das Gesetz der Natur verboten. In diesem allgemeinen Gebote sind alle übrigen enthalten.

Das Gesetz der Natur verpflichtet einen Menschen nicht eigentlich deswegen, weil es nützlich ist. Denn wenn wir allein, in Betrachtung des Nutzens das Gesetz beobachten, so verbindet uns dasselbe nicht mehr, als ein guter und nützlicher Rath, welcher uns von andern gegeben wird. Das Gesetz der Natur aber verpflichtet uns, weil Gott dasselbe dem menschlichen Geschlechte gegeben, und befohlen, diesem Gebote, kraft des angebohrnen Lichts der Vernunft gehorsam zu seyn.

Gott ist der Urheber desselben.

Daß Gott das Gesetz der Natur gegeben, solches gestehen auch die klugen Heiden; und die Natur selbst lehrt uns solches auf folgende Art: Wenn Gott die Menschen zum Umgange und zur Freundschaft geschickt, und fähig erschaffen, dasjenige zu erkennen, was zu einem solchen freundschaftlichen und verträglichen Leben gehöret; so folgt daraus, daß er auch das Mittel verliehen, diesen Endzweck zu erreichen, nämlich das Gesetz der Natur. Denn derjenige, welcher uns einen gewissen Endzweck vorschreibt, muß auch das Mittel an die Hand geben, dazu zu gelangen.

Und weil Gott das Gesetz der Natur solchergestalt verordnet, und den Herzen der Menschen eingeprägt, so können dieselben solches keineswegs verändern, sondern ein jeder ist verbunden, nach der Vorschrift desselben zu leben. Das Gesetz der Natur wird allgemein genannt, weil es allen und jeden gegeben worden, und durch das Licht der Natur kann erkannt und eingesehen werden. Ob man dasselbe gleich heller und ausführlicher in der heiligen Schrift, und insonderheit in den so genannten Zehn Geboten angezeigt findet.

Unterschied unter den Natur und Völkerrecht.

Was den Unterschied anlangt, welcher unter dem Gesetz der Natur und dem Völkerrecht angetroffen wird, so stimmen die Rechtsgelehrten in diesem Stücke nicht mit einander überein. Hobbesius nennt das erste ein Recht der Städte und Gesellschaften. Das Recht der Natur ordnet und regieret die Handlungen eines jeden Menschen insonderheit. Das Völkerrecht bezieht sich gleichfalls auf eben dieselben Menschen, aber in so weit sie in einer Vereinigung und Gesellschaft leben. Welche Meinung Pufendorf gleichfals annimmt und behauptet [I.N. et G.L. 2. C.3. § 23].

Woher die Macht des Mannes über das Weib ihren Ursprung genommen.

Da aber der Mann eine Herrschaft über die Frau ausübet, so entsteht die Frage, woher er dieselbe erhalten, und wie weit solche sich erstrecke? Diese Herrschaft rührt allein von der Einsetzung und Stiftung Gottes her, I Buch Mos. 3,16. Denn an diesem Orte wird dem Weibe ausdrücklich befohlen, ihrem Manne unterthänig zu seyn, und das Weib hat auch ihren Willen dem Willen ihres Mannes freywillig unterworfen. Diejenigen irren also sehr, welche behaupten, daß diese Herrschaft in der Natur gegründet sey. Denn obgleich das männliche Geschlecht von Natur herrlicher und bequemer ist, das Regiment zu führen, als das weibliche, so folgt doch eben so wenig daraus, daß der Mann nothwendig das Regiment habem müsse, als man aus den Vorzügen des einen von den andern eine Herrschaft oder Knechtschaft herleiten kann, wie bereits oben gezeiget worden [Thomas. I. D. L. 3. C. 2.§ 105 seq.]

Wenn sich diese Herrschaft blos auf den Vorzug des Geschlechts, oder auf die Geschicklichkeit dieser oder jener Person insonderheit gründete; so dürfte manches Weib verlangen, mit ihrem Manne zum Verhör und zur Untersuchung ihrer Eigenschaften gelassen zu werden, und wie würden nicht manche Männer erstaunen, wenn sie überführt würden, daß sie zum Nähen und Spinnen erschaffen worden, ihre Weiber aber, wegen ihrer vortrefflichen Gemütsgaben, die Herrschaft zu führen verdienten. Jedoch, es ist genug, daß Gott ausdrücklich befohlen, daß eine Frau ihrem Manne gehorchen soll, und daß das weibliche Geschlecht sich der Macht der Männer freywillig unterworfen. Die Herrschaft der Männer gründet sich also ausser der Schrift auch noch auf den undenklichen Besitz, welches ich in der Schutzschrift für das Frauenzimmer, weitläufiger bewiesen habe [Diese Schrift führt den Titel: Zille, Hans Tochter Gynaicologia oder Schutzschrift für das weibliche Geschlecht. Sie ist unter des Herrn Baron von Holbergs kleinen poetischen Schriften S. 219 u. f. anzutreffen.].

4. Verordnung vom 7. Februar 1749 zur weiteren Erklärung der Verordnung vom 16. Oktober 1697 über die Strafe grober Mörder

Die Verordnung von 1697, durch die verschärfte Strafen für bestimmte Fälle des Totschlags geregelt wurden, wurde mit der Verordnung von 1749 auf weitere Fälle ausgedehnt. Die Verordnung vom 18. Dezember 1767 *(Quelle Nr 42)* beschränkte das Anwendungsgebiet der Verordnung von 1749 jedoch wieder.

Quelle 39

Verordnung vom 7. Februar 1749

Verordnung zur weiteren Erklärung der Verordnung vom 16. Oktober 1697 über die Strafe grober Mörder.

Um die [schweren] und vorsätzlichen Morde zu verhindern, die seit einigen Jahren oft absichtlich und ohne vorausgegangene Zwiste oder Gründe gegen zufällig Angetroffene, und sogar unschuldige, wehrlose Kinder verübt werden, und um unschuldiges, derlei unchristlich vergossenes Blut gerecht zu sühnen, und solchen groben Übeltätern ihre verdiente Strafe zukommen [zu lassen] und anderen Gleichgesinnten zur Warnung als abschreckendes Beispiel [zu] dienen, wird folgendes befohlen:

Nicht nur in denen von der Verordnung vom 16. Oktober 1697 genannten Fällen, sondern auch wenn jemand zukünftig schuldig befunden wird, allein um Unheil anzurichten, absichtlich und ohne allen früheren gegebenen Anlaß oder Grund seitens des Getöteten eine zufällig getroffene oder vorbeigehende, unschuldige Person ermordet oder umgebracht zu haben, sei es ein Kind oder einen Erwachsenen, dann soll ein solcher grober Übeltäter ohne jede Gnade nach der Verordnung vom 16. Oktober 1697 bestraft werden [Anm.: durch die Verordnung vom 18. Dezember 1767 wieder aufgehoben], um selbst seine verdiente Strafe zu bekommen und anderen Gleichgesinnten zur Warnung als abschreckendes Beispiel zu dienen. Weiterhin soll kein Mörder oder ein solcher Übeltäter, der seiner Strafe unterworfen wird, zeremoniell oder in zierlichen Kleidern vom Gefängnis zur Richtstätte geführt werden, sondern in seinen gemeinen und täglich im Gefängnis verwendeten Kleidern, ohne Hut oder Mütze mit entblößtem Kopf, zusammengebundenen Händen und einem Strang um den Hals auf der Wagen des Abdeckers, damit er selbst desto mehr verhöhnt wird und den anderen Abscheu und Schrecken einjagt.

5. Verordnung vom 14. Oktober 1763 über nichteheliche Kinder

Die Verordnung fusst auf einem Vorschlag des Generalprokureurs Henrik Stampe (1713-1789). So wie im übrigen Europa spielte das Naturrecht im 18. Jahrhundert auch in Dänemark eine bedeutende Rolle. Die Verordnung zeigt den Einfluss des Naturrechts, der bereits durch die Wortwahl, z. B. „natürliche Billigkeit" und „natürliche Schuldigkeit" deutlich wird.

Quelle 40

Verordnung vom 14. Oktober 1763

Verordnung über nichteheliche Kinder und die Pflicht des Vaters, mit der Mutter zu gleichen Teilen Sorge für die Erziehung zu tragen und bis zum 10. Lebensjahr des Kindes, je nach Vermögen, wenigstens die Hälfte der zum erforderlichen Unterhalt des Kindes erforderten Kosten zu tragen.

Anm.: Durch die Verordnungen vom 10. Dezember 1790 und vom 30. Mai 1794 genauer bestimmt.

Natürliche Billigkeit gebietet demjenigen, der eine Frau schwängert und mit ihr ein nichteheliches Kind zeugt, die Hälfte der zum Unterhalt und der Erziehung des Kindes erforderlichen Kosten zu bestreiten. Da es aber nicht selten vorkommt, daß ein solcher Vater versucht, sich der Erfüllung dieser natürlichen Pflicht zu entziehen, indem er der Mutter die ganze Last der Kindererziehung zuschiebt und so dieses alleinstehende geschwängerte Weib, wenn sie arm ist und sonst nirgendwo Zuflucht suchen kann, in die erbärmlichsten Umstände versetzt; so wird folgendes befohlen, um solche Fälle zu verhüten und solche Eltern daran zu binden, ihre natürliche Schuldigkeit gegenüber den von ihnen gezeugten Kindern gerecht zu werden:

Der Vater eines nichtehelichen Kindes soll bis zum zehnten Lebensjahr des Kindes mit der Mutter zu gleichen Teilen für die Erziehung Sorge tragen, und, je nach seiner Lage und seinem Vermögen, wenigstens die Hälfte der Kosten entrichten, die nach der Schätzung der Obrigkeit zu dem Unterhalt des Kindes erforderlich sind. Wenn der Vater des Kindes dieses verweigert, soll die Obrigkeit der erziehenden Mutter zu dem für die Erziehung und den Unterhalt des Kindes erforderlichen Teil seines Lohns oder Einkommens verhelfen.

6. Erklärung vom 10. Juni 1764

Die Erklärung ist vom Generalprokureur Henrik Stampe verfasst.

Quelle 41

Erklärung vom 10. Juni 1764

Erklärung über eine Anfrage des Amtmannes Ripen vom 30. April 1764 ... nach der Verordnung vom 14. Oktober 1763 bezüglich der von dem Vater zu leistenden Beiträge zum Unterhalt eines nichtehelichen und vor der Verordnung gezeugten Kindes.

Meines Erachtens wäre sowohl dem Stiftamtmann, Herrn Grafen von Schack, als auch dem Amtmann, Herrn Geheimrat Bylow, folgende Antwort auf ihre Anfrage zu geben: „Da die Verordnung vom 14. Oktober 1763, insbesondere ihre Einleitung, deutlich zum Ausdruck bringt, dass die allergnädigste Absicht Seiner Majestät weniger diejenige gewesen ist, bei der Verordnung eine neue Verbindlichkeit einzuführen, sondern vielmehr der den Eltern von der Natur selbst auferlegten Verbindlichkeit eine neue wirkende Kraft zu geben, und in dieser Hinsicht näher bestimmt, was auch früher recht und billig, nicht aber gänzlich und genügend entschlossen war, folgt hieraus, dass das in der Verordnung bezüglich des Unterhaltes nichtehelicher Kinder Bestimmte sowohl für die vor der Verordnung gezeugten und geborenen, als auch für die zukünftig zu gebärenden und zeugenden Kindern gelten sollen.“ Kopenhagen, am 10. Juni 1764.

7. Verordnung vom 18. Dezember 1767 über melancholische Mörder

Melancholische Mörder waren Personen, die Mord in der Absicht begangen, hierfür hingerichtet zu werden. Statt des von der Kirche verdammten Selbstmordes wünschten sie sich, durch Hinrichtung ums Leben zu kommen. Um sie vom Morden abzuschrecken, wurde die in der Verordnung vom 1749 geregelte Todesstrafe zu lebenslänglichem Gefängnis unter demütigenden Umständen geändert. Bei jedem Jahrestag des Mordes wurde der Gefangene auf einem öffentlichen Platz gestäupt. Diese „Abschreckung“ zeigt gleichzeitig einen Bruch mit dem Einfluss des mosaischen Rechts, wonach jeder Todschlag mit dem Tode bestraft werden sollte. In dieser Hinsicht ist die Verordnung Ausdruck der Ansicht, dass das mosaische Recht kein universelles, sondern nur nationales jüdisches Recht war.

Quelle 42

Da sich aufgrund der seit einiger Zeit so oft verübten vorsätzliche Morde [an] Kindern und anderen unschuldigen Menschen herausstellte, dass die Verordnung vom 7. Februar 1749, welche die Todesstrafe für vorsätzliche Morde vorsieht, bei melancholischen Mördern, die des Lebens überdrüssig sich zum Mord an unschuldigen Personen der Hinrichtung wegen veranlasst sehen, ihren Zweck verfehlt, soll die Todesstrafe durch Verordnung vom 18. Dezember 1767 für solche Missetäter durch eine lebenslängliche Freiheitsstrafe mit Leiden und Verhöhnung ersetzt werden, um die Sicherheit und Ruhe der Untertanen zu gewährleisten.

[...]

8. Henrik Stampe: Erklärung vom 20. August 1768

Zentral in der Erklärung ist das Wort „unsere Verfassung“. Hiermit ist nicht das Königsgesetz von 1665 gemeint, das keine Grenzen für die königliche Gewalt aufstellte. „Unsere Verfassung“ ist in Übereinstimmung mit Montesquieu ein Hinweis auf die monarchische Regierungsform des Landes. Der König hat die souveräne Gewalt, soll sie aber nach festen Grundsätzen ausüben. Ein Kennzeichen der monarchischen Regierungsform ist, dass der König keine richterliche Gewalt ausüben darf.

Quelle 43

Henrik Stampe: Erklärung vom 20. August 1768

Ein Gutachten aus folgendem Anlaß: Nachdem zwei Personen minderjährige Kinder umgebracht hatten, und beim Obersten Gerichtshof dazu verurteilt worden waren, nach der Verordnung vom 7. Februar 1749 bestraft zu werden, und die Kanzlei daraufhin die Urteile an Seine Majestät (der zur selben Zeit in den Niederlanden war) gesendet und diesem gefragt hatte, ob Seine Majestät die Delinquenten davon freistellen wolle, mit glühenden Zangen gezwickt zu werden, oder aber sogar die ergangenen Urteile bestätigen wolle, wurde die Antwort des Geheimrates Bernstorff bekanntgegeben, die folgenden Inhalt hatte: Daß Seine Majestät nach genauer Überlegung auf den Gedanken gekommen sei, daß diese Delinquenten nach der Verordnung vom 18. Dezember 1767 bestraft werden müßten, obschon ihr Delictum vorher begangen war. Dabei meldete er zugleich, daß Seine Majestät, im Falle der Conseil etwas von Wichtigkeit dagegen einzuwenden haben solle, allergnädigst gestatte, daß der Conseil solches vorbringen könne und daß die Vollstreckung unterdessen aber ausgesetzt werden dürfe. Darauf setzte ich auf Antrag und Begehren des Geheimrates Grafen Thott (der selbst die erste Vorlage aufgesetzt hat), folgendes Gutachten auf.

Am 11. Mai 1767 hat der Delinquent Jacob Poulsen, der sich zur selben Zeit im Walde befand, dort den 7 bis 8jährigen Jungen eines anderen Mannes umgebracht, indem er ihn mit einem Tuch erwürgt hat; daraufhin hat er selbst die von ihm verübte Übeltat angezeigt.

Am 19. Juni desselben Jahres hat die Delinquentin Johanne Mikkelsdatter ihr eigenes 26 bis 27 Wochen altes Mädchen umgebracht, indem sie ihm die Gurgel durchgeschnitten hat.

Letztere ist bei allen drei Gerichten, nämlich dem Amtsgericht, dem Landgericht und dem Obersten Gerichtshof, dazu verurteilt worden, nach der Verordnung vom 7. Februar 1749 bestraft zu werden.

Ersterer hingegen ist bei dem Amtsgericht und dem Obersten Gerichtshof nach derselben Verordnung von 1749 verurteilt worden, beim Landgericht aber dazu verurteilt worden, nach der Verordnung vom 18. Dezember 1767 zu leiden.

Es besteht kein Zweifel daran, daß diese beiden Delinquenten unter die Fälle fallen, von denen die Verordnung vom 18. Dezember 1767 redet, da ersterer selbst gestanden hat, daß er aus Überdruss am Leben seine Übeltat verübt habe, und ferner erklärt hat, daß dieser Überdruss am Leben seinen Grund darin habe, daß sein Gewissen ihn in Hinsicht auf gewisse von ihm vorher verübte Übeltaten „nage und plage".

Letztere hingegen hat bekannt, daß sie diesen Mord an ihrem Kind begangen habe, teilweise wegen Schwermütigkeit und Besorgnis darüber, das Kind nicht ernähren zu können, und daß ihm notdürftiger Unterhalt fehlen werde, vornehmlich aber wegen des fanatischen Gedankens und der Einbildung, sie fördere durch die Hinausnahme des Kindes aus dieser Welt seine Glückseligkeit.

Da diese beiden Übeltaten aber über ein halbes Jahr vor dem Erscheinen der Verordnung vom 18. Dezember 1767 verübt sind, ist es ebenso klar, daß der oberste Gerichtshof die Delinquenten nach dieser Verordnung weder verurteilen konnte noch durfte, sondern ganz gute Gründe dazu hatte, sie nach der schon vorher geltenden Verordnung vom 7. Februar 1749 zu verurteilen, laut der allgemeinen und bekannten Vorschrift: lex non promulgata non obligat, welche gar keine Ausnahme duldet und am allerwenigsten in criminalibus, wo es sehr gefährliche Folgen haben würde, wenn einem Strafgesetz vis retroactiva beigelegt werden könnte, so daß es infolgedessen auf jene vor seinem Erscheinen verübten Taten anwendbar sein würde.

Obschon dieses so allgemein bekannt ist, daß kein Richter in Unkenntnis darüber sein kann oder darf, hat doch in dieser Hinsicht die Verordnung vom 18. Dezember 1767, sogar zum Überfluß, den betreffenden Richtern in ihre Erinnerung gerufen, die sie sich vor Versehen hüten sollten; denn, wenn es in der besagten Verordnung um Festsetzung der Strafe geht, dann wird sie lediglich über künftige Delinquenten verhängt, was ganz deutlich zeigt, daß die Verordnung auf diejenigen nicht anwendbar ist, die vorher, nämlich vor dem Publizieren und Erscheinen der Verordnung, eine von den darin erwähnten Übeltaten begangen haben möchten; das Landgericht hat also durch die Anwendung dieser Verordnung auf eine zuvor verübte Tat gezeigt, daß es die Verordnung, nach der verurteilt wurde, nicht mit gebührender Aufmerksamkeit gelesen hat.

Obschon somit zugegeben werden muß, daß die Richter in diesen Sachen weder befugt noch berechtigt dazu waren, nach der Verordnung vom 18. Dezember 1767 zu verurteilen, und da die Urteile, bevor sie vollstreckt werden konnten, doch Seiner Majestät alleruntertänigst vorgelegt werden mußten, bleibt doch noch eine Frage übrig, nämlich: ob seiner Majestät doch nicht alleruntertänigst geraten werden könne, sie dorthin zu verändern, daß die in der Verordnung vom 18. Dezember 1767 auferlegte Strafe an die Stelle derjenigen treten würde, zu der die Delinquenten durch die ergangenen Urteile verurteilt sind; vor allem, da es sowohl an sich angemessener ist, als auch da alle Betreffenden zuvor zugestanden haben, daß die von der Verordnung vom Jahre 1767 festgesetzte Strafe besser mit dem Zweck der Strafe übereinstimme, so daß man Anlaß hat, sich eine weit sichere und gewissere Wirkung davon zu versprechen, da sie der Denkart dieser melancholischen und fanatischen Menschen gegenüber weit geeigneter ist, ihnen Schrecken und Abscheu einzujagen, als die ihnen von der Verordnung vom Jahre 1749 auferlegte Strafe.Diese Frage löst sich wieder in eine andere auf, nämlich: ob eine solche Veränderung der Strafe als eine Erhöhung oder Milderung der Strafe anzusehen wäre?

Nach allgemeiner Auffassung kann ein Souverän oder summus imperans, nach dem ihm zustehenden jus aggratiandi, jemandem die von dem rechtmäßigen Richter auferlegte Strafe erlassen oder mildern, aber nicht erhöhen; so scheint es Folge unserer Verfassung zu sein, daß die Untertanen Seiner Majestät es nicht einmal für möglich halten sollten, daß Seine Majestät je auf den Gedanken kommen könne, die von dem Richter auferlegte Strafe zu erhöhen, weil die Untertanen sich von dem Gnadenthron Seiner Majestät nichts als unaufhörliche Gnade, Milde und Güte versprechen sollen, und demzufolge nie glauben sollen, daß irgendetwas Ungerechtes und Schreckliches unmittelbar von daher kommen kann.

Man sieht, daß ein Souverän, summus imperans, sich nicht im Allgemeinen damit befaßt, in criminalibus zu verurteilen, oder eine Strafe wegen einer verübten groben Übeltat gegen jemanden zu verhängen, sondern diese verhaßte, schreckliche und unangenehme Arbeit anderen zu belassen, und zwar den betreffenden Richtern, deren Sache es ist, die Strafe festzusetzen, indem sie die Strafgesetze auf die verübte Übeltat anwenden. Er selbst läßt solchen Dingen freien Lauf und befaßt sich nicht damit, höchstens wenn er es für richtig befindet, jemanden zu begnadigen oder die Strafe zu mildern, so daß sich ein Delinquent meistens deswegen freuen kann und nie einen Grund zur Beunruhigung haben wird, daß das über ihn gefällte Urteil seinem Herren und König zu Gesicht kommt.

Hier in den Reichen ist es zum Teil gesetzlich, zum Teil durch spätere Verordnungen festgesetzt, daß kein Todesurteil vollstreckt werden darf, ohne zuerst alleruntertänigst dem König vorgelegt zu werden.

Jeder sieht dieses leicht ein, zu dessen Deutlichkeit auch die Umstände beigetragen haben, daß des Gesetzes Grund in der väterlichen und gegenseitigen Liebe seine Wurzeln hat, die die dänischen Könige seit eh und je für Ihre treuen Untertanen gehegt haben, sowie die von den Königen getragene Vorsorge, ihnen das Leben zu schenken.

Einerseits haben Sie sicherstellen wollen, daß das Leben Ihrer Untertanen nicht aufs Spiel gesetzt werde, und daß keiner, ausgenommen die von dem Gesetz ausdrücklich befohlenen, eindeutigen Fälle, es einbüßen werde; andererseits haben Sie in den Fällen selbst die Sachen erwägen und erfahren wollen, in denen die Umstände und die Beschaffenheit der Tat dazu Anlaß geben könnten, einem Untertan das Leben zu retten, indem man etwas von der Strenge des Gesetzes abweicht. Für dieses Gesetz spricht auch, daß es bis jetzt einigen hundert Menschen das Leben gerettet hat, und umgekehrt nie den Tod eines Mannes zur Folge gehabt hat.

Wer die Gelegenheit gehabt hat, die recht empfindliche und väterliche Liebe Christians des Zweiten, hiermit hochlöblich erinnert, zu Seinen liebenswürdigen Untertanen zu kennen, der kann sich leicht vorstellen, warum Seine höchstbesagte Majestät hierin noch weiter als Seine hochlöblichen Vorväter gegangen ist; da Er allergnädigst gewollt hat, daß nicht nur alle Todesurteile, sondern auch alle anderen Urteile, durch die einige Seiner Untertanen dazu verurteilt waren, eine schwere körperliche Strafe zu erleiden, so wie Staupe, Brandmarken u. a. m., Ihm alleruntertänigst vorgelegt werden sollten, bevor sie vollstreckt werden durften.

Wenn ein Urteil Seiner Majestät auf diese Weise alleruntertänigst vorgelegt wird, kann zweierlei passieren, und zwar, daß Seine Majestät entweder das Urteil geradezu bestätigt, oder daß Er die Strafe mildert. Im ersteren Fall läßt Seine Majestät das Recht und die Gerechtigkeit ihren Lauf nehmen, indem er es bei dem vom dazu befugten und autorisierten Richter nach dem durch das Gesetz Verhängten bleiben läßt. Im anderen Fall läßt Er Gnade vor Recht ergehen, indem Er von dem Ihm zukommenden Recht auf Begnadigung und Strafmilderung, jus aggratiandi & mitigandi poenam, Gebrauch macht.

Man kann also als festes Prinzip davon ausgehen, daß Seine Majestät, der König von Dänemark, wenn Ihm ein gefälltes Urteil in einem Strafverfahren alleruntertänigst vorgelegt wird, nie die durch das Urteil auferlegte Strafe erhöhen will; woraus folgt, daß Seine Majestät alleruntertänigst auch nichts tun will, was als eine solche Erhöhung anzusehen wäre. Vergleicht man die beiden Verordnungen, nämlich die Verordnung vom 7. Februar und die vom 18. Dezember 1767, und überlegt man sich die in jeder von ihnen für ein und dieselbe Übeltat verhängte Strafe; dann sollte man bald zu dem Ergebnis kommen, daß die Strafe in der späteren Verordnung gemildert worden sei.

Aber darüber hinaus sollte man auch zu dem Ergebnis kommen, dass es nicht den geringsten Anlaß gibt, als Grund für den Erlaß der Verordnung die Möglichkeit einer Strafmilderung anzunehmen, denn es ist bekannt, dass man, als eine solche Verordnung vorgeschlagen wurde, keineswegs daran gedacht hat, die Strafe zu mildern, sondern daß man nach der Erforschung der Denkweise und Gemütsbeschaffenheit dieser melancholischen und schwermütigen Menschen versucht hat, eine Strafe zu finden, die sie schwerer beeindrucken sowie ihnen in höherem Grade Schrecken und Abscheu einjagen sollte, und demnach besser und angemessener sein sollte, um den Zweck der Strafe zu erreichen, nämlich die Verhütung von Straftaten und der Schutz der allgemeinen Sicherheit und Ruhe, welche von diesen Übeltaten so unmittelbar angegriffen werden.

Betrachtet man also nun diese beiden Verordnungen angesichts der in der Verordnung gemeinten Personen, dann wird man mit einem gewissen Recht annehmen können, daß die Strafe in der letzteren Verordnung erhöht worden ist.

Die in der Verordnung vom 7. Februar 1749 auferlegte Strafe ist gemeinhin grausamer und schrecklicher; die in der Verordnung vom 18. Dezember 1767 verhängte Strafe, ist aber schrecklicher für die melancholischen und schwermütigen Menschen, die aus Überdruß am Leben den Wunsch hegen, dasselbe zu beenden.

In der Beziehung kann man Seiner Majestät wohl auch nicht alleruntertänigst raten, die gefällten Urteile dorthin zu verändern, daß die durch die Verordnung vom 18. Dezember 1767 verhängte Strafe an Stelle der den Übeltätern dabei zuerkannten und auf die Verordnung vom 7. Februar 1749 gegründeten Strafe treten solle, denn in diesem Fall wäre in einem Strafverfahren ein Urteil verhängt worden, das von Seiner Majestät selbst, und nicht von dem zuständigen Richter gefällt worden wäre, und darüber hinaus würden die Delinquenten sich einbilden können, daß ihre Strafe von Seiner Majestät erhöht worden sei, wogegen andere sich vielleicht werden einbilden können, daß man nach einer vor der Übeltat noch nicht bekanntgegebenen Verordnung geurteilt hätte.

Sollte Seine Majestät aber doch allergnädigst dazu neigen, diese Delinquenten nach den auf die Verordnung vom 18. Dezember 1767 gegründeten Prinzipien und deren Geist zu bestrafen und betrachten, dann halte ich es für gerecht, daß dergleichen auf eine solche Weise gemacht würde, die deutlich zu erkennen gäbe, daß die Strafe gemildert worden wäre, und zwar ohne die besagte Verordnung anzuführen, zum Beispiel könnte Seine Majestät die gefällten Urteile dorthin mildern: daß die beiden Delinquenten gestäupt und hiernach lebenslänglich ihre Strafe verbüßen werden, Jacob Poulsen im Raspelhaus und Johanne Mikkelsdatter im Zuchthaus, und dort sorgfältig überwacht, sowie zur strengen und harten Arbeit angehalten werden.

Auf diese Weise wird die Strafe sichtlich gemildert, (da diesen Delinquenten dieselbe und noch viel größere Gnade als dem zum Tode durch Hängen Verurteilten widerfährt, indem sie zur Staupe und lebenslänglicher Arbeit in Eisen begnadigt werden), und zwar so, daß man im Sinne der Verordnung, nicht aber nach der Verordnung vom 18. Dezember 1767 verurteilt hat. Kopenhagen, den 20. August 1768.

Hiernach wurden königliche Befehle an den Kammerherrn Gersdorph und den Staatsrat Albertin am 20. Dezember 1768 erlassen, sowie endlich an den letzteren am 20. Mai 1769.

9. Verordnung vom 27. April 1771 über Diebstahl

Die in der Verordnung vom 4. März 1690 geregelte Todesstrafe wegen schwerer Diebstähle wurde in der Praxis des 18. Jahrhunderts oft durch königliche Begnadigung auf lebenslängliche Zwangsarbeit gemildert. Die ausdrückliche Aufhebung der Todesstrafe für schwere Diebstähle durch die folgenden Verordnungen zeigen den Einfluss der Aufklärung und besonders den Lehren Montesquieus, vgl. z. B. das Wort „Proportion".

Quelle 44

a. Verordnung vom 27. April 1771 mit dem diesbezüglichen Vorschlag des Generalprokureur Henrik Stampe.

Vorschlag zu einer Verordnung, die Diebstahl mit Todesstrafe zu bestrafen verbietet. Dieser wurde nach einem wegen eines solchen zur Milderung empfohlenen Urteils ausgestellten Königlichen Befehl aufgesetzt. Als ein Urteil der Staupe und des Brandmarkens kurz zuvor ebenfalls zur Milderung empfohlen gewesen war, hatte Seine Majestät beschlossen, daß es bei dem Urteil verbleiben solle; in dem Falle aber, dass das Gesetz zu hart sei, könne die Strafe reduziert werden. Darauf habe ich mich dazu veranlaßt gesehen, folgendes aufzusetzen.

Tun kund: wie es, aus Rücksicht auf die Sicherheit Unserer lieben und treuen Untertanen, Unsere Absicht ist, daß Unsere Strafgesetze genau befolgt und die darin für Übeltaten vorgesehene Strafe in jeder Hinsicht vollstreckt werde, daß die Übeltäter nicht dazu veranlaßt werden, sich Hoffnungen auf Erlaß oder Milderung der Strafe zu machen; so wollen wir auch, daß eine billige Proportion zwischen der Härte der Strafe und der Größe der Übeltat zu beobachten sei. Und weil eine solche Proportion oder ein solches Verhältnis nicht eben die Todesstrafe für den Verüber eines solchen, wenn auch schweren Diebstahls erfordert; so haben wir in bezug auf die Strafe schwerer und wiederholter Diebstähle allergnädigst folgendes für gut gehalten anzuordnen und zu befehlen: Die Verüber sehr schwerer und qualifizierter Diebstähle sollen, wenn sie bisher nach Unserem Gesetz und Unseren Verordnungen zur Lebensstrafe verurteilt wurden, künftighin allein dazu verurteilt werden, gestäupt zu werden, an der Stirn Diebszeichen zu tragen und lebenslänglich in Eisen zu arbeiten; aber in den Fällen, in denen die Diebe bisher zur Staupe und zum Brandmarken verurteilt wurden, sollen sie künftighin allein zur Staupe und zu lebenslänglicher Arbeit in Eisen verurteilt werden.

[...]

b. Verordnung vom 27. April 1771 wodurch die für grobe Diebstähle vorgesehene Todesstrafe zur Staupe und zum Brandmarken u.a.m. verändert wird; eine solche Strafe ist nach dem Urteil des Obergerichts sofort zu vollstrecken.

Wie es des Königs Absicht ist, aus Rücksicht auf die Sicherheit der Untertanen, daß die Strafgesetze genau befolgt und die darin für Übeltaten vorgesehene Strafe in jeder Hinsicht vollstreckt werde, daß die Übeltäter nicht dazu veranlaßt werden, sich Hoffnungen auf Erlaß oder Milderung der Strafe zu machen; so soll auch zwischen der Härte der Strafe und der Gröbe der Übeltat eine billige Proportion zu beobachten sein; und weil diese eben nicht die Todesstrafe für den Verüber eines, wenn auch schweren Diebstahls erfordert; dann wird in Hinsicht auf die Strafe schwerer und wiederholter Diebstähle folgendes angeordnet:

Wenn die Verüber sehr schwerer und qualifizierter Diebstähle bisher nach dem Gesetz und den Verordnungen zur Todesstrafe verurteilt wurden, sollen sie künftighin allein zur Staupe, lebenslänglichen Arbeit in Eisen und zum Diebszeichen an der Stirn verurteilt werden; aber in den Fällen, in denen die Diebe bisher zur Staupe und zum Brandmarken verurteilt wurden, da sollen sie künftighin allein zur Staupe und zur lebenslänglichen Arbeit in Eisen verurteilt werden; alle solchen Urteile sollen, wenn sie von dem Obergericht bestätigt und von den Schuldigen nicht angefochten worden sind, unverzüglich und ohne zuerst dem König vorgelegt zu werden, vollstreckt werden.

10. Verordnung vom 30. Dezember 1771 über die Inquisitions-Commission

Der deutsche Leibarzt König Christians VII. J. F. Struensee leitete in der Zeit von 1770-1772 als Minister faktisch die Regierung. In dieser Zeit wurden viele Reformen beschlossen, u. a. die Aufhebung der Todesstrafe für schwere Diebstähle und die Einrichtung des Hof- und Stadtgerichtes von Kopenhagen. Was die Strafrechtspflege betrifft, würde die Folter mit der Verordnung vom 30. Dezember 1771 aufgehoben, jedoch nach dem Sturz Struensees 1772 wurde die Folter wieder eingeführt und erst 1837 endgültig aufgehoben. In der Verordnung von 1771 erklingt ein Nachhall Friedrichs II. von Preußen, der um 1750 u. a. äußerte: „Il vaudrait mieux pardonner à vingt coupables que de sacrifier un innocent“.

Quelle 45

Verordnung vom 30. Dezember 1771

Verordnung betreffend die Eingliederung der Inquisitionskommission unter das Hof- und Stadtgericht von Kopenhagen.

Es soll ab und zu bei der Examination in der Kommission, je nach den Umständen, Zwang mittels Schläge mit einem Stück Tau verwendet werden, um hierdurch die richtige Wahrheit herauszubekommen und die Mitschuldigen zu entdecken. In solchen Fällen will der König aber eher, daß ein Schuldiger frei ausgeht als ein Unschuldiger auf diese Weise leidet. Hiermit werden solche Vorgänge völlig aufgehoben und verboten, weil die Verurteilung eines Delinquenten sich allein auf Zeugnisse und die Billigkeit der Umstände gründen darf. Dahingegen soll ein Täter, der den oder die Mitschuldigen seines Verbrechens angibt, bei der Strafzumessung, wenn nicht freigesprochen, dann wenigstens zu einer milderen Strafe verurteilt werden.

11. Das Indigenatrecht 1776

In der letzten Hälfte des 18. Jahrhunderts und besonders nach dem kurzen Intermezzo Struensee bildete sich ein dänisches Nationalgefühl. Nach dem Sturz Struensees kamen starke nationale Kräfte an die Macht. Um den Einfluss insbesondere der deutschen Immigranten zu vermindern, wurde 1776 das Indigenatrecht mit Verfassungsrang erlassen. Fortan konnten Staatsämter nur von den im Lande Geborenen – d.h. in Dänemark, Norwegen und in den Herzogtümern – bekleidet werden.

Quelle 46

Das Indigenatrecht, wodurch der Zugang zu Ämtern in den königlichen Staaten den eingebohrnen Unterthanen, oder denen, die ihnen gleich zu achten sind, allein vorbehalten wird.

Gegeben auf dem Schloße Christiansburg den 15. Januar 1776. Publicirt den 29. Januar 1776.

Wir Christian der Siebende von Gottes Gnaden, König zu Dänemark, Norwegen, der Wenden und Gothen, Herzog zu Schleswig, Holstein, Stormarn und der Dithmarscher Graf zu Oldenburg und Dellmenhorst etc. thun kund hiermit, daß es schon lange Unser Entschluß gewesen, durch ein Grundgesetz unter gewissen und nöthigen ausdrücklichen Einschränkungen festzustellen, daß alle Ämter in unseren Staten, es mögen Hof-, Geistliche-, Civil- oder Militär-Aemter, von großer oder geringer Wichtigkeit seyn, an sonst niemanden, als eingebohrne Landes-Kinder und die ihnen gleich zu achten seyn möchten, vergeben werden können und sollen. Die Billigkeit selbst will, daß des Landes Dienst selbst die Kinder des Landes nähre und die Vortheile im Staate den Bürgern desselben zu Theil werden. Die Erfahrung aller Zeiten hat auch gelehret, daß es in einem Lande, wo für die Erziehung der Jugend Sorge getragen wird, nie an tüchtigen Leuten fehle, wenn der Regent sie suchet. Wir können auch hierbey mit Vergnügen an die Geschichte Unsers Vaterlandes zurückdenken, weil sie aus allen Ständen Männer aufweisen kann, die dem Lande gedienet, Ehre gemacht und es gerettet und mit der edelsten Entschlossenheit sich, zu ihrem unsterblichen Nachruhm, für die Könige, unsere Vorfahren, um ihr Regiment zu verherrlichen oder zu befestigen, aufgeopfert haben. Um deswillen haben auch die Könige ihr Volk zärtlich geliebet, und dagegen von ihrer zutrauensvollen Liebe die stärkesten

Beweise gehabt, die Sie stets im Bereitschaft gefunden, wenn dieselbe am nothwendigsten und die Zeiten am gefährlichsten gewesen.

Alle diese Betrachtungen haben bey Uns den Vorsatz gewürket und unterhalten, durch eine feyerliche und unveränderliche Anordnung die Ämter des Landes den Kindern desselben zu versichern. Denn obgleich der Staat Auswärtige gehabt und Wir annoch Auswärtige in Diensten haben, die mit einem rühmlichen Eifer Uns und dem Staate gedienet haben, und noch diese Stunde zu Unserer vollkommenen Zufriedenheit dienen; so können Wir Uns doch nicht entbrechen, dem Gesetze der Billigkeit, der Liebe und selbst des Gewissens zu folgen, wenn Wir nunmehr, nachdem Wir zur Tüchtigkeit Unserer eigenen Jugend gute Anstalten gemachet und noch ferner zu machen Uns vorgesetzet haben, in einer so landesväterlichen Absicht gebieten und befehlen:

1.

Es soll, von dem Tage dieses Gesetzes an, für eine nothwendige Eigenschaft, um in Unseren Königreichen und Landen Ämter und Bedienungen, wie sie Nahmen haben mögen, es sey bey Hofe oder in dem Geistlichen-, Civil- und Militär-Stande, zu erhalten, geachtet werden, daß die zu befördernde Person in Unseren Staaten oder von solchen daselbst gebürtigen Unterthanen, die sich auf Reisen oder um Unsers Dienstes willen außerhalb Landes aufhalten möchten, gebohren sey. Zu dem Ende sollen Unsere sämtliche Collegien, oder wer bey Uns wegen Besetzung einigen Amts oder Dienstes Vorstellung thut, gleichwie auch sonst ein jeder, dem das Ernennungsrecht in Ansehung einiger Bedienung im Staate zusteht, bey Unserer Ungnade genau darauf Acht haben, keine andere als Dänen, Norweger, Holsteiner, oder die ihnen gleichzuachten sind, vorzuschlagen; und in allen Vocationen, Briefen, Bestallungen soll ausdrücklich angeführet werden, daß der Impetrant die Eigenschaften habe, die in dieser Unserer unveränderlichen Anordnung festgesetzet sind.

2.

Den Eingebohrnen sollen gleichgeachtet werden alle diejenige, die am 29sten Januarii 1776 bereits in Unseren und des Staats würklichen Ämtern und Diensten stehen, obschon sie in Unseren Landen nicht gebohren sind.

3.

Den Eingebohrnen sollen ferner gleichgeachtet und angesehen werden alle Ausländer von Geburt, die Landgüter oder andere Immobilien, wenigstens Dreißig tausend Reichsthaler werth, es seyn vollständige Freygüter in Dänemark, Eisen- oder andere Wercke und Besitzthümer in Norwegen, Landgüter in Holstein oder Plantagen auf Unseren westindischen Eylanden, eigenthümlich innehaben, oder nachdiesem durch Erbschaft, Heirath Kauf oder auf andere rechtmäßige Weise zu eigen überkommen, oder die Häuser oder Fabriken, wenigstens Zehn tausend Reichsthaler werth, in Unseren dänischen, norwegischen und holsteinischen Städten, oder auch Manufakturen und Fabriken auf dem Lande, wo dergleichen sich befinden und zugelassen werden, erwerben und an sich bringen; doch daß diese Eigenthümer mit rechtsgültigen Beweisthümern klärlich darthun, daß die Besitzungen ihnen selbst, bis auf obbestimmte Summe, zuständig sind.

4.

Den Eingebohrnen sollen weiter gleichgeachtet werden die Fremden, die sich in Unseren Landen niederlassen und daselbst verbleiben, und mit klaren und gültigen Beweisthümern vor Augen legen, daß sie in Unseren Handlungs-Compagnien oder sonst in der Handlung Unserer Königreiche Zwanzig tausend Reichsthaler zu eigen besitzen und stehen haben.

5.

Den Eingebohrnen sollen endlich gleichgeachtet werden:

a) Die Lehrer, die von fremden Orten nach Unserer Universität Kiel, nach der St. Petri Kirche zu Kopenhagen, zu der Mission in Tranquebar, oder auch zu den in Unseren Staten befindlichen reformirten Gemeinen beruffen werden; wie auch

b) Die auswärtige Fabrikanten, Künstler und Meister, die zu einem und anderm neuen Werke oder Einrichtung in Unseren Staaten vonnöthen seyn möchten.

c) Mit den Werbungen bleibt es auf dem bisherigen Fuße, und die Unter-Officiers und Soldaten, die sich durch Tapferkeit in Unseren Diensten auszeichnen, zu belohnen behalten Wir Uns vor.

6.

Alle Auswärtige, die, nach vorherstehendem 2ten, 3ten, 4ten und 5ten Artikel, den Eingebohrnen gleichgeachtet und angesehen werden sollen, und nun in Unseren Landen oder in Unseren Diensten sind, müssen innerhalb Jahres Frist, von der Bekanntmachung dieser Anordnung an zu rechnen, bey Unserer Dänischen Kanzeley mit ihrem allerunterthänigsten Ansuchen um Ertheilung eines Naturalisations-Briefes, so weit sie damit nicht bereits versehen sind, einkommen, welcher dann auch für sie gratis auszufertigen ist. Alle diejenige, die dieses nicht in Acht nehmen und erfüllen, werden von Uns unveränderlich als solche anzusehen seyn, die sich von dem Zugange zu Aemtern, den Wir ihnen zugedacht hatten, selbst ausgeschlossen haben.

7.

Die Auswärtigen, die nachdiesem in Unsere Lande kommen, und, nach Maasgebung des 2ten, 3ten, 4ten und 5ten Artikels, gleicher Rechte mit den Eingebohrnen fähig sind, haben, gegen Entrichtung der gewöhnlichen Abgaben, einen Naturalisations-Brief auszuwürken, bevor sie gewärtig seyn können, daß ihnen, den Eingebohrnen gleich, der Weg zu Ämtern offen sey.

8.

In Ansehung Unserer Pagen so wohl als der Cadetten bey denen beyden Militär-Etaten, wollen Wir und setzen hiedurch ausdrücklich fest, daß kein Knabe, als der für eingebohren geachtet werden kann, dazu angenommen werden solle und möge. Wobey Wir vollkommen versichert sind, daß Unser Königliches Haus zu allen Zeiten mit seinen Pagen derselben unveränderlichen Regel unverbrüchlich folgen und sich überhaupt zu einem angenehmen Gesetze machen werde, keine Personen beyderley Geschlechts im Dienste des Hofes zu gebrauchen, als die eingebohren sind oder dafür gehalten werden können. Wie Wir dann auch von nun an alle Stifter und Klöster in Unseren Staten einzig und allein Frauen und Jungfrauen aus den Eingebohrnen des Landes oder denen, die denselben gleichgeachtet werden, vorbehalten haben wollen.

9.

Alle Auswärtige, die nicht, nach vorherstehendem 2ten, 3ten, 4ten und 5ten Artikel, den Eingebohrnen gleich, zur Beförderung und zu Ämtern berechtiget gehalten werden können oder sollen, haben doch, sowohl als diese, vollkommene Freiheit, in Unseren Königreichen und Landen zu wohnen, und sich in alle die Wege, die Unsere Gesetze und Verordnungen zulassen und bisher zugelassen haben, zu ernähren, sollen auch daselbst allen Schutz und Achtung geniessen, die ein jeder von einer christlichen und milden Regierung nach seinem Stande erwarten kann; gleichwie auch ihre im Lande gebohrne Kinder, wenn sie in Unseren Staaten verbleiben, insgesamt für Eingebohrne vollkommen geachtet und angesehen werden sollen. So schliesset auch diese Unsere Anordnung niemanden in seiner Zunft oder Innung davon aus, nach seiner Ordnung Aeltermann oder Vorsteher der Zunft zu werden oder zu anderen Stellen dieser Art zu gelangen.

10.

Da dieser Unser hiedurch zu erkennen gegebener Wille und Anordnung in der unwandelbaren Gerechtigkeit und in dem natürlichen Bande, das die Erb- und Souveraine Könige dieses Reichs mit Ihrem Volke verbindet, gegründet ist; so sind Wir überzeuget, daß die künftigen Regenten stets derselben Art zu denken folgen werden, und daher erklären Wir diese Unsere Anordnung für ein unveränderliches und unverbrüchliches Gesetz des Reichs, welches Wir, als König und Vater, allen Unseren eigenen Descendenten heilig zu beobachten und niemals davon abzuweichen auflegen; es möchte dann ein solcher höchstbeträchtlicher und für den ganzen Staat besonders wichtiger einzelner Fall, den alle menschliche Vorsichtigkeit nicht voraussehen kann, eintreffen, der eine Ausnahme in diesem Grundgesetze unumgänglich nothwendig machte; welches jedoch in solchem Falle nie zur Folge gezogen werden oder die Kraft und stetswährende Würkung dieser Anordnung schwächen soll.

Aus derselben Vorsorge für Unser angestamtes Volk und um dasselbe bey dem natürlichen Rechte zu handhaben, das Wir durch dieses Unser Gesetz haben feststellen wollen, haben Wir Unsern werthesten und einzigen Bruder, des Erbprinzen Königl. Hoheit ersuchet, für Sich und Seine Descendenten eine Versicherungs-Acte dahin auszustellen, daß, falls die Erbfolge dermahleinst nach Gottes Willen an die andere Linie in Unserm Hause kommen solte, dieses natürliche und billige Gesetz alsdann eben so wohl ein Grundgesetz seyn und bleiben solte. Welche Acte auch Unser geliebter Herr Bruder mit dem größten Vergnügen unter heutigem Dato ausgestellet und zur Aufbewahrung in unser Archiv gesandt hat; gleichwie Wir auch wollen, daß zwey von Uns Selbst unterzeichnete gleichlautende Originalien dieses Gesetzes bey dem Königs-Gesetze aufgehoben werden sollen.

Gebieten und befehlen demnach Unseren Collegien und denen, die in obenstehendem 1sten Artikel genannt sind oder darunter verstanden werden, über die Beobachtung dieses Gesetzes genau zu wachen und sich für die Uebertretung desselben sorgfältig zu hüten. Urkundlich unter Unserm Königlichen Handzeichen und vorgedruckten Insiegel. Gegeben auf Unserer Königlichen Residentz Christiansburg zu Kopenhagen den 15ten Januarii, Anno 1776.

Christian R., A. P. V. Bernstorff, C. L. Stemann, C. L. Schütz

V. Bauernbefreiung

1. Verordnung vom 20. Juni 1788 über die Aufhebung des Schollenbandes in Dänemark

Die Schollengebundenheit oder das Schollenband [dänisch: stavnsband] war eine Erbuntertänigkeit, die dänische Bauern bis ins Jahr 1788 an die von ihnen bewirtschaftete Scholle band. Das Schollenband galt nicht in den Großherzogtümern Schleswig und Holstein und scheint auch anderswo in Europa keine Entsprechung gehabt zu haben.

Quelle 47

Da der Bauernstand der zahlreichste Teil der dänischen Bevölkerung ist, und die Stärke des Staates, sowohl bezüglich des Wehrwesens als des allgemeinen Wohlstandes, vornehmlich auf der Geschäftigkeit, Vaterlandsliebe sowie dem Mut dieses ansehnlichen Standes beruht, so kann der König von seiner Königlichen Machtvollkommenheit keinen Gebrauch machen, der ihm selbst lieber und dem Gemeinwohl nützlicher ist, als dieselbe anzuwenden, um diese bürgerlichen Tugenden zu fördern; indem er nämlich die Rechte seiner dem Bauernstand angehörenden Untertanen sorgsam beschirmet und mit Gewalt handhabet, insbesondere das der persönlichen Freiheit, die ihnen durch die von König Friedrich dem IV. erlassene Verordnung von 21. Februar 1702 geschenkt wurde, die die zu diesem Zeitpunkt in einigen Landesteilen übliche Hörigkeit [Im Original: Vorned-Ret, d. h. das dem Feudalherrn zugestandene Recht, die Bauern durch Leibeigenschaft zu binden.] aufhob, und das dem Bauernstand nicht weniger als den übrigen Ständen zukommt. Und da wir meinen, daß das Schollenband, das im gegenwärtigen Augenblick die Bauern in Dänemark an jenes Gut bindet, wo sie ihr 4. Lebensjahr vollendet haben, auf einer Einrichtung des Landheeres beruhet, nach der die Großgrundbesitzer dazu pflichtig sind, die zu der Aufrechterhaltung des Kriegsheeres erforderliche Mannschaft nach Ertragsmesszahl zur Verfügung zu stellen; so werden die Großgrundbesitzer davon befreit, Mannschaft für den Kriegsdienst bereitzustellen, indem der Kriegsdienst hiernach eine allgemeine und persönliche Pflicht ist, die dem König und Vaterland unmittelbar geleistet werden soll; und damit diese desto eifriger erfüllt werden kann, werden den vom Landvolk einberufenen Soldaten solche Vorteile zugebilligt, die sie nicht allein für die mit dem Kriegsstand verbundenen Lasten schadlos halten, sondern sogar auch eine gebührende Belohnung für ihren Dienst sein werden. Im übrigen tut der König feierlich und durch sein Königliches Wort kund, daß jene dem dänischen Bauernstand hiermit angelobte Freiheit ihre Wirkung nicht allein zu den in diesem Gesetz festgesetzten Zeitpunkten haben soll, sondern sogar auf immer unwiderruflich und auf keinerlei Weise abgeschwächt oder beschränkt werden soll.

I.) Die Schollengebundenheit an den Gütern soll ab 1. Januar 1800 ganz aufhören, damit alle aus dem dänischen Bauernstand, die zu diesem Zeitpunkt an einem Gut gebunden sind, infolge der im Folgenden angeführten Vorschriften ab den besagten Zeitpunkt ihre Freiheit haben sollen, daß sie sich in den zur Aufrechterhaltung des Landheeres vorgeschriebenen Einzugsgebieten aufhalten müssen, bis sie von der Session entlassen oder freigegeben worden sind. Hierauf dürfen sie sich überall im Reiche niederlassen und ernähren.

2. Verordnung vom 20. Februar 1789 betreffend die genauere Bestimmung der Strafen für Diebstahl und Hehlerei

Die Verordnung wurde von einer Kommission unter der Leitung des Generalprocureurs Christian Colbiørnsen verfasst. In der Einleitung werden die wesentlichen Grundsätze des Gesetzes genannt. Diese Grundsätze sind von den italienischen Kriminalisten Beccaria und Filangieri beeinflusst. Die Strafe für erstmalig begangenen Diebstahl wurde wesentlich gemildert, deswegen wurden Strafrahmen eingeführt, innerhalb deren der Richter die Strafe bestimmen konnte.

Quelle 48

Verordnung vom 20. Februar 1789

Verordnung betreffend die genauere Bestimmung der Strafen für Diebstahl und Hehlerei.

Da es des Königs Wille ist, daß die Gerechtigkeit der Strafgesetze so glimpflig sein solle, wie es die öffentliche Sicherheit zulasse, hat er es für recht gehalten, vornehmlich in bezug auf Diebstähle, welche aus vielen Ursachen die unter den gemeinen Leuten häufigsten Verbrechen sind, ein so billiges und passendes Verhältnis zwischen den verschiedenen Graden der Missetat und deren Bestrafungen zu bestimmen, daß diese letzten zur Verbesserung dienen können, wo eine solche zu erwarten wäre, und zugleich vollstreckt werden können, indem die Schuldigen weder begnadigt noch dazu veranlaßt werden, auf Begnadigung zu hoffen. In Übereinstimmung mit diesen Grundsätzen wird folgendes hiermit angeordnet und verhängt:

§ 1) Alle kleinen erstmaligen Diebstähle werden künftig zu Zuchthausarbeit von 2 Monaten bis zu 2 Jahren verurteilt. In dieser Beziehung sollen die folgenden Umstände vornehmlich in Betracht kommen, wenn der Grad der Strafe festgesetzt werden soll:

Das Alter und die Erziehung des Verbrechers, sein vorausgegangenes Leben, seine jetzige Verfassung, die Veranlassung der Tat, der Wert des Gestohlenen unter besonderer Berücksichtigung der Lebensbedingungen des Verletzten, und, endlich, ob der Verbrecher in derselben Sache mehrerer Diebstähle schuldig befunden wird oder bei dem Bestohlenen dient.

§ 2) Wenn ein wegen kleiner Diebstähle schon Verurteilter zum zweiten Mal desselben Verbrechens schuldig befunden wird, so ist er (nach den in § 1 genannten Umständen) zu drei- bis fünfjähriger Haft oder Festungsarbeit zu verurteilen, und, wenn es eine Person weiblichen Geschlechts ist, zu drei- bis fünfjähriger Zuchthausarbeit.

§ 3) Beim dritten Mal sind die Schuldigen zu lebenslänglicher Festungs- oder Zuchthausarbeit zu verurteilen.

§ 4) Wenn jemand Pferde oder großes Vieh auf dem Feld stiehlt, in ein Haus einbricht, Schiffbrüchige bestiehlt oder andere schwere Diebstähle solcher Art begeht, für welche die vorigen Gesetze und Anordnungen die höchste Diebsstrafe festsetzen, soll der Schuldige als Strafe am Schandpfahl ausgepeitscht werden und lebenslänglich in der Festung oder im Zuchthaus arbeiten.

§ 5) Sollte jemand, der nach § 3 oder § 4 verurteilt worden ist, wieder schuldig des Diebstahls befunden werden, soll er am Schandpfahl ausgepeitscht, an der Stirn gebrandmarkt und unter scharfer Bewachung wieder zur Verbüßung seiner lebenslänglichen Arbeitsstrafe unterbracht werden.

§ 6) Zehn- bis fünfzehnjährige Kinder werden zum ersten Mal mit der Rute vom Schließer unter der Aufsicht des Vogts bestraft; geschieht es aber des öfteren, dann mit zweimonatiger bis zweijähriger Zuchthausarbeit, nach den in § 1 festgesetzten Regeln.

§ 7) Mitwissern und Hehlern der Diebe, die nicht selbst an der Tat teilgenommen haben, soll beim ersten Mal eine willkürliche Zuchthausstrafe verhängt werden, und zwar von 1 Monat bis zum 1 Jahr. Diese Strafe soll verdoppelt werden, wenn das Versehen wiederholt wird. Falls es aber des öfteren geschieht, soll der Verbrecher zu lebenslänglicher Festungs- oder Zuchthausarbeit verurteilt werden.

§ 8) Endlich sind die Schuldigen dazu verpflichtet, dem Verletzten den Wert des Gestohlenen zu ersetzen, wenn er es nicht unbeschädigt zurückbekommen hat. Die vom Gesetze vorgesehene Verdoppelung des Ersatzes und die Verwirkung des persönlichen Vermögens sollen dahingegen nicht erfolgen. Im Übrigen ist es der ernste Wille des Königs, daß die durch diese Verordnung festgesetzten Strafen nach den gefällten Urteilen vollstreckt werden sollen, und zwar so daß weder Straferlaß noch Begnadigung erwartet werden kann.

3. Verordnung vom 3. Juni 1796 über die ordentliche und schnelle Pflege der Prozesse

Mit dieser umfangreicher Verordnung, die auf einem Entwurf des Generalprocureurs Christian Colbiørnsen baut, wurden wichtige Reformen in die Rechtspflege eingeführt. Was die Strafrechtspflege betrifft, wurde wahrscheinlich unter dem Eindruck der französischen Verfassung vom 14. September 1791 in § 25 festgelegt, dass ein Festgenommener innerhalb von 24 Stunden einem Richter vorgeführt werden soll. Dieses Prinzip ist in den Grundgesetzen seit 1849 wiederholt worden und nunmehr im Grundgesetz vom 5. Juni 1953 in § 71 Abs. 3 enthalten.

Quelle 49

Verordnung vom 3. Juni 1796 über die ordentliche und schnelle Pflege der Prozesse.

§ 25.) Wenn jemand wegen einer begangenen Übeltat oder eines verübten Verbrechens festgenommen und verhaftet worden ist, dann soll der betreffende Richter [Anm.: Im Original: Rettens-Betient, d.h. Beamter, der meistens als Richter an einem Amtsgericht angestellt ist.] den Angeklagten oder den angezeigten Schuldigen innerhalb von 24 Stunden vernehmen lassen, und zugleich Erklärungen von den Anwesenden zur Kenntnis nehmen, die Aufschlüsse über die Sache geben können.

VI. Recht und Rechtwissenschaft im 19. Jahrhundert

1. Anders Sandøe Ørsted

Der Jurist Anders Sandøe Ørsted (1778-1860) nimmt in der dänischen Rechtsgeschichte als Gründer der dänischen Rechtswissenschaft eine Sonderstellung ein. Als hoher Beamter der königlichen Kanzlei und Staatsmann hat er eine herausragende Rolle gespielt. Seine Werke umfassen eine Reihe von Monographien und Aufsätzen auf fast allen Gebieten des damaligen Rechts. Auch hat er sich mit der ausländischen Rechtswissenschaft und Gesetzgebung seiner Zeit eingehend beschäftigt. Die Debatte um ein neues bayrisches Strafgesetzbuch hat ihn auch zur Diskussion mit N. Th. Gönner angeregt. Seine Bemerkungen sind als „Abhandlungen auf dem Gebiet der Moral- und Gesetzgebungsphilosophie“ in den Jahren 1823-26 erschienen.

Quelle 50

Zu Bemerkungen über das im Jahre 1813 für das Königreich Bayern erschienene Strafgesetzbuch, und Beurtheilung desselben, sowohl im Ganzen als im Einzelnen, habe ich mich, theils in mehreren Dänisch geschriebenen Aufsätzen, theils in meiner, als ersten Theil dieser Abhandlungen erschienenen, Schrift: „über die Grundregeln der Strafgesetzgebung", vielfach veranlaßt gefunden. Manches und nicht unerhebliches habe ich an demselben auszustellen gehabt, habe es aber dennoch im Ganzen als die reifste Frucht der strafrechtlichen Einsichten des Zeitalters anerkennen müssen. Dieses Gesetzbuch zeichnet sich aus durch scharfe Auffassung, sowohl der allgemeinen Begriffe und Grundsätze, als auch der Charaktere der einzelnen Verbrechen, durch Consequenz und Verhältnismäßigkeit in den Strafbestimmungen. Es vereinigt körnigte Kürze mit einer Vollständigkeit, die keine andre Strafgesetzgebung erreicht hat. Man kann dieses Werk, weder einer Strenge beschuldigen, welche, der Denkart des Zeitalters unangemessen, statt Sicherstellung der gesellschaftlichen Ordnung, vielmehr Straflosigkeit nach sich ziehen möchte, noch einer übertriebenen Milde, welche die öffentliche Moralität entkräften, die bürgerliche Sicherheit gefährden, würde. Es hält die Mitte zwischen den beyden Extremen, einerseits den verschiedenen subjectiven Ansichten der Richter Alles zu überlassen, andrerseits den Gerichten solche Bande aufzulegen, daß es diesen unmöglich werden würde, die Strafen nach der verschiedenen Größe der Verbrechen und der verschiedenen Strafwürdigkeit der Verbrecher abzumessen. Doch kann man allerdings jenem Gesetzbuche bloß im Ganzen genommen diese vorzügliche Eigenschaften nachrühmen; im Einzelnen sind oft Misgriffe begangen, die an sich, und wenn man das Werk mit dem vergleicht, was man wünschen könnte, weder gering an Zahl, noch geringfügig an Gewicht sind, dennoch aber, wenn man es mit andern Werken der Gesetzgebung zusammenstellt, das vorteilhafte Urtheil, welches man darüber zu fällen sich bewogen gefunden, nicht herabsetzen können.

Dieses Gesetzbuch hat indessen kein glückliches Schicksal gehabt. Schon ehe der Entwurf, der demselben zu Grunde liegt, Gesetzeskraft erhielt, ward er einer Revision unterworfen, die ohne Zweifel weit mehrere Fehler in das Gesetzbuch hineingebracht, als an demselben verbessert hat. Der Mann, der die Revision leitete, Gönner, war ein entschiedener Gegner Feuerbachs, des berühmten Verfassers des Gesetzentwurfs. Jener Rechtsgelehrte hat sich in einem andern Zweige des Rechtswissenschaft, der Lehre vom gerichtlichen Verfahren, ausgezeichnete Verdienste erworben, welche er jedoch durch seine späteren Arbeiten in diesem Fache, in denen man, wenn ausgenommen wird, was aus seinen ältern Schriften herübergegangen ist, falscher Klüglerei weit mehr, als lichtvoller und gründlicher Erörterung findet, eben nicht sehr vermehrt hat. Seine kriminalistischen Versuche aber bezeigten mehr die Lust, als die Fähigkeit, auch in diesem Fache als Reformator aufzutreten. Freilich sah er dies als eine gar leichte Sache an, und um zu zeigen, welch' eine geringe Arbeit es sey, ein Strafgesetzbuch auszuarbeiten, lieferte er eine merkwürdige Berechnung darüber, wie man nur eine Octavseite des Tages zu schreiben brauchte, um in einem Jahre ein Strafgesetzbuch von hinlänglichem Umfange zu vollenden, und doch noch vierzig Tage zur Revision übrig zu behalten; auch ein mittelmäßiger Kopf, meinte er, würde eine solche Ausarbeitung anternehmen können. So wie aber grade diese Berechnung eben keine großen Gedanken von seinem Berufe zur Thätigkeit im Fache der Strafgesetzgebung erwecken konnte, so enthielten denn auch seine eigenen criminalistischen Betrachtungen eine Menge Beweise verworrener Begriffe nicht minder, als seiner Reformationssucht und übermächtigen Betrachtungen andrer criminalistischer, besonders der Feuerbachischen, Werke. Wie Gönner, durch die Revision, eine nicht geringe Anzahl von Veränderungen, die selten Verbesserungen waren, in den Entwurf hineinzubringen gewußt, so bewirkte er auch, als Redacteur des authentischen Commentars über das Gesetzbuch, der mit Untersagung eines jeden andere Commentars ans Licht trat, daß vieles, welches bey der Redaction des Gesetzbuches noch nicht verändert worden war, nach seinen Ansichten ausgelegt wurde, nicht selten gegen den völlig klaren Inhalt des Gesetzes. Da der Verfasser des Entwurfs, kurz nach der Kundmachung des Gesetzbuches, von seinem Posten, dem eines würklich frequentirenden Geheimraths und geheimen Referendars in Justits-Sachen zurücktrat, und die Geschäfte dieses Amtes dagegen in die Hände seines Gegeners geriethen, ward auch das Gesetzbuch in vielen Punkten verändert, theils ausdrücklich durch neue Verfügungen, theils, und zwar noch mehr, weniger unverhohlen, durch eine Menge auslegender Rescripte.

Die Aufnahme jenes neuen Gesetzbuches im wissenschaftlichen Publikum war eben auch nicht sehr günstig. Die Grundansicht, auf welche Feuerbachs, einige Jahre früher aufgestellte, Strafrechtstheorie gegründet worden war, die Idee eines abgesonderten, für sich bestehenden Rechtssystems, das auf einem eigenthümlichen Principe beruhen, einen von den übrigen Endzwecken der Menschheit unabhängigen Zweck haben, und, ohne der Mitwirkung der Gottesfurcht, der Liebe und der rechtlichen Gesinnung zu bedürfen, durch einen wohl eingerichteten psychologischen Mechanismus in Kraft gesetzt werden sollte, – diese Grundansicht, zu der das Zeitalter früher sich hingeneigt hatte, war jetzt verdrängt worden. Wenige wußten indeß sich Rechenschaft abzulegen, was an jener Theorie eigentlich Schiefes und Einseitiges sey; im Allgemeinen waren es nur dunkle, ohnehin verknüpfte Vorstellungen und hochtönende, nur halbverständliche Redensarten, welche man, [...]

2. Anordnung vom 29. Juli 1814 über das gemeine Schulwesen in den dänischen Städten, Kopenhagen ausgenommen

Im Laufe des 18. Jahrhunderts wurde die Notwendigkeit einer Reform des dänischen Schulwesens offensichtlich. Unter dem Einfluss der Gedanken der Aufklärung wurde 1789 die sogenannte Große Schulkommission eingesetzt, die bis 1814 wirkte. Ergebnis der Kommissionsarbeit waren drei Anordnungen von 1814 über das gemeine Schulwesen auf dem Lande, in den Städten und in Kopenhagen. Mit den Anordnungen wurde eine allgemeine Schulpflicht endgültig eingeführt, wobei der Unterricht in den öffentlichen Schulen kostenlos gegeben werden sollte.

Quelle 51

Anordnung vom 29. Juli 1814 über das gemeine Schulwesen in den dänischen Städten, Kopenhagen ausgenommen

Gründe:

Wie der König eine Anordnung vom heutigen Datum über die zukünftige Einrichtung der gemeinen Schulen auf dem Lande ausgestellt und durch ein Sonderreglement gebilligt hat, wie der Unterricht in den Schulen der gemeinen Bürger in Kopenhagen von jetzt an geregelt werden soll, so hat er auch landesväterlich, nach denselben Grundsätzen, für die Förderung des Unterrichts der Jugend in den übrigen dänischen Städten Sorge getragen; doch werden die besonderen Umstände jeder Stadt und die verschiedenen in den einzelnen Städten für die Schüler zugänglichen Gewerbe berücksichtigt, daß sie später als Händler, Künstler oder Handwerker der bürgerlichen Gesellschaft nützlich werden. Zu diesem Zweck werden hier der Wille und Befehl des Königs betreffend die Einrichtung und Leitung des gemeinen Schulwesens in diesen dänischen Städten kundgegeben.

3. Verordnung vom 26. Januar 1821 betreffend das juristische Studium

1821 sind neue Vorschriften über das juristische Studium ergangen, durch die neue Fächer eingeführt wurden. Das dänische Recht wurde von allen Professoren gelesen. Als weitere Fächer wurden eingeführt: Encyclopädie der Rechtswissenschaft, Rechtsgeschichte, Hermeneutik und Völkerrecht, die jetzt neben dem dänischen Recht, allgemeiner Rechtslehre und Römischem Recht gelesen wurden. Für die soziale Stellung der Juristen war es wichtig, dass die neue Verordnung ausgebildeten Juristen ein Monopol auf höhere Ämter im Staatsdienst sowie auch alle Richterämter einräumte.

Quelle 52

Verordnung vom 26. Januar 1821

Verordnung betreffend das juristische Studium

§ 15.) Nur wer sich einem von den beiden vorher erwähnten Examina unterzogen und darin ein Zeugnis erworben hat, kann erwarten, ein königliches oder öffentliches Amt anzutreten, das Kenntnis von Gesetz und Recht fordert. [...]

§ 16.) Wie es in Paragraph 15 festgesetzt ist, zu welchen Ämtern künftighin ein vollständiges juristisches Examen verlangt wird, wird es ferner festgesetzt, daß man sowohl in der theoretischen als auch in der praktischen Prüfung bei diesem Examen die beste Zensur erworben haben soll, um eine Anstellung in folgenden Ämtern zu erlangen ... [Ämterliste weggelassen].

4. Verordnung vom 11. April 1840 betreffend die Strafe für Diebstahl, Betrug, Fälschung und andere damit verwandte Verbrechen

Anfang des 19. Jahrhunderts war die Hauptgrundlage der Strafgesetzgebung das Gesetzbuch von 1683, und trotz wichtiger Erneuerungen in der zweiten Hälfte des 18. Jahrhunderts war eine Reform der Gesetzgebung offenbar notwendig. Eine Reform, wenn auch nur teilweise, wurde mit vier Verordnungen zwischen 1833 und 1841 erlassen. Die Hauptkraft hinter diesen Verordnungen war Anders Sandøe Ørsted, der mit den neueren Strömungen in der deutschen Strafrechtswissenschaft, vor allem mit Feuerbach, vertraut war. In den Verordnungen wurden allgemeine Regeln für den Versuch und die Teilnahme eingeführt. Außerdem enthielten sie eine genaue Beschreibung der einzelnen Verbrechen: Körperverletzung (Verordnung vom 4. Oktober 1833), Diebstahl, Betrug, Fälschung usw. (Verordnung vom 11. April 1840), falsches Zeugnis und Meineid (Verordnung vom 15. April 1840) und Brandstiftung (Verordnung vom 26. März 1841).

Quelle 53

Nach einer genaueren Erwägung der von den beiden Versammlungen der dänischen Provinzialständen abgegebenen Gutachten über den ihnen vorgelegten Entwurf zu einer Verordnung betreffend die Strafe für Diebstahl, Betrug, Fälschung und andere damit verwandte Verbrechen hat der König für gut gehalten, folgendes zu befehlen:

§ 1) Strafe für erstmalige kleinere Diebstähle. Die Strafe für Diebstahl soll, wenn dieser mit keinem besonderen Umstand verbunden ist, wodurch einer der nachstehenden Vorschriften eine Änderung herbeiführt, bei den geringeren Graden, Gefängnis bei Wasser und Brot sein, und zwar von 2 mal 5 bis auf 6 mal 5 Tage, und sonst bis auf vierjährige Strafarbeit.

§ 2) Der Einfluß vom Wert des Gestohlenen auf die Strafe. Bei der Wahl zwischen einem höheren und einem geringeren Grad der Strafe nach § 1 muß die Größe der Diebstähle von den Gerichtshöfen berücksichtigt werden, und zwar nicht nur der Wert der gestohlenen Sachen für sich, sondern auch der besondere Schaden, den der Verletzte entweder wegen der Verbindung dieser Sachen mit einer anderen Sache, wovon sie abgesondert worden sind, oder aus anderen Ursachen erlitten haben möge.

§ 3) Erschwerende Umstände. Neben dem in Übereinstimmung mit § 2 dem Wert des Gestohlenen beizumessenden Einfluß sollen die folgenden Umstände vornehmlich als Gründe zur Anwendung eines erhöhten Strafgrades in Betracht kommen: 1) Wenn die gestohlene Sache solcher Art ist, daß der Betreffende sie nicht in angemessener Verwahrung hatte halten können; 2) Wenn jemand durch Gewalt, mittels Dietriche, falscher oder gestohlener Schlüssel, oder indem er ein Siegel aufgebrochen hat, einen Schrank, eine Kiste oder einen geheimen Aufbewahrungsort geöffnet hat, oder das Verbrechen im übrigen mit besonderer Absicht, Schlauheit oder Dummdreistigkeit verbunden ist; 3) Wenn der

Schuldige sich in einem zwangfreien Zustand befunden hat; 4) Wenn er im Dienst des Bestohlenen gestanden hat oder aus anderer Ursache demselben besondere Treue und Sorgfalt schuldig gewesen ist; 5) wenn ansonsten seine Stellung, sein Verhältnis zum Bestohlenen oder dessen Vertrauen ihm eine besondere Gelegenheit zu dem von ihm verübten Diebstahl gegeben hat; 6) wenn das Verbrechen, ohne ganz als einer der Diebstähle betrachtet werden zu können, wofür im Folgenden eine erhöhte Strafe vorgesehen ist, doch in bezug auf die diesen zum Gegenstand einer verschärften Strafvorschrift machenden Eigenschaften an einen solchen grenzt; 7) Wenn das übrige Handeln des Verbrechers davon zeugt, daß eine strenge Strafe nötigt ist, um seine verbrecherische Neigung zu überwinden; 8) Wenn er in derselben Sache mehrerer Diebstähle für schuldig befunden wird, weshalb nicht nur der Gesamtbetrag aller gestohlener Sachen, sondern auch der durch das wiederholte Verstoßen an den Tag gelegte größere Hang zu Übeltaten in Betracht kommen sollen.

§ 4) Mildernde Umstände. Dagegen sollen besonders die folgenden Umstände als Milderungsgründe bei der Anwendung der Strafe in Betracht kommen: Jugend, Einfalt, versäumte Erziehung, Verführung, unverschuldeter Drang, vorausgehendes gutes Benehmen, die wegen fahrlässiger Bewachung besondere Möglichkeit, sich zu vergehen, ehrliches Geständnis und Bereitschaft, für die Schadloshaltung des Bestohlenen zu wirken.

5. Sprachreskript (29. Dezember 1840)

Die dänische Sprache war im 19. Jahrhundert in den Herzogtümern gefährdet. Ein Versuch von dänischer Seite, gegen den „Schleswigholsteinismus“ vorzugehen, war der Vorschlag 1838 von Nis Lorenzen Lilholt auf der Ständerversammlung zu Schleswig, Dänisch als Rechtssprache in den nordschleswigschen Gebieten einzuführen. Dort wurde bereits Dänisch in Schulen und Kirchen gesprochen. König Christian VIII. unterstütze diese Bestrebungen, sodass mit dem Reskript vom 26.Mai 1840 die dänische Rechtssprache in einigen Teilen des nördlichen Schleswigs eingeführt wurde.

Quelle 54

Chronologische Sammlung der im Jahre 1840 ergangenen Verordnungen und Verfügungen für die Herzogthümer Schleswig und Holstein ...

66. Rescript an 1) das Amtshaus zu Hadersleben, 2) Apenrade, 3) Tondern, 4) Sonderburg, 5) das Oberinspectorat der Herzoglich Augustenburgischen und Gravensteinischen Güter, 6) die Administration der Güter Gramm und Nübbel. 7) die Obrigkeit der Güter Seegraarden und Ahretoft, 8) Grüngrift, 9) Schobüllgaarde, 10) Landgaard, 11) das Inspectorat der Grafschaft Reventlow-Sandberg, 12) das Stadt- und Landgericht zu Arrdeskjöping, betr. den Gebrauch der Dänischen Sprache in Regierungs- und Rechtssachen, und den Unterricht in der Deutschen Sprache, in gewissen Districten des Herzogthums Schleswig.

Se. Majestät der König haben unterm 14ten d. M. nachstehendes allerhöchste Rescript an die Regierung zu erlassen geruht:

Nachdem Uns das Gutachten Unserer getreuen Provinzialständeversammlung des Herzogthums Schleswig, in Betreff der Sprachverhältnisse im nördlichen Theil dieses Herzogthums, alleruntertänigst vorgetragen worden, haben Wir Folgendes zu resolviren Uns allerhöchst bewogen gefunden.

In den Districten Unseres Herzogthums Schleswig, wo die Dänische Sprache die Kirchen- und Schulsprache ist, soll künftig in allen Regierungs- und Rechtssachen die Dänische Sprache statt der Deutschen gebraucht werden, und zu dem Ende in den erwähnten Districten allen Beamten die Verpflichtung obliegen, sich bei allen ihren Ausfertigungen, sowohl in Administrativ- als in Rechtssachen, der Dänischen Sprache zu bedienen. Diejenigen Beamten in den betreffenden Districten, welche der Dänischen Sprache hinlänglich mächtig sind, haben mit dem Gebrauch dieser Sprache bei ihren Ausfertigungen von dem 1sten Januar künftigen Jahres an, den Anfang zu machen, hinsichtlich der Beamten aber, welche der Dänischen Sprache in dem angegebenen Grade nicht mächtig sind, ist Bericht zu erstatten. Dabei ist es Unser Wille, daß dem Dänischen Texte Unserer allerhöchsten Verordnungen und er Collegialpatente Gültigkeit gegeben werden soll.

Den Lehrern an den Districtschulen Unseres Herzogthums Schleswig, in welchen in Gemäßheit der allgemeinen Schulordnung vom 24 sten August 1814 der Unterricht in Dänischer Sprache ertheilt wird, soll die Verpflichtung obliegen, denjenigen Schulkindern, deren Eltern oder Vormünder solches wünschen, außer der gewöhnlichen Schulzeit in drei Privatstunden wöchentlich Unterricht in der Deutschen Sprache zu ertheilen. Diejenigen Lehrer, welche derselben hinreichend kundig sind, haben gegen eine annoch näher zu bestimmende Vergütung, vom 1sten Januar 1841 an, damit den Anfang zu machen. In Zukunft ist aber den Lehrern an den gedachten Schulen die unentgeltliche Ertheilung dieses Unterrichts bei dieser Aufstellung aufzuerlegen, und jeder Schullehrer, so wie jeder Seminarist, welcher als Unterlehrer oder Gehülfe an einer dieser Districtschulen angestellt, oder zu einer solchen versetzt zu werden wünscht, hat in der von dem bekommenden Prosten mit ihm anzustellenden Prüfung nachzuweisen, daß er der Deutschen Sprache so kundig ist, um im Lesen und Schreiben derselben Unterricht ertheilen zu können.

Dem Amtshause zu Hadersleben (Apenrade ec.), (dem Oberinspectorate ec.) wird hiedurch aufgegeben, dies allerhöchste Rescript

ad 1) in dem Amte Hadersleben, mit Ausnahme von Christiansfeld,
ad 2) in den Aemtern Apenrade und Lygumkloster,
ad 3) in der Hoyer-, Schlux- und Lundtoftharde,
ad 4) in den Aemtern Sonderburg, Norburg und der Insel Arroe,
ad 5) in den Herzoglich Augustenburgischen und Gravensteinischen Gütern,
ad 6) in den Gütern Gramm und Nübbel,
ad 7) in den Gütern Seegaarden und Ahretoft,
ad 8) in dem Gute Grüngrift,
ad 9) in dem Gute Schobüllgaarde,
ad 10) in dem Gute Langaarde,

ad 11) in der Grafschaft Reventlow-Sandberg,
ad 12) in der Stadt Arrdeskiöping,
zur öffentlchen Kunde zu bringen[Eine Mittheilung des allerhöst unmittelbaren Rescripst vom 14ten Mai 1840 ist gleichfalls an den Oberconstistorialrath Generalsuperintendenten Callisen, und an die Kirchenvisitatoren der Propsteien Hadersleben, Apenrade und Lygumkloster, Tondern und Sonderburg, so wie an die Justitiare der obengedachten adligen Güter ergangen.].

Urkundlich ec. Gegeben in der Königl. Schleswig-Holsteinischen Regierung auf Gottorf, den 26sten Mai 1840.

Regierungsschreiben, betr. die Ausführung der wegen des Gebrauchs der Dänischen Sprache in Regierungs- und Rechtssachen in gewissen Districten des Herzogthums Schleswig getroffenen Anordnungen.

Nachdem die von den Beamten in den Districten des Herzogthums Schleswig, wo die Dänische Sprache die Kirchen- und Schulsprache ist, in Gemäßheit des allerhöchsten Restricts vom 14ten Mai d. J. eingezogenen Erklärungen über ihre Befähigung, bei allen ihren Ausferigungen in Regierungs- und Rechtssachen vom 1sten Jan. d. J. an die Dänische Sprache statt der Deutschen zu gebrauchen, der Königl. Schleswig-Holsteinisch-Lauenburgischen Kanzelei vorgelegt worden sind, hat dieselbe, mit Rücksicht auf die in einigen dieser Erklärungen geäußerten Zweifel darüber, in welchem Umfange die obgedachte allerhöchste Anordnung zur Ausführung zu bringen sey, sich veranlaßt gesehen, mittelst Schreibens vom 22sten d. M. der Regierung Folgendes mitzuteilen.

So wie die Vorschrift wegen Gebrauchs der Dänischen Sprache statt der Deutschen auf die Führung sämmtlicher Protocolle Anwendung leide, so sey auch eine Ausnahme hinsichtlich der Eingaben und Vorträge der Advocaten in allen bei den Behörden der betreffenden Districte zu verhandelnden Sachen nicht für zulässig zu halten. Eine solche Ausnahme würde vielmehr ebensowohl allgemeinen Vorschrift des allerhöchsten Rescripts vom 14ten Mai d. J., daß in den betreffenden Districten künftig in allen Regierungs- und Rechtssachen die Dänische Sprache statt der Deutschen gebraucht werden soll, widerstreiten. Es hätten daher die Advocaten in den Districten, in welchen den Beamten in Folge ihrer genügenden Befähigung die Verpflichtung obliege, vom 1sten Jan. k. J. an die Dänische Sprache statt der Deutschen an allen Regierungs- und Rechtssachen, mithin auch in solchen, bei denen Anwälde auftreten, zu gebrauchen, sich bei ihren Eingaben und Vorträgen in den bei diesen Beamten zu verhandelnden Sachen gleichfalls von dem angegebenen Zeitpunkte an der Dänischen Sprache zu bedienen, und werde in den übrigen Districten dieselbe Verpflichtung für sie eintreten, sobald die hinreichende Befähigung der Beamten den vollständigen Gebrauch der Dänischen Sprache möglich mache.

Jener allgemeinen Vorschrift werde es ferner nicht für entsprechend erachtet werden können, daß die Beamten sich bei denjenigen amtlichen Ausfertigungen, welche in den fraglichen Districten zu Anwendung kommen sollen, je nach dem Wunsch einzelner Betheiligter, neben der Dänischen Sprache auch der Deutschen zu bedienen, sondern es werde ihnen obliegen, bei allen Ausfertigungen dieser Art, welche sie in Dänischer Sprache zu beschaffen fähig und in Folge hievon verpflichtet seyen, lediglich diese Sprache als die amtliche zu gebrauchen. Dasselbe gelte von den Ausfertigungen der Notare, sobald die Dänische Sprache durch hinreichende Befähigung der Beamten in vollem Umfange die öffentliche Geschäftssprache geworden sey.

In den Vorschriften des mehrgedachten allerhöchsten Rescripts sey es nicht minder als begründet anzusehen, daß die von Beamten der betreffenden Districte in Folge Antrags höherer Behörden an Untergehörige auszufertigenden Eröffnungen ohne Rücksicht darauf, in welcher Sprache der Auftrag ergangen sey, bei stattfindender Befähigung stets in Dänische Sprache auszufertigen seyen, während die von höheren Behörden unmittelbar an Untergehörige gerichteten Resolutionen und Bescheide denselben nach wie vor lediglich im Original zu behändigen seyen.

Rücksichtlich der zu erstattenden Berichte und der mit anderen Behörden zu führenden Correspondenzen, welche dem Geschäftsverkehr mit den Untergehörigen nicht beizuzählen seyen, werde es dagegen den Beamten überlassen bleiben, sich sowohl der Dänischen als der Deutschen Sprache zu bedienen.

Was im Uebrigen diejenigen Beamten anlange, welche nach ihrer Erklärung nicht hinreichend befähigt seyen, mit dem Gebrauch der Dänischen Sprache in allen Administrativ- und Rechtssachen vom 1sten Jan. k. J. an den Anfang zu machen, so werde denselben jedenfalls die Verpflichtung obliegen, sich der Dänischen Sprache bei allen den Ausfertigungen zu bedienen, die bisher in dieser Sprache von ihnen haben beschafft werden können, und werde es erwartet, daß sie angewandt seyn werden, sich die Befähigung anzueignen, der allerhöchsten Absicht baldthunlichst vollständiger zu entsprechen. Namentlich sey diese Verpflichtung auch dann für begründet zu erachten, wenn für denselben District mehrere Beamte angesetzt seyen, von denen einzelne zur Zeit einer hinreichenden Fertigkeit in der Dänischen Sprache ermangeln, in sofern diese an den Ausfertigungen nicht unmittelbar Theil nehmen, während in den Fällen, wo die amtlichen Handlungen von ihnen gemeinschaftlich vorzunehmen seyen, der Gebrauch der Deutschen Sprache einstweilen in dem bisherigen Umfange werde fortdauern müssen, so lange einer derselben die zur Theilnahme an den Amtsverrichtungen in Dänischer Sprache erforderlichen Kunde dieser Sprache noch nicht besitze.

Vorstehendes ist, dem oberwähnten Kanzeleischreiben zufolge, sämmtlichen Beamten in den betreffenden Districten zu ihrer Nachricht und Nachachtung soweit es sie angeht, zu eröffnen, und ersuchen wir daher das Königl. Amtshaus (Oberinspectorat u. f. m.) in dieser Hinsicht für --- das Erforderliche wahrzunehmen.

Königl. Schleswig-Holsteinische Regierung auf Gottorf, den 29sten Dec. 1840.

6. Anordnung vom 13. August 1841 über Landgemeinden

Im Laufe des Mittelalters entwickelte sich eine gewisse Selbstverwaltung in den dänischen Städten, die aber seit dem 16. Jahrhundert mit Ausnahme von Kopenhagen durch einen steigenden staatlichen Einfluss geschwächt wurde. In der ersten Hälfte des 19. Jahrhunderts, während des Absolutismus, wurden wichtige Reformen eingeleitet, die dazu führten, dass Dänemark in gemeindliche Einheiten sowohl in den Städten als auch auf dem Lande eingeteilt wurde. Mit Anordnungen vom 24. Oktober 1837, 1. Januar 1837 und 13. August 1841 wurden Gesetze über die Verwaltung der Städte, von Kopenhagen und der Landgemeinden erlassen. Mit dem Grundgesetz von 1849 wurde das Recht der Gemeinden, unter der Aufsicht des Staates ihre Angelegenheiten selbständig zu ordnen, verfassungsmässig garantiert.

Quelle 55

In der Überzeugung, daß eine freie und wohlgeordnete Verfassung der Gemeinden nicht nur für die Bürger größere Sicherheit bezüglich der zweckmäßigen und zuverlässigen Verwaltung der Angelegenheiten in der ihnen nächsten Gemeinschaft bedeutet, sondern daß sie auch einen nützlichen Einfluß darauf haben möge, größeren Eifer sowie den rechten Sinn für das Gemeinwohl zu nähren, hat der König seit seiner Thronbesteigung stets viel Wert darauf gelegt, die Ordnung der Verhältnisse in den Gemeinden Dänemarks zu vollenden, die von seinem verewigten Vorgänger teils schon begonnen, teils vorbereitet waren. Der König hat deshalb den zuletzt versammelten, dänischen Ständeversammlungen [Anm.: Im Original: Provindsialstænder, d.h. die vier um 1830 eingeführten Ständeversammlungen (Schleswig, Holstein, Nordjütland und die Inseln), die auf die Gesetzgebung einen ratgebenden Einfluß gewannen.]einen Entwurf zu einer Anordnung über die Landgemeinde unterbreiten lassen, und nachdem er sich die von den Ständeversammlungen erstatteten Gutachten über den besagten Entwurf sorgfältig überlegt hat, gebietet und heißt der König folgendes:

1) Auf dem Lande soll die Angelegenheiten der Gemeinde künftig von einem Amtsgremium in jedem Amt und von einer Gemeindevertretung in jedem Kirchengemeindebezirk verwaltet werden, doch sollen die heutigen Sondervorstände der Schulbehörden beibehalten werden.

7. *Verordnung vom 5. März 1845 betreffend die Vorschriften, die bezüglich Enteignung von Grundbesitz u.a. anlässlich des Baus der Eisenbahnen in Dänemark beobachtet werden sollen*

Der Bau „zweckmäßiger Eisenbahnen" machte es in den vierziger Jahren des 19. Jahrhunderts notwendig, eine gesetzliche Grundlage für die Enteignung privaten Grundbesitzes zu schaffen. In Übereinstimmung mit früheren Verordnungen betonte diese Verordnung die Bedeutung für das „Gemeinwohl", so wie sie später in den Grundgesetzen seit 1849 zum Ausdruck kam.

Quelle 56

Die große Bedeutung zugunsten des Verkehrs, die dem Bau zweckmäßiger Eisenbahnen im allgemeinen beigemessen wird, hat den König dazu bewogen, in Erwägung zu ziehen, ob nicht, zu solch einem Zweck, das Nötige in Hinsicht auf sowohl Enteignung als auch Entschädigung derselben gesetzlich zu regeln wäre. Nachdem der König von den beiden Ständeversammlungen [Anm.: Im Original: Provindsialstænder, d.h. die vier um 1830 eingeführten Ständeversammlungen (Schleswig, Holstein, Nordjütland und die Inseln), die hinsichtlich der Gesetzgebung eine beratende Funktion innehatten.] Dänemarks ein Gutachten über einen in bezug hierauf verfaßten Gesetzentwurf hat einziehen lassen, lautet der Gesetzesentwurf folgendermaßen:

1) Wie der früher in mehreren besonderen Anordnungen vorausgesetzte und in dem Erlaß vom 31. Juli 1801 als allgemeine Vorschrift verkündete Grundsatz, daß jeder Eigentümer, dessen Eigentum zur Ausführung einer für das Gemeinwohl notwendigen Vorrichtung benötigt wird, dazu verpflichtet ist, dasselbe gegen billige und vollständige Entschädigung abzutreten, soll nach dem Erlaß vom 28. Dezember (Resolution vom 5. Dezember) 1809 bezüglich jeder durch den König gebilligten Kanalanlage gelten; so soll der Grundsatz auch, nach den folgenden Vorschriften, für alle Eisenbahnanlagen gelten, seien sie auf Rechnung des Königs, oder, nach höchster Konzession, von privaten Bauunternehmern, namentlich Aktiengesellschaften, ausgeführt. Dieses soll sowohl bezüglich der Grundstücke anwendbar sein, deren endgültige Abtretung die Anlage erfordert, als auch wenn solche Grundstücke nur vorübergehend für die Errichtung der Anlage notwendig sind, namentlich auch zur Benutzung des erforderlichen Straßenmaterials.

8. Verordnung vom 21. Mai 1845 über einige Veränderungen der Erbgesetze

Die Verordnung beruht im Wesentlichen auf einem Entwurf von Anders Sandøe Ørsted, der, was die legale Erbfolge betrifft, vom österreichischen Gesetzbuch (ABGB 1811) beeinflusst war. In seinen Schriften hatte Ørsted das im ABGB aufgestellte Parentelsystem als ein Muster hervorgehoben. In der Verordnung wurden wichtige Änderungen, die auf Dispensen von den erbrechtlichen Bestimmungen im dänischen Gesetzbuch beruhten, legalisiert, z.B. die Testierfreiheit in Art. 21. Die Verordnung hat ihre Gültigkeit bis zum Erbgesetz von 1963 behalten.

Quelle 57

Anläßlich eines von den Ständeversammlungen[Anm. Im Original: Provindsialstænder, d. h. die vier um 1830 eingeführten Ständeversammlungen (Schleswig, Holstein, Nordjütland und die Insel), die eine beratende Funktion innehatten.] des nördlichen Jütlands 1840 eingesandten Antrags hat der König in Erwägung gezogen, welche Veränderungen und genaueren Bestimmungen der geltenden Erbgesetze in bezug sowohl auf die durch dieselben vorgeschriebene allgemeine Erbfolge als auch auf die Testierfreiheit sowie weitere Punkte für ratsam gehalten werden könnten. Er hat deshalb die beiden Ständeversammlungen einen Entwurf einer diesbezüglichen Verordnung machen lassen, und, nachdem er ihre Gutachten zu diesem Gegenstand empfangen hat, bietet und befiehlt er folgendes:

§ 1) Die Kinder und die Nachkommenschaft eines Gestorbenen sollen weiterhin seine nächsten Erben sein. Solange ein solcher da ist, kann kein anderer wegen Verwandtschaft erben. Was die Erbfolge der absteigenden Linie betrifft, soll es bei dem bisher geltenden Gesetz verbleiben. Falls ein Sohn oder eine Tochter vor dem Erblasser verstorben ist, treten die Kindeskinder des Erblassers somit an die Stelle des verstorbenen Vaters oder der gestorbenen Mutter und erhalten den Erbteil, der dem Elternteil zugefallen wäre, wenn dieser am Leben gewesen wäre. Wenn auch das Kindeskind vor dem Erblasser gestorben ist, und Kinder hinterlassen hat, treten die Kinder des Kindeskindes ebenfalls an die Stelle desjenigen, und man soll sich auf ähnliche Weise verhalten, insoweit das Kind des Kindeskindes gestorben sein und Kinder hinterlassen haben sollte. Solange es Nachkommenschaft gibt, hat man so zu verfahren.

[...]

§ 3) Wenn es keine erbberechtigte Nachkommenschaft gibt, sind der Vater und die Mutter des Verstorbenen, wenn sie am Leben sind, seine einzigen Erben.

[...]

§ 21) Wer sein 18. Jahr vollendet hat, im vollen Besitz seines Verstands ist und keine Kinder oder andere Leibeserben hinterläßt, darf künftighin durch Testament über sein gesamtes Eigentum nach eigenem Gutdünken ohne allerhöchste Confirmation verfügen. Doch kann keiner der Ehegatten ohne die Zustimmung des anderen demselben den Teil des Nachlasses entnehmen, wozu vorliegende Anordnung § 15 ihn oder sie berechtigt.

9. Offener Brief vom 8. Juli 1846

Die Frage, wie die Erbfolge in Schleswig-Holstein für den Fall, dass der letzte dänische König aus dem Hause Oldenburg keine direkten Erben hinterließe, aussehen sollte, war umstritten. Die Herzöge von Augustenburg behaupteten, dass sie in dem Falle in den Herzogtümern das Erbrecht zu beiden Herzogtümer als einzige männliche Erben besäßen. Um dieser Auffassung entgegenzutreten, hat der König Christian VIII. am 8.Juli 1846 den sogenannten offenen Brief verfasst, in dem behauptet wurde, dass das Recht an Schleswig ausschließlich den nach dem Königsgesetz von 1665 berufenen Erben zukäme, während die erbrechtliche Lage in Holstein teilweise als zweifelhaft anzusehen wäre. Diese offizielle dänische Haltung wurde von deutscher Seite abgelehnt.

Quelle 58

Der offene Brief des Königs von Dänemark und des deutschen Volkes Antwort

Königlicher offener Brief über die Erbfolge

Kopenhagen, den 11. Juli 1846 ...

Wir Christian der Achte, von Gottes Gnaden König zu Dänemark der Wenden und Gothen, Herzog zu Schleswig, Holstein, Stormarn, Dithmarschen, Lauenburg und Oldenburg c. c.

Thun kund: Auf vielfältige Weise ist es zu Unserer Kenntniß gekommen, daß bei vielen Unserer Unterthanen unklare und unrichtige Vorstellungen über die Successionsverhältnisse in der Monarchie obwalten und daß diese Vorstellungen benutzt werden, Unruhe und Bekümmerniß um die Zukunft des gemeinschaftlichen Vaterlandes, wenn einmal nach dem Willen der Vorsehung der Mannsstamm Unseres K. Hauses aussterben würde, hervorzurufen, wodurch zugleich eine bittere Stimmung unter den Bewohnern der verschiedenen Landesteile bewirkt wird. Wir haben es demnach als Unsere landesväterliche Pflicht angesehen, durch eine dazu nach Unserm allerh. Befehl zusammengetretene Commission alle, diese Erbverhältnisse betreffenden Acten und Documente, welche haben zuwegegebracht werden können, durchgehen und im Uebrigen eine genaue und gründliche Untersuchung sämmtlicher dahin gehörenden Verhältnisse vornehmen zu lassen. Nachdem diese Untersuchung beendigt, Uns darauf in unserem geh. Staatsrathe vorgetragen, und von Uns erwogen worden, haben Wir es vollkommen bestätigt gefunden, daß, gleichwie die Erbfolge in dem für die dänische Krone durch Tractate erworbenen Herzogthume Lauenburg unzweifelhaft ist, so auch dieselbe Erbfolge des Königsgesetzes (samme Kongelovens Arvefölge) für das Herzogthum Schleswig zufolge des Patentes vom 22. August 1721 und der darauf gefolgten Erbhuldigung, gleichwie endlich auch zufolge der von England und Frankreich unterm 14. Juni und 23. Juli ausgestellten Garantien und der mit Rußland abgeschlossenen Tractate vom 22. April 1767 und 1. Juni 1773 in voller Kraft und Gültigkeit ist. Unsere feste Vergewisserung davon, daß dieses in Recht und Wahrheit gegründet ist, und Unsere Ueberzeugung darüber, daß Wir es nicht aufschieben dürfen, den schädlichen Folgen der unrichtigen und falschen Absichten, die in solcher Beziehung innerhalb der Gränzen der Monarchie selbst beständig verbreitet werden, entgegen zu wirken, haben Uns bewogen, durch diesen Unsern offenen Brief sämmtlichen Unsern treuen Unterthanen diese Unsre Vergewisserung von dem Erbrechte sämmtlicher Unserer königlichen Erbsuccessoren an das Herzogthum Schleswig, das Wir und Unsere Nachfolger auf dem dänischen Throne aufrecht zu erhalten, als Pflicht und Beruf ansehen werden, kundzumachen.

Dahingegen ist aus der vorbenannten Untersuchung hervorgegangen, daß in Hinsicht einzelner Theile des Herzogthums Holstein Verhältnisse vorhanden sind, die Uns hindern, mit derselben Bestimmtheit Uns über das Erbrecht sämmtlicher Unsrer königlichen Erbsuccessoren an dieses Herzogthum auszusprechen. Indem Wir jedoch allergnädigst allen unsern getreuen Unterthanen, und namentlch den Bewohnern des Herzogthums Holstein, versichern, daß Unsre Bestebungen unablässig dahin gerichtet gewesen sind und bleiben werden, gedachte Hindernisse zu entfernen, und eine vollständige Anerkennung der Integrität des gesammten dänischen Staats zuwegezubringen, so daß die unter Unserm Scepter gesammtelten Landestheile nicht auf irgend eine Weise getrennt werden, sondern beständig in ihren gegenwärtigen Verhältnissen und mit den, jedem für sich zustehenden Rechten verbleiben, so wollen wir namentlich hierdurch Unsre getreuen Unterthanen in dem Herzogthume Schleswig vergewissern, daß es mit diesem offenen Briefe in keiner Weise darauf abgesehen sei, der Selbstständigkeit dieses Herzogthums, so wie diese bisher von Uns anerkannt worden, zu nahe zu treten, oder irgend eine Aenderung in den übrigen Verhältnissen, welche selbige zur Zeit mit dem Herzogthum Holstein verbinden, zu machen, dem entgegen Wir um so mehr hiermit Unsre Zusage wiederholen, in Zukunft wie bisher Unser Herzogthum Schleswig im Besitz der demselben, als einem, zwar mit unsrer Monarchie unzertrennlich verbundenen, aber zugleich selbstständigen Landestheile, zustehenden Rechte zu schützen.

Unter Unserer königlichen Hand und Siegel. Gegeben zu Unserm geheimen Staatsrathe auf Unserm Schlosse sorgenfrei, den 8. Juli 1846.

(L. S.) Christian R.

Frederik, Kronprinz. Frederik Ferdinand. Stemann.

A. v. Moltke. Ørsted. Reventlow-Criminil.

10. Grundgesetz vom 5. Juni 1849

Das dänische Grundgesetz vom 5.Juni 1849 ist ein Ergebnis der Märzrevolution 1848. Dänische Liberale haben damals eine neue konstitutionelle Verfassung für Dänemark und Schleswig verlangt. Die Schleswig-Holsteiner andererseits wollten eine eigene Verfassung für die beiden Herzogtümer. Diese Forderung wurde aber zurückgewiesen. Gleichzeitig brachen in Schleswig-Holstein Unruhen aus. Ein Entwurf der Verfassung wurde 1848 von der neuen dänischen Regierung beraten und der Entwurf einer Verfassung von einer durch allgemeine Wahl einberufenen Versammlung verhandelt. Als Modell für die neue dänische Verfassung diente besonders die belgische Verfassung von 1831. Ein Reichstag mit zwei Kammern wurde eingerichtet, der König konnte jetzt nur mit Gegenzeichnung eines Ministers agieren, die Unabhängigkeit der Gerichte wurde gestärkt und die Grundrechte der Bürger wurden garantiert.

Quelle 59

Staatsgrundgesetz
für das Königreich Dänemark
5. Juni 1849

Wir, Friedrich der Siebente, von Gottes Gnaden König zu Dänemark, der Wenden und Gothen, Herzog zu Schleswig, Holstein, Stormarn, Dithmarschen, Lauenburg und Oldenburg, thun kund und zu wissen für Alle:

nachdem wir aus freier Königlicher Machtvollkommenheit in Uebereinstimmung mit unserm getreuen Volke beschlossen haben, ein neues Grundgesetz für das Königliche Dänemark ausgeben zu lassen, und eine vollständige Uebereinkunft über den Inhalt dieses Grundgesetz zwischen uns und der für das Königreich zusammengetretenen Reichsversammlung glücklich zu Stande gebracht worden ist in Bezug auf den Entwurf, den wir der Reichversammlung als Grundlage für ihre Verhandlungen haben vorlegen lassen, so haben wir jetzt – doch mit dem Vorbehalte, daß die Ordnung alles dessen, was die Stellung des Herzogthums Schleswig betrifft, bis nach abgeschlossenem Frieden beruhen bleibt – nachfolgendes Staatsgrundgesetz von Dänemark angenommen, so wie es von uns und unseren Nachfolgern auf dem Dänischen Throne unverbrüchlich gehalten werden soll, welches folgendermaßen lautet:

I.

§ 1. Die Regierungsform ist eingeschränkt monarchisch. Die Königliche Gewalt ist erblich.

§ 2. Die gesetzgebende Gewalt ist bei dem Könige und dem Reichstage in Gemeinschaft. Die ausübende Gewalt ist bei dem Könige. Die richterliche Gewalt ist bei den Gerichtshöfen.

§ 3. Die evangelisch-lutherische Kirche ist die Dänische Volkskirche und wird als solche vom Staate unterstützt.

II.

§ 4. Die im Königsgesetze bestimmte Erbfolge gilt auch ferner. Sie kann nur nach einem Vorschlage des Königs und mit Einwilligung des vereinigten Reichstages, wozu drei Viertheile der abgegebenen Stimmen nöthig sind, verändert werden.

§ 5. Der König kann ohne Einwilligung des Reichstages nicht Oberhaupt eines andren Landes, als derer, die zur Dänischen Monarchie gehören, sein.

§ 6. Der König muß der evangelisch-lutherischen Kirche angehören.

§ 7. Der König ist mündig, wenn er sein 18tes Jahr vollendet hat.

§ 8. Bevor der König die Regierung antritt, legt er vor dem vereinigten Reichstage folgenden Eid ab:

„Ich gelobe und schwöre, das Dänische Staatsgrundgesetz zu halten, so helfe mir Gott und sein heiliges Wort."

Sollte der Reichstag bei dem Thronwechsel nicht versammelt sein, so wird der Eid schriftlich im Staatsrathe niedergelegt und später vor dem vereinigten Reichstage wiederholt.

§ 9. Sobald der König wegen einer Reise oder wegen Schwäche findet, daß ein Reichsvorstand zu ernennen ist, so ruft er den Reichstag zusammen und legt diesem einen Gesetzvorschlag darüber vor.

§ 10. Wenn der König sich außer Stande zu regieren befindet, so ruft der Staatsrath den Reichstag zusammen. Wenn der vereinigte Reichtstag mit drei Viertheilen der abgegebenen Stimmen die Nothwendigkeit einräumt, so ernennt er einen Reichsvorstand, und ordnet, wenn es nöthig sein sollte, eine Vormundschaft an.

§ 11. Ist Grund zur Besorgnis da, daß der Thronfolger zur Zeit des Todes des Königs unmündig oder aus anderen Gründen selbst zu regieren außer Stande ist, so wird ein Reichsvorstand durch das Gesetz bestimmt und eine Vormundschaft vom Könige angeordnet. Der Reichsvorstand kann nicht an der Vormundschaft Theil nehmen.

§ 12. Der Reichsvorstand legt den für den König vorgeschriebenen Eid ab und übt, so lange die Reichsvorsteherschaft währt, im Namen des Königs alle dessen Rechte aus, doch kann er keine Veränderungen der Erbfolge vorschlagen.

§ 13. Nach des Königs Tode versammelt sich innerhalb 14 Tagen der zuletzt gewählte Reichstag ohne Zusammenberufung.

§ 14. Ist kein Thronfolger vorhanden, oder kann der Thronfolger oder der Reichsvorstand die Regierung nicht gleich antreten, so wird diese vom Staatsrathe geführt, bis der Reichstag die nothwendigen Bestimmungen getroffen hat.

§ 15. Wenn der Thronfolger oder der Reichsvorstand abwesend ist, so bestimmt der vereinigte Reichstag, innerhalb welcher Zeit er zurückkehren müsse. Ist der Thronfolger unmündig oder aus anderen Gründen nicht im Stande zu regieren, ohne daß Reichsvorsteher und Vormundschaft eingesetzt sind, so ernennt der vereinigte Reichstag den Reichsvorstand und besorgt die Vormundschaft. Ist kein Thronfolger vorhanden, so wählt der vereinigte Reichstag einen König und setzt die fernere Erbfolge fest.

§ 16. Die Civilliste des Königs wird zu Anfang jeder Regierung durch ein Gesetz bestimmt. Dabei wird gleichzeitig festgestellt, welche Schlösser und anderweitiges Staatseigenthum zur Civilliste gehören sollen. Die Civilliste kann nicht mit Schulden belastet werden.

§ 17. Für die Mitglieder des Königlichen Hauses können Apanagen durch ein Gesetz bestimmt werden. Ohne Genehmigung des Reichstages können keine Apanagen außerhalb Landes verzehrt werden.

§ 18. Der König ist unverantwortlich, seine Person ist heilig und unverletzlich. Die Minister sind für die Führung der Regierung verantwortlich.

§ 19. Der König ernennt und entläßt seine Minister. Die Beschlüsse über Gesetzgebung und Regierung sind durch die Unterschrift des Königs gültig, wenn diese von der Unterschrift eines Ministers begleitet ist. Der Minister, welcher unterschrieben hat, ist für den Beschluß verantwortlich.

§ 20. Die Minister können für ihre Amtsführung in Anklagestand versetzt werden. Die Volkskammer klagt an, das Reichsgericht richtet.

§ 21. Die Minister in ihrer Gesamtheit bilden den Staatsrath, den Vorsitz in demselben führt der vom Könige ernannte Premierminister. Alle Gesetzesvorschläge und wichtigeren Regierungsmaaßregeln werden dem Staatsrathe vorgelegt. Die Ordnung desselben, so wie die Ministerverantwortlichkeit werden durch ein Gesetz bestimmt.

§ 22. Der König besetzt alle Aemter in demselben Maaße wie bisher. Veränderungen darin können nur durch ein Gesetz geschehen. Niemand kann zum Beamten ernannt werden, der nicht das Indigenatrecht hat.

Der König kann die von ihm angestellten Beamten entlassen. Die Pension derselben wird in Uebereinstimmung mit dem Pensionsgesetze festgestellt.

Der König kann Beamte ohne ihre Einwilligung versetzen, doch so, daß sie dabei nicht an den Amtseinnahmen einbüßen, und daß ihnen zwischen solcher Versetzung und einer Verabschiedung mit Pension nach den allgemeinen Vorschriften die Wahl gelassen wird.

Ausnahmen für gewisse Klassen von Beamten, außer den im § 87 festgestellten, werden durch ein Gesetz bestimmt.

§ 23. Der König hat den Oberbefehl über Land- und Seemacht, er erklärt Krieg und schließt Frieden, geht ein und hebt auf Bündnisse und Handelsverträge, doch kann er ohne Genehmigung des Reichstages keinen Theil des Landes abtreten, über Staatseinnahmen entscheiden oder dem Staate irgend eine belastende Verpflichtung aufladen.

§ 24. Der König ruft jährlich einen ordentlichen Reichstag zusammen. Ohne Genehmigung des Königs kann derselbe nicht länger als zwei Monate sitzen. Umänderungen in diesen Bestimmungen können durch ein Gesetz geschehen.

§ 25. Der König kann den Reichstag zu außerordentlichen Zusammenkünften einberufen, deren Dauer von seiner Bestimmung abhängt.

§ 26. Der König kann die Zusammenkünfte eine Zeitlang vertagen, doch ohne Einwilligung des Reichstages nicht länger als auf zwei Monate und nicht mehr als einmal im Jahr bis zu dessen nächster ordentlicher Zusammenkunft.

§ 27. Der König kann den ganzen Reichstag oder eine Abtheilung desselben auflösen; wird nur eine Kammer aufgelöst, so werden die Versammlungen der andern vertagt, bis der ganze Reichstag wieder zusammentreten kann. Dieses muß innerhalb zweier Monate nach der Auflösung stattfinden.

§ 28. Der König kann dem Reichstage Gesetzesvorschläge und andere Beschlüsse vorlegen lassen.

§ 29. Die Einwilligung des Königs thut noth, um einem Reichstagsbeschlusse Gesetzeskraft zu verleihen. Der König befiehlt die Bekanntmachung und sorgt für dessen Vollstreckung.

§ 30. In sehr kritischen Fällen kann der König, wenn der Reichstag nicht versammelt sein sollte, vorläufige Gesetze erlassen, die jedoch dem Grundgesetze nicht zuwider sein dürfen und immer dem nächsten Reichstage vorgelegt werden müssen.

§ 31. Der König kann begnadigen und Amnestie ertheilen; die Minister kann er nur mit Einwilligung der Volkskammer von den ihnen durch das Reichsgericht zuerkannten Strafen befreien.

§ 32. Der König ertheilt theils unmittelbar, theils durch die betreffenden Regierungsbehörden diejenigen Bewilligungen und Ausnahmen von den jetzt geltenden Gesetzen, welche bisher geltenden Regeln zufolge gebräuchlich gewesen sind.

§ 33. Der König hat das Recht, mit Rücksicht auf das Gesetz, Geld münzen zu lassen.

IV.

§ 34. Der Reichstag besteht aus einer Volks- und einer Landeskammer (Folkething – Landsthing).

§ 35. Das Wahlrecht zur Volkskammer hat jeder unbescholtene Mann mit Indigenatrecht, wenn er sein 30stes Jahr vollendet hat, wenn er nicht a) ohne eigenen Hausstand in Privatdiensten steht; b) irgend eine Unterstützung von der Armenverwaltung, die entweder nicht aufgegeben oder nicht zurückbezahlt ist, genießt oder genossen hat; c) über seine Wohnung nicht verfügen kann; d) kein festes Domicil ein Jahr lang in dem Wahlbezirke oder der Stadt gehabt hat, wo er sich zur Zeit der Wahl aufhält.

§ 36. Wählbar zur Volkskammer ist, mit den in § 35 a, b und c genannten Ausnahmen, ein jeder unbescholtene Mann mit Indigenatrecht, der sein 25stes Jahr vollendet hat.

§ 37. Die Anzahl der Mitglieder der Volkskammer soll sich ungefähr wie 1 auf 14000 Einwohner verhalten. Die Wahlen gehen in Wahlbezirken vor sich, deren Umfang das Wahlgesetz bestimmt. Ein jeder Wahlbezirk wählt einen von denen, die sich zur Wahl gemeldet haben.

§ 38. Die Mitglieder der Volkskammer werden auf drei Jahre gewählt. Sie erhalten Diäten.

§ 39. Das Wahlrecht zur Landeskammer hat ein jeder, der zufolge § 35 dasjenige zur Volkskammer hat. Die Wahlberechtigten wählen aus ihrer Mitte Wahlmänner nach den im Wahlgesetze angegebenen Bestimmungen.

§ 40. Wählbar zur Landeskammer ist jeder unbescholtene Mann mit Indigenatsrecht, dessen Wohnung nicht unter Bankerott- oder Falliments-Behandlung ist, wenn er sein 40stes Jahr vollendet und im letzten Jahre entweder in directer Steuer dem Staate oder der Gemeinde 200 Rbthlr. gezahlt hat oder nachweist, daß er ein reines jährliches Einkommen von 1200 Rbthlr. besitzt. In den Wahlbezirken, wo die Anzahl der Wählbaren nach dieser Vorschrift nicht in dem vom Wahlgesetze bestimmten Verhältnisse zur Bevölkerung steht, wird die Anzahl der Wählbaren durch die Nächstbesteuerten im Wahlbezirke vergrößert, bis jenes Verhältnis erreicht ist.

§ 41. Die Wahlen zur Landeskammer finden in größeren Wahlbezirken statt, welche durch das Wahlgesetz bestimmt werden. Die Wahlmänner in jedem größeren Wahlbezirke treten zusammen und stimmen für so viele Männer, als für den Wahlbezirk gewählt werden sollen, in welchem mindestens drei Vierheile der Gewählten im letzten Jahre vor der Wahl festes Domicil haben müssen. Zu einer gültigen Wahl bedarf es mehr als der Hälfte der abgegebenen Stimmen.

§ 42. Die Zahl der Mitglieder der Landeskammer soll immer ungefähr halb so groß sein, als die der Mitglieder der Volkskammer.

§ 43. Die Mitglieder der Landeskammer werden auf 8 Jahre gewählt. Jedes 4te Jahr scheidet die Hälfte aus. Sie erhalten dieselben Diäten wie die Mitglieder der Volkskammer.

§ 44. Wenn ein neues Communalgesetz gegeben ist, können die Landeskammer-Wahlen durch ein Gesetz auf die größeren communalen (Amts- oder Provincial-) Räthe übergehen.

V.

§ 45. Der jährliche Reichstag tritt am ersten Montage im October zusammen, wenn der König ihn nicht auf eine frühere Zeit einberufen hat.

§ 46. Der Reichstag versammelt sich am Sitze der Regierung. In außerordentlichen Fällen kann der König ihn in eine andere Stadt des Reichs berufen.

§ 47. Der Reichstag ist unverletzlich. Wer dessen Sicherheit und Freiheit antastet oder einen dahin zielenden Befehl ausstellt oder befolgt, ist des Hochverraths schuldig.

§ 48. Jede Kammer ist berechtigt, Gesetze vorzuschlagen und ihrerseits anzunehmen.

§ 49. Jede Kammer kann Adressen an den König einreichen.

§ 50. Jede Kammer kann Commissionen ihrer Mitglieder zur Untersuchung allgemein wichtiger Gegenstände niedersetzen. Diese sind berechtigt, sowohl von Staatsbehörden als von Privaten mündliche oder schriftliche Aufklärungen zu fordern.

§ 51. Keine Steuer kann anders als durch ein Gesetz aufgelegt, umgewandelt oder aufgehoben werden, ebenso kann ohne ein Gesetz keine Mannschaft ausgeschrieben, keine Staatsanleihe aufgenommen, keine Staatsdomaine verkauft werden.

§ 52. Auf jedem ordentlichen Reichstage wird gleich nach seiner Zusammenkunft der Entwurf des Finanzgesetzes für das folgende Finanzjahr, welcher einen Ueberschlag der Staats-Einnahmen und Ausgaben enthält, vorgelegt werden. Die Finanzvorlage wird zuerst in der Volkskammer verhandelt. Ohne daß das Finanzgesetz angenommen ist, können keine Steuern erhoben werden. Keine Ausgabe kann geschehen, die nicht in diesem eine Gewähr hat.

§ 53. Jede Kammer ernennt zwei besoldete Revisoren. Diese prüfen die jährliche Staats-Rechenschaft und sehen zu, ob sämmtliche Staats-Einnahmen darin aufgeführt sind und keine Ausgaben über das Finanzgesetz stattgefunden haben. Sie können die Mittheilung aller dazu nöthigen Aufklärungen und Actenstücke fordern. Die jährliche Rechenschafts-Ablage wird mit den Bemerkungen der Revisoren dem Reichstage vorgelegt, der, mit Rücksicht auf diese, einen Beschluß faßt.

§ 54. Keine Ausländer können von nun an ohne ein Gesetz das Indigenatrecht erhalten.

§ 55. Kein Gesetzesvorschlag kann angenommen werden, bevor er dreimal in der Kammer verhandelt worden ist.

§ 56. Wenn ein Gesetzesvorschlag von einer Kammer verworfen worden ist, so kann er nicht von derselben Kammer in derselben Session wieder vorgenommen werden.

§ 57. Wenn ein Gesetzesvorschlag in einer Kammer angenommen ist, so wird er in der festgesetzten Form der anderen vorgelegt; wird er in dieser verändert, so geht er an die erste zurück; nimmt diese wieder Veränderungen vor, so geht der Vorschlag abermals an die andere Kammer. Wird dann noch keine Uebereinstimmung erzielt, so kann, auf Verlangen einer Kammer, jede Kammer eine gleiche Anzahl von Mitgliedern ernennen, um zu einem Ausschusse zusammenzutreten, welcher ein Gutachten über die Abweichungen abgiebt; mit Rücksicht auf den Bericht des Ausschusses findet dann in jeder Kammer für sich der Endbeschluß statt.

§ 58. Jede Kammer entscheidet selbst über die Gültigkeit der Wahlen ihrer Mitglieder.

§ 59. Jedes neue Mitglied legt, sobald die Gültigkeit seiner Wahl anerkannt ist, den Eid auf das Grundgesetz ab.

§ 60. Die Reichstagsmitglieder sind nur an ihre Ueberzeugung, nicht an irgend eine Vorschrift ihrer Wähler gebunden. Beamte, die in den Reichstag gewählt werden, bedürfen keiner Regierungs-Erlaubniß zur Annahme der Wahl.

§ 61. So lange der Reichstag sitzt, kann kein Mitglied desselben ohne Einwilligung der Kammer, welcher es angehört, für Schulden verhaftet, viel weniger gefangen genommen oder angeklagt werden, falls es nicht auf frischer That ergriffen wird. Kein Mitglied kann für seine Aeußerungen im Reichstage ohne Genehmigung der Kammer außerhalb derselben zu Verantwortung gezogen werden.

§ 62. Geräth ein in gültiger Weise Gewählter in eine Lage, welche von der Wählbarkeit ausschließt, so verliert er das aus der Wahl entspringende Recht. Jedoch soll kein Mitglied den Sitz in der Kammer einbüßen, wenn es im Laufe der Zeit, auf welche es gewählt ist, in einen anderen Wahlbezirk verzieht. Ein Gesetz soll näher bestimmen, in welchen Fällen sich ein Reichstags-Mitglied, welches zu besoldeten Staatsämtern befördet wird, einer Neuwahl unterwerfen muß.

§ 63 Die Minister haben zufolge ihres Amts Zutritt zum Reichstage und sind berechtigt, während der Verhandlungen, so oft sie wollen, das Wort zu verlangen, müssen jedoch im übrigen die Geschäftsordnung befolgen. Das Stimmrecht haben sie nur, wenn sie Reichstagsmitglieder sind.

§ 64. Jede Kammer wählt sich selbst ihren Präsidenten und Vicepräsidenten.

§ 65. Keine Kammer kann einen Beschluß fassen, wenn nicht über die Hälfte ihrer Mitglieder zugegen ist und an der Abstimmung Theil nimmt.

§ 66. Jedes Reichstagsmitglied kann in der Kammer, welcher es angehört, mit deren Genehmigung jedes öffentliche Anliegen zur Verhandlung bringen und darüber eine Erklärung der Minister verlangen.

§ 67. Kein Antrag kann einer Kammer anders als durch ein Mitglied überreicht werden.

§ 68.Findet die Kammer keine Veranlassung, über einen Antrag einen Beschluß zu fassen, so kann sie denselben an die Minister verweisen.

§ 69. Die Reichstagssitzungen sind öffentlich, doch kann der Präsident oder die in der Geschäftsordnung bestimmte Anzahl Mitglieder fordern, daß alle nicht Betheiligten entfernt werden, worauf die Kammer entscheidet, ob die Sache in geheimer oder öffentlicher Sitzung verhandelt werden solle.

§ 70. Jede Kammer setzt die näheren Bestimmungen fest, welche das Geschäftsverfahren und die Aufrechterhaltung der Ordnung betreffen.

§ 71. Der vereinigte Reichstag wird durch den Zusammentritt der Volks- und der Landeskammer gebildet. Zur Fassung eines Beschlusses bedarf es der Anwesenheit und Theilnahme an der Abstimmung von mehr als einer Hälfte der Mitglieder einer jeden Kammer. Er wählt sich selbst den Präsidenten und trifft die näheren Bestimmungen in Betreff der Geschäftsordnung.

VI.

§ 72. Das Reichsgericht besteht aus 16 Mitgliedern, die auf 4 Jahre zur Hälfte von der Landeskammer, zur Hälfte von den höchsten Gerichtshöfen des Landes aus ihren eigenen

Mitgliedern gewählt werden. Es wählt sich den Präsidenten aus seiner eigenen Mitte. Das Gerichtsverfahren wird durch ein Gesetz näher bestimmt.

§ 73. Das Reichsgericht erkennt über die von der Volkskammer gegen die Minister eingebrachten Klagen. Der König kann auch Andere für Verbrechen, die ihm besonders staatsgefährlich scheinen, mit Genehmigung der Volkskammer vor das Reichsgericht stellen.

§ 74. Die Ausübung der richterlichen Gewalt kann nur durch ein Gesetz geordnet werden.

§ 75. Die mit gewissem Grundbesitz verbundene Gerichtsgewalt (Patriminialgerichtsbarkeit) soll durch ein Gesetz aufgehoben werden.

§ 76. Die Rechtspflege soll von der Verwaltung nach den durch ein Gesetz festzustellenden Regeln getrennt werden.

§ 77. Die Gerichtshöfe haben das Recht, jede Frage über die Grenzen der obrigkeitlichen Gewalt zu untersuchen.

Doch kann derjenige, welcher eine solche Anfrage stellt, dadurch, daß er die Sache vor ein Gericht gebracht hat, vorläufig den Befehlen der Obrigkeit nachzukommen nicht unterlassen.

§ 78. Die Richter dürfen sich nur nach den Gesetzen richten. Sie können nicht ohne Richterspruch abgesetzt oder wider ihren Willen versetzt werden, als wenn eine neue Einrichtung der Gerichtshöfe stattfindet. Doch kann ein Richter, der sein 65stes Jahr vollendet hat, ohne Verlust der Einkünfte verabschiedet werden.

§ 79. Oeffentlichkeit und Mündlichkeit sollen baldmöglichst in die ganze Rechtspflege eingeführt werden. Für Verbrechen und politische Gesetzesübertretungen werden Geschworenengerichte eingeführt.

VII.

§ 80. Die Verfassung der Volkskirche wird durch ein Gesetz geordnet.

§ 81. Die Bürger haben das Recht, sich gemeinsam zu versammeln, um Gott auf die Weise zu verehren, wie sie zu ihrer Ueberzeugung stimmt, doch darf nichts gelehrt oder vorgenommen werden, welches der Sittlichkeit oder der öffentlichen Ordnung zuwider läuft.

§ 82. Es ist Niemand zu einem persönlichen Beitrage für andere Bekenntnisse als dasjenige, dem er angehört, verpflichtet. Doch soll ein Jeder, welcher nicht nachweist, daß er Mitglied einer im Lande anerkannten Glaubensgenossenschaft ist, für das Schulwesen die der Volkskirche gesetzlich gebührenden persönlichen Abgaben zahlen.

§ 83. Die Verhältnisse der von der Volkskirche abweichenden Glaubensgenossenschaften werden durch ein Gesetz näher geordnet.

§ 84. Keiner kann wegen seines Glaubensbekenntnisses den vollen Genuß der bürgerlichen und politischen Rechte einbüßen oder sich der Erfüllung einer allgemeinen Bürgerpflicht entziehen.

VIII.

§ 85. Ein Jeder, der verhaftet wird, soll innerhalb 24 Stunden vor einen Richter gestellt werden. Kann der Verhaftete nicht gleich auf freien Fuß gestellt werden, so soll der Richter durch einen mit Gründen versehenen Bescheid, der so bald als möglich, spätestens innerhalb dreier Tage, zu geben ist, dessen Verhaftung verfügen, und falls derselbe gegen Bürgschaft freigelassen werden kann, deren Art und Größe bestimmen. Der vom Richter abgegebene Bescheid kann vom Betheiligten sogleich vor einem höheren Gerichte eingeklagt werden. Für ein Verbrechen, welches nur durch Geldbuße oder einfache Haft gestraft werden kann, darf keine Untersuchungshaft stattfinden.

§ 86. Die Wohnung ist unverletzlich. Haussuchungen, Beschlagnahme und Untersuchung von Papieren und Briefen kann, wo kein Gesetz eine besondere Ausnahme gestattet, nur auf gerichtliche Verfügung stattfinden.

§ 87. Das Eigenthumsrecht ist unverletzlich. Niemand kann verpflichtet werden, sein Eigenthum abzutreten, außer wenn das Gemeinwohl es erheischt. Es kann dieses nur nach einem Gesetze und mit vollständigem Ersatze erfolgen.

§ 88. Jegliche Einschränkung des freien und gleichen Zugangs zum Gewerbe, die nicht auf das Gemeinwohl begründet ist, soll durch ein Gesetz aufgehoben werden.

§ 89. Wer sich oder die Seinigen nicht ernähren kann, und dessen Versorgung keinem Anderen obliegt, ist berechtigt, Hülfe vom Staate zu erhalten, doch muß er sich den Verpflichtungen unterwerfen, welche die Gesetze darüber erheischen.

§ 90. Die Kinder, deren Eltern keine Mittel zu ihrer Erziehung haben, erhalten freien Unterricht in den Gemeindeschulen.

§ 91. Ein Jeder ist berechtigt, seine Gedanken durch den Druck zu veröffentlichen, doch vorbehältlich der gerichtlichen Verantwortung. Zensur und andere vorbeugende Maaßregeln können in keiner Weise wieder eingeführt werden.

§ 92. Die Bürger haben das Recht, ohne vorgängige Erlaubniß, Vereine zu jedem gesetzlichen Zwecke zu bilden. Kein Verein kann durch eine Regierungsmaaßregel aufgehoben werden. Doch können Vereine vorläufig verboten werden, nur daß sogleich eine Klage gegen den Verein, um dessen Aufhebung zu erwirken, eingereicht werden muß.

§ 93. Die Bürger haben das Recht, sich ohne Waffen zu versammeln. Oeffentliche Versammlungen zu überwachen ist die Polizei berechtigt. Versammlungen unter freiem Himmel können bei drohender Gefahr für die öffentliche Ruhe verboten werden.

§ 94. Bei Aufläufen kann die bewaffnete Macht, wenn sie nicht angegriffen wird, nur dann einschreiten, wenn die Menge dreimal im Namen des Königs und des Gesetzes vergeblich aufgefordert worden, auseinander zu gehen.

§ 95. Jeder waffenfähige Mann ist verpflichtet, mit seiner Person zur Vertheidigung des Vaterlandes beizutragen, nach den im Gesetze vorgeschriebenen näheren Bestimmungen.

§ 96. Das Recht der Gemeinden, unter staatlicher Aufsicht ihre Angelegenheiten selbstständig zu verwalten, soll durch ein Gesetz geordnet werden.

§ 97. Jedes in der Gesetzgebung an Adel, Titel und Rang geknüpfte Vorrecht ist aufgehoben.

§ 98. Kein Lehen, Stammhaus oder Fideicommißgut kann von nun an gestiftet werden; es soll durch ein Gesetz näher bestimmt werden, wie die jetzt bestehenden zu freiem Eigenthum übergehen können.

§ 99. Für die Kriegsmacht sind die in den §§ 85, 92 und 93 gegebenen Bestimmungen nur mit den Einschränkungen, welche aus den Vorschriften des Militairgesetzbuches folgen, anwendbar.

IX.

§ 100. Vorschläge zu Veränderungen oder Zusätzen zu diesem Grundgesetz werden auf einem ordentlichen Reichstage vorgelegt. Wird der darüber gefaßte Beschluß in unveränderter Form vom nächsten ordentlichen Reichstage angenommen und vom Könige genehmigt, so werden beide Kammern aufgelöst, und es finden allgemeine Wahlen für beide statt. Nimmt der neue Reichstag in einer ordentlichen oder außerordentlichen Session den Beschluß zum dritten Male an, und wird er nun vom Könige bekräftigt, so ist er Grundgesetz.

X.

Transitorische Bestimmungen.

§ 1. So wie die Vorschrift des § 16, daß die Civilliste durch ein Gesetz bestimmt wird, auf den jetzigen König keine Anwendung hat, so ist auch der §17 kein Hindernis, daß nicht Apanagen außerhalb Landes verzehrt werden, so weit solches mit schon bestehenden Contracten sich verträgt.

§ 2. Bis das im § 22 angedeutete Pensionsgesetz erlassen ist, erhält jeder Beamte, der nach den Bestimmungen dieses § verabschiedet wird, seine Pension nach den bisher befolgten Vorschriften.

§ 3. Die im § 78 befindliche Bestimmung, daß kein Richter ohne Richterspruch entlassen oder gegen seinen Wunsch versetzt werden soll, bezieht sich nicht auf die jetzigen Richter, die zugleich Verwaltungsgeschäfte haben.

§ 4. Bis eine Umgestaltung des Criminalprocesses eingeführt ist, wird die im § 88 bestimmte Beschwerdenklage gegen einen Verhaftsbefehl als Privatsache verhandelt werden, jedoch mit Extra-Gerichts-Citation, so wie der Kläger kein Stempelpapier zu nehmen und keine Rechtsgebühren zu zahlen hat. Es muß ihm erlaubt werden, sich für eine solche

Beschwerde mit einem Sachwalter zu berathen, und es können dem Obergerichte neue Aufschlüsse vorgelegt werden.

Und es ist hiermit aufgehoben das von Unserem Vorgänger auf dem Throne, dem hochseligen Könige Friedrich III., nach der ihm von den Dänischen Ständen dazu ertheilten Vollmacht am 14. November 1665 gegebene Königsgesetz, jedoch mit Ausnahme der Bestimmungen, welche in den §§ 27 bis 40 über die Erbfolge enthalten und im Grundgesetze § 4 bestätigt sind, so wie der Vorschriften in den §§ 21 und 25 über die Königlichen Prinzen und Prinzessinnen, bis durch ein Hausgesetz darüber anders bestimmt sein sollte.

Gegeben auf Unserem Schlosse Christiansborg, den 5. Juni 1849.

Unter Unserer Königlichen Hand und Siegel.

Frederik R.

11. Allgemeines bürgerliches Strafgesetzbuch vom 10. Februar 1866

Der Vorschlag zum Gesetz war von einer im Jahre 1859 eingesetzen Kommission unter Vorsitz des Professors und Generalprocureur Tage Algreen-Ussing ausgearbeitet worden. Das Gesetz, in einen allgemeinen und in einen speziellen Teil unterteilt, baut auf den Grundsatz der Spezialprävention und Vergeltung auf. Die Schuld des Verbrechers bildet die Grundlage für die Strafe. Die meisten Strafbestimmungen des dänischen Gesetzbuches von 1683 wurden mit dem Strafgesetzbuch aufgehoben. Im Allgemeinen stellt das Gesetz eine Milderung des dänischen Strafrechts dar. Wichtige Quellen zum Gesetz sind die zwischen 1833 und 1841 erlassenen vier Verordnungen. Das Strafgesetzbuch war wirksam bis zum Inkrafttreten des im Jahre 1930 erlassenen bürgerlichen Strafgesetzes.

Quelle 60

Allgemeines bürgerliches Strafgesetzbuch

Wir, Christian der Neunte, von Gottes Gnaden König von Dänemark, etc., etc., tun kund: Folgendes Gesetz ist von dem Reichstag beschlossen und von uns durch unsere Zustimmung bestätigt worden:

Erster Abschnitt. Einleitende Vorschriften.

§ 1. Niemand kann nach diesem Gesetzbuch bestraft werden, wenn er sich nicht einer Tat schuldig gemacht hat, das unter eine der im Gesetzbuch gegebenen Strafvorschriften fällt, oder das einer in demselben als Verbrechen bezeichneten Handlung völlig gleichzustellen ist.

Zweiter Abschnitt. Über die Strafen

§ 9. Die nach diesem Gesetzbuch zu verhängenden Strafen sind: Todesstrafe, Strafarbeit, Gefängnis, Bußen und Verwirkung des Amts, der Arbeit oder des Wahlrechts, sowie Stockprügel für männliche Personen zwischen 15 und 18 Jahren und Ruteprügel für Kinder.

§ 10. Die Todesstrafe ist öffentlich mit einem Beil zu vollstrecken, worauf der Körper des Hingerichteten in aller Stille zu beerdigen ist. Sollten mehrere Personen die Todesstrafe verbüßen, darf keiner von ihnen der Hinrichtung der anderen beiwohnen.

§ 11. Strafarbeit heißt entweder Zuchthausarbeit oder Besserungsanstaltsarbeit. – Zuchthausarbeit ist entweder lebenslänglich oder auf eine gewisse Anzahl an Jahren zu verhängen, und zwar nicht weniger als 2 Jahre, nicht mehr als 16 Jahre; Besserungsanstaltsarbeit ist nur für eine begrenzte Zeit zu verhängen, und zwar nicht weniger als 8 Monate, nicht mehr als 6 Jahre; Strafarbeiten beiderlei Art sind, insofern die Strafzeit dieselbe ist, als gleich anzusehen.

12. Revidiertes Grundgesetz vom 28. Juli 1866

Im Krieg von 1864 gingen die Herzogtümer Schleswig-Holstein an Preußen und Österreich verloren. Die heikle dänische Verfassungsfrage, wie man mit dem Königreich und den Herzogtümern umgehen sollte, wurde durch die neue revidierte Fassung des Junigrundgesetzes von 1849 recht schroff gelöst. Das allgemeine Wahlrecht wurde eingeschränkt, indem besondere Regeln für die Einrichtung der ersten Kammer eingeführt wurden, die den großen Landgutsbesitzern die Majorität sicherten. Die neue Verfassung gab bald zu politischen Streitigkeiten Anlass, denn die Agrarpartei „Venstre", die in der durch allgemeines Wahlrecht zusammengesetzten zweiten Kammer die Mehrheit hatte, behauptete, dass der König die Regierung aus dieser Kammer ernennen müsste, während die politische Rechte auf dem Recht des Königs bestand, seine Regierung frei zu ernennen. Die Folge war ein langer politischer Streit, der erst 1901 beendet wurde, indem der König erstmals eine Regierung ernannte, die von der Mehrheit der zweiten Kammer getragen war.

Quelle 61

Wir Christian der Neunte usw. tun kund hiemit: Der Reichstag hat auf die im Grundgesetz vom 5. Juni 1849 § 100 vorgeschriebene Weise dreimal angenommen, Wir haben nach der zweiten Annahme vorläufig gutgeheißen und bestätigen nunmehr durch Unsere Allerhöchste Genehmigung

Das durchgesehene Grundgesetz des Dänischen Reiches

vom 5. Juni 1849.

IV.

§ 29. Der Reichstag besteht aus dem Volksting und dem Landsting.

§ 30. Das Wahlrecht zum Volksting hat jeder unbescholtene Mann, der im Besitz des Indigenatrechts ist und sein 30. Lebensjahr zurückgelegt hat, ausgenommen wenn er, ohne einen eigenen Hausstand zu besitzen, in einem privatem Dienstverhältnisse steht; öffentliche Armenunterstützung genießt. ohne daß ihm die Zurückbezahlung derselben entweder erlassen ist oder er die empfangene Unterstützung zurückbezahlt hat; in der Verfügung über sein Vermögen beschränkt worden ist; nicht wenigstens ein Jahr lang in dem Wahlbezirk oder in der Stadt, wo er sich zu der Zeit, da die Wahl stattfindet, aufhält, festen Wohnsitz gehabt hat.

§ 31. Wählbar zum Volksting ist, mit den in § 30 a, b und c genannten Ausnahmen, jeder unbescholtene Mann, der im Besitze des Indigenatrechts ist, wenn er das 25. Jahr vollendet hat.

§ 32. Die Anzahl der Mitglieder des Volkstings soll sich zur Einwohnerzahl ungefähr wie 1 zu 16 000 verhalten. Die Wahlen geschehen in Wahlkreisen; die Einteilung derselben und das Wahlverfahren wird durch das Wahlgesetz bestimmt. Jeder Wahlkreis wählt einen Repräsentanten unter denen, die sich zur Wahl gestellt haben.

§ 33. Die Mitglieder des Volkstings werden für drei Jahre gewählt. Sie erhalten tägliche Diäten; deren Größe durch das Wahlgesetz bestimmt wird.

§ 34. Die Anzahl der Mitglieder des Landstings beträgt 66; 12 werden von dem König ernannt, 7 in Kopenhagen, 45 in größeren, sowohl Land wie Städte umfassenden Wahlkreisen, 1 auf Bornholm und 1 von dem Lagting der Färöer gewählt.

§ 35. Niemand kann, unmittelbar oder mittelbar, an der Wahl von Landstingsmitgliedern teilnehmen, sofern er nicht die allgemeinen Bedingungen für das Wahlrecht zum Volksting erfüllt; doch soll es hierbei genügen, daß der Betreffende das letzte Jahr vor der Wahl in einer der Städte bzw. in dem Landdistrikte des fraglichen Wahlkreises festen Wohnsitz gehabt hat.

§ 36. In Kopenhagen wählen sämtliche Wahlberechtigte (§ 35) einen Wahlmann auf je 120 Wähler, und zwar so, daß ein Überschuß von 60 Wählern für volle 120 gerechnet wird. Eine ebenso große Anzahl Wahlmänner wird von denjenigen Wählern gewählt, die während des letzten Jahres auf eine Steuereinnahme von wenigstens 2000 Reichstalern (4000 Kr.) veranlagt gewesen sind. Sämtliche Wahlmänner nehmen im Verein die Wahl von Landstingsmitgliedern für Kopenhagen vor.

§ 37. Auf dem Lande wählen sämtliche Wahlberechtigte (§ 35) einen Wahlmann in jedem Gemeindekreis. Für sämtliche Provinzialstädte, Frederiksberg, Frederiksværk, Marstal, Silkeborg, Lögstör und Nörre-Sundby eingerechnet, werden halb so viele Wahlmänner gewählt, als Landgemeinden sind; falls die Zahl der Wahlmänner hierbei keine gerade wird, soll sie zu einer geraden Zahl erhöht werden. Die eine Hälfte der Wahlmänner wird, in jeder Stadt für sich, von allen Wahlberechtigten gewählt; die andere Hälfte wird von denjenigen Wählern der Stadt gewählt, die während des letzten Jahres auf eine Steuereinnahme von wenigstens 1000 Reichstalern (2000 Kr.) veranlagt gewesen sind oder wenigstens 75 Reichstaler (150 Kr.) an direkten Staats- und Kommunalsteuern bezahlt haben. Die Verteilung der Gesamtzahl der Wahlmänner unter die einzelnen Städte im Verhältnis zu deren Wählerzahl bestimmt die Regierung jedesmal, wenn allgemeine Wahlen zum Landsting stattfinden sollen, doch so, daß jede Stadt wenigstens einen Wahlmann jeder Wählerklasse erhält. Mit sämtlichen Wahlmännern jedes Landstingskreises vereinigt sich zur Wahl der Landstingsmitglieder des Kreises eine der Anzahl der Landgemeinden entsprechende Zahl derjenigen Landwähler, welche während des letzten Jahres den höchsten Beitrag an den Staat und an die Amtskommune geleistet haben.

§ 38. Wählbar zum Landsting ist ein jeder, der zum Volksting wählbar ist, wenn er das letzte Jahr im Wahlkreise wohnhaft gewesen ist.

§ 39. Die durch den König stattfindende Ernennung von Landstingsmitgliedern geschieht auf Lebenszeit unter Männern, welche gewählte Mitglieder der früheren oder jetzt bestehenden repräsentativen Versammlungen des Königreichs sind oder gewesen sind. Es steht jedoch jedem Mitglied frei, seinen Sitz im Landsting aufzugeben, sowie er auch im Falle des Verlustes der Wählbarkeit aus demselben austritt.

§ 40. Die übrigen Mitglieder des Landstings werden auf acht Jahre gewählt, jedoch so, daß die Hälfte alle vier Jahre austritt. Die Mitglieder des Landstinges erhalten dieselben täglichen Diäten wie die des Volkstinges. Die Wahlen der Mitglieder des Landstinges geschehen nach der Proportionszahlwahlmethode. Das Wahlgesetz regelt das Nähere betreffend die Wahlen.

13. Einladung zum ersten nordischen Juristentreffen 1872

Im Jahre 1872 fand in Kopenhagen zum erstenmal ein nordisches Juristentreffen statt. Das Treffen war durch bekannte Juristen aus Dänemark, Norwegen und Schweden vorbereitet worden und zielte darauf ab, rechtliche Fragen besonders auf dem Gebiete des Wirtschaftsrechts gemeinsam zu debattieren, um geeignete einheitliche Lösungen zu finden. Diese Treffen waren sehr bedeutend, da sie zu einer Reihe von wichtigen gemeinsamen nordischen Gesetzen führten, zunächst auf dem Gebiete des Wechsel-, See- und Handelsrechtes. Nach der Jahrhundertwende wurde die Gesetzeszusammenarbeit intensiviert und auf die Gebiete des Obligationenrechtes und des Familienrechtes ausgedehnt. Besonders hervorzuheben sind das Kaufgesetz aus dem Jahre 1906 und das Gesetz über Verträge von 1917.

Quelle 62

Einladung zum ersten nordischen Juristentreffen 1872

„Die durch die verbesserten Kommunikationsmittel veranlaßte oder geförderte Annäherung, die seit einiger Zeit in kommerzieller und industrieller Hinsicht unter den skandinavischen Völkern stattfindet, ruft ein ständig zunehmendes Bedürfnis nach allgemeineren und mehr verbreiteten Kenntnissen in den Rechtsinstitutionen der einzelnen Länder hervor; Kenntnisse, die hauptsächlich für die Männer wünschenswert sind, die der Rechtswissenschaft ihre Tätigkeit als Lehrer, Richter oder Rechtsanwälte weihen.

Alle wichtigen Reformen der Gesetzgebung bedürfen der rechtswissenschaftlichen Diskussion. Nach der Einführung neuer Strafgesetze ist auch die Frage nach den Änderungen der Strafrechtspflege in jedem der drei Reiche zur Sprache gebracht worden, und während der Verhandlungen über deren Grundsätze ist ein gewisses Interesse auf die Frage der generellen Organisation der Gerichtshöfe und der Ordnung des Zivilprozesses gelenkt worden, Fragen, die schon seit längerer Zeit die Wissenschaft und die Gesetzgeber anderer Länder beschäftigen, besonders in Deutschland. Das Handelsrecht, dieser neulich so schnell entwickelte Zweig der Rechtswissenschaft, dessen internationale Natur aus dem Namen selbst hervorgeht, erregt auch in Skandinavien immer größere Aufmerksamkeit und fordert neue Formen, die auch das Privatrecht im allgemeinen nicht völlig unberührt lassen.

Die wesentliche Übereinstimmung der Rechtsauffassungen im gesamten skandinavischen Norden und die gemeinsame ursprüngliche Grundlage, aus denen die Rechtsinstitutionen hervorgegangen sind und sich mit kleineren Abweichungen entwickelt haben, deuten darauf hin, daß die Lösung dieser großen Fragen in den einzelnen Ländern vorzugsweise in gleichartiger Richtung erarbeitet werden soll.

Das Zusammentreffen und möglicherweise ein hierdurch gegründeter Verein der skandinavischen Juristen nach dem Vorbild der in letzter Zeit in England und Deutschland entstandenen Institutionen dieser Art (society for the promotion of social science, die deutschen Juristentage), die unbestreitbar beträchtlich zur günstigen Entwicklung der Gesetzgebung in den genannten Ländern beigetragen haben, würden zweifellos nicht nur persönliche Bekanntschaften und den Meinungsaustausch unter Fachleuten ermöglichen, sondern auch eine allgemeinere Billigung des unter Geschäftsleuten gehegten Wunsches erzielen, daß die Gesetzgebung der einzelnen Länder so gleichartig werde, wie es unter gebührender Berücksichtigung der nationalen und örtlichen Eigentümlichkeiten und der dadurch notwendig gemachten Unterschiede möglich ist, sowie sie durch eine allseitige Erforschung der Rechtsinstitutionen wesentlich dazu beitragen würden, die Hindernisse einer solchen Entwicklung der Gesetzgebung in den einzelnen Ländern zu ermitteln und womöglich auszuräumen.

Die drei Reiche sollten sich in der Abhaltung dieser Zusammentreffen abwechseln. Es wäre schon deswegen eine gute Idee, Kopenhagen als erste Versammlungsstadt zu wählen, weil die dort im bevorstehenden Sommer veranstaltete Industrieausstellung zweifellos viele Personen der verschiedenen skandinavischen Länder zusammenführen wird.

Demgemäß werden alle, die sich mit dem schwedischen, norwegischen oder dänischen Recht beschäftigen, theoretisch oder praktisch, und sich infolgedessen für die skandinavische Rechtsentwicklung interessieren, dazu eingeladen, sich in Kopenhagen in der zweiten Hälfte vom August dieses Jahres einzufinden.

[...]

14. Gesetz Nr. 53 vom 7. Mai 1880 über das Verfügungsrecht der verheirateten Frau über das von ihr durch selbständige Tätigkeit Erworbene

Das Gesetz aus dem Jahre 1880 zeigt den Einfluss des im 19. Jahrhundert aufkommenden Gedankens der rechtlichen Gleichstellung von Männern und Frauen. Seit dem Mittelalter waren verheiratete Frauen als unmündig betrachtet worden. Es war Sache des Ehemanns, alle vermögensrechtlichen Bestimmungen zu treffen. Mit dem Gesetz wurden zwei in der späteren Gesetzgebung entwickelte Prinzipien festgelegt: Sonderverfügung und Sonderhaftung.

Quelle 63

Wir, Christian der Neunte, von Gottes Gnaden König von Dänemark etc.,

tun kund:

Folgendes Gesetz ist von dem Reichstag beschlossen und von uns durch unsere Zustimmung bestätigt worden:

§ 1. Was eine verheiratete Frau durch selbständige Tätigkeit erworben hat, und was nicht wesentlich auf die Mittel des Mannes oder des gemeinschaftlichen Besitzes gegründet ist oder dadurch unterhalten wird, über das hat sie allein das Verfügungsrecht, und zwar sowohl über das von ihr Erworbene als auch über das nachweisbar für eine solche Tätigkeit Angeschaffte, solange sie lebt, und zwar ohne die Zustimmung des Mannes oder eines anderen Vormunds. Aus solchem Gut kann sich keiner wegen Verschuldung des Ehemannes befriedigen, solange die Ehefrau am Leben ist. Ausgenommen davon sind die Fälle, in denen die Ehefrau in die Verschuldung eingewilligt hat.

14. Gesetz Nr. 69 vom 9. April 1891 über die Altersversorgung würdiger Bedürftiger außerhalb der Armenpflege

Das dänische Sozialwesen wurde gegen Ende des 19. Jahrhunderts durch verschiedene Gesetze reformiert. So. wurde am 9. April 1891 ein Gesetz über das öffentliche Armenwesen erlassen. Unter demselben Datum ist auch das Gesetz über Alterversorgung erlassen worden. Man sagte, dass man mit diesem Gesetz vom Bettelstab zur Rente kam. Die Kosten der Altersversorgung sollten von der Aufenthaltsgemeinde getragen werden, jedoch nur gegen eine staatliche Rückerstattung von 50 Prozent.

Quelle 64

Gesetz Nr. 69 vom 9. April 1891 über die Altersversorgung würdiger Bedürftiger außerhalb der Armenpflege

Wir, Christian der Neunte, von Gottes Gnaden König von Dänemark, den Wenden und den Goten, Herzog zu Schleswig, Holstein, Stormarn, Dithmarschen, Lauenburg und Oldenburg, tun kund: folgendes Gesetz ist von dem Reichstag beschlossen und von uns durch unsere Zustimmung bestätigt worden:

§ 1 Wer nach seinem vollendeten 60. Lebensjahr weder sich selbst noch denjenigen, für die er die volle Sorgepflicht hat, das Erforderliche für den Unterhalt, oder in Krankheitsfällen, für Kur und Pflege, verschaffen kann, soll, insofern er dänischer Staatsangehöriger ist, nach den folgenden Bestimmungen dazu berechtigt sein, Altersversorgung zu erhalten. Als den Staatsangehörigen gleichberechtigt gelten in obengenannter Hinsicht eine getrenntlebende oder geschiedene Frau oder eine Witwe, die nicht selbst die Staatsangehörigkeit besitzt, aber mit einem Staatsangehörigen verheiratet war oder es in letzter Ehe war.

§ 5 Die Versorgung soll das für den erforderlichen Unterhalt des Versorgten oder der Familie des Versorgten zu jeder Zeit Benötigte umfassen, oder in Krankheitsfällen das für Kur und Pflege Benötigte, das sowohl Geld als auch Naturalleistungen, und, wenn die Umstände dafür sprechen, Unterbringung in dazu besonders eingerichteten Asylen oder ähnlichen Anstalten darstellen können.

Die für die Bedürftigen im allgemeinen geltenden Vorschriften betreffend Gemeindereisen[Anm.: Im Original: Sognerejse, d. h. eine notwendige lange Reise.], Gebrauch von Ärzten und Hebammen und deren Entgelt sowie Sterbegeld, gelten auch für die nach dem vorliegenden Gesetz versorgten Personen.

§ 7 Die Kosten der Altersversorgung werden von der Aufenthaltsgemeinde [Anm.: Im Original: Kommune, d. h. die kleinste dänische Verwaltungseinheit] getragen.

15. Gesetz Nr. 56 vom 26. März 1898 über die Verpflichtung zum Schadensersatz beim Eisenbahnbetrieb

Dieses Gesetz begründet die Pflicht zum Schadensersatz beim Eisenbahnbetrieb aus einer Verschuldungsnorm (Culparegel) mit umgekehrter Beweislast. In einem späteren Gesetz von 1921 über Schadensersatz beim Eisenbahnbetrieb wurde schließlich die Gefährdungshaftung eingeführt.

Quelle 65

Gesetz Nr. 56 vom 26. März 1898 über die Verpflichtung zum Schadensersatz beim Eisenbahnbetrieb

Wir, Christian der Neunte, von Gottes Gnaden König von Dänemark, den Wenden und den Goten, Herzog zu Schleswig, Holstein, Stormarn, Dithmarschen, Lauenburg und Oldenburg, tun kund: Folgendes Gesetz ist von dem Reichstag beschlossen und von uns durch unsere Zustimmung bestätigt worden:

§ 1
Es ist die Pflicht des Betriebs, Schadensersatz für Personenschäden zu leisten, die durch die Fahrt mit der Staatsbahn oder im übrigen bei der Benutzung von deren Betriebseinrichtungen den Reisenden oder anderen zugefügt werden, für die keine besonderen Schadenersatzvorschriften wegen eines Dienstverhältnisses bei der Staatsbahn gelten, es sei denn, daß der Geschädigte selbst vorsätzlich oder durch Fahrlässigkeit den Schaden verursacht, oder dieser nicht durch die Sorgfalt, die der Eisenbahnbetrieb in Hinsicht auf Betriebsverfahren und Ausrüstung von der Betriebsleitung und der Betriebsbedienung fordert, hätte abgewendet werden können.

16. Kodifikationsrede von Julius Lassen vom 16. November 1899

Der dänische Jurist Professor Julius Lassen (1847-1923) insbesondere als Obligationenrechtler bekannt, hat 1899 in einer Universitätsrede ein neues dänisches Gesetzbuch zum Desideratum erklärt. Er hat auf viele Mängel hingewiesen, die eine Folge des fehlenden zeitgemäßen Gesetzbuches seien. Auch hat er, indem er auf das neue deutsche Bürgerliche Gesetzbuch hinwies, die Möglichkeit eines gemeinsamen nordischen Gesetzbuches angedeutet.

Quelle 66

Julius Lassen: Über die Kodifikation des Privatrechts

Rede bei dem Universitätsfest anläßlich der Reformation, den 16. November 1899

I.

Es kann in der Geschichte des bürgerlichen Rechts keine einzige Begebenheit nachgewiesen werden, die so tief und entscheidend in die Entwicklung des Rechts eingegriffen hat, wie der Einfluß jener Reformation, deren Andenken die Universität heute begeht, auf die Kirche. Aber werfen wir einen Blick auf die gesamten Rechtsordnungen, auf unsere eigene sowie die fremden, dann wird ihre Geschichte ziemlich regelmäßig, in kürzeren oder längeren Zeitabständen, Begebenheiten aufweisen, die in gewissen Zügen an die Kirchenreformation erinnern. Ich meine die Kodifikationen des Privatrechts: Gesetzbücher, die das bürgerliche Recht in seiner Ganzheit festsetzen. Im allgemeinen greifen sie nicht wie die Kirchenreformation besonders tief in die Entwicklung ein. Aber wie diese stellen sie klar, reinigen die Luft und weisen auf neue Entwicklungswege hin. Wie die Geschichte zeigt, sind die Kodifikationen in diesen Funktionen notwendige Bestandteile in der Entwicklung des Rechts. Und ich werfe somit hier die Frage auf, ob eine Kodifikation des bürgerlichen Rechts hierzulande nicht fällig sei, ob wir nicht ein neues dänisches Gesetzbuch bräuchten, das wie das Dänische Gesetzbuch Christians V. unser bürgerliches Recht in seiner Ganzheit festsetzte. Unter dem bürgerlichen Recht oder Privatrecht verstehe ich in Übereinstimmung mit dem üblichen juristischen Sprachgebrauch: das Personenrecht oder die Ordnung der allgemeinen persönlichen Rechtsstellung, besonders in Hinsicht auf Mündigkeit und Unmündigkeit; das Vermögensrecht: die rechtliche Ordnung der Verhältnisse betreffend das Eigentum und den Nießbrauch, die Ordnung des Pfandrechts sowie die für Verträge und schädliche Taten geltenden Vorschriften; das Familienrecht: die rechtliche Ordnung der Ehe sowie des Verhältnisses zwischen Eltern und Kindern, und das Erbrecht, kurz die rechtliche Ordnung der Verhältnisse betreffend das Privatleben, hierunter das Geschäftsleben, im Gegensatz zum öffentlichen Recht, Staatsrecht, Strafrecht, Verfahrensrecht.

Zunächst werde ich die Form des Rechts betrachten. Hierzulande ist die formelle Lage des bürgerlichen Rechts zur Zeit die folgende: das Dänische Gesetzbuch Christians V. vom Jahre 1683 ist noch das geltende Gesetz des Landes. Tatsächlich kommt aber in diesem kasuistischen und in vielen Punkten veralteten Gesetzbuch nur eine, relativ gesehen, sehr geringe Anzahl der geltenden privatrechtlichen Gesetzesvorschriften vor. Viele von den geltenden Vorschriften lassen sich in späteren verstreuten Verordnungen und Gesetzen finden, die das Gesetz des Landes ergänzen oder ändern. In der Tat ist der größte Teil der geltenden privatrechtlichen Normen aber nicht gesetzlich verankert, namentlich im vermögensrechtlichen Bereich fehlen Gesetzesvorschriften. Wo die Gesetze und ihre Analogie schweigen, da müssen die rechtsanwendenden Behörden, die Gerichte, über die ihnen vorgelegten Rechtsfälle entscheiden, und zwar so, wie es von der Natur derselben gefordert wird, oder, wie es ausgedrückt wird, nach der mit der Natur des Verhältnisses übereinstimmenden Norm. Wir sind demnach, namentlich was das Vermögensrecht betrifft, zum größten Teil auf das sogenannte ungeschriebene Recht angewiesen: auf Rechtsnormen, die nicht gesetzlich fixiert sind, sondern deren Wirksamkeit lediglich auf ihrer Übereinstimmung mit der Natur des Verhältnisses beruhten.

Schon diese Lage, nämlich daß wir in großem Ausmaß auf ungeschriebenes Recht angewiesen sind, ist ein schwerwiegendes Motiv für eine Kodifikation, denn das ungeschriebene Recht stellt gegenüber dem Rechtssatz einen unvollkommenen Zustand dar.

Zunächst muß erkannt werden, daß eine gesetzliche Fixierung eine gleichmäßige Anwendung der Rechtsnorm allen gegenüber garantiert. Sie sichert davor, daß der Richter eine ihm vorgelegte Sache parteiisch entscheidet. Ich ziele hiermit nicht auf absichtliche Parteilichkeit ab. Daß die Richter im allgemeinen gewillt sind, gerecht zu urteilen, ist ein Satz, den man erfahrungsgemäß ruhig als gegeben ansehen kann, und vor absichtlicher Parteilichkeit würde die gesetzliche Fixierung keine große Sicherung geben können. Ich ziele hier auf die unabsichtliche Parteilichkeit ab. Wenn der Richter ohne gesetzlich fixierten Beistand nach der mit der Natur des Verhältnisses übereinstimmenden Vorschrift über den ihm vorgelegten Rechtsfall entscheiden muß, dann heißt es ja, daß er die Sache nach der Rechtsvorschrift entscheidet, die für ihn als die mit der Natur des Verhältnisses übereinstimmende gilt, nämlich nach seinem eigenen Rechtsgefühl. Es wird aber unschwer passieren können, daß die dem Richter von seinem Rechtsgefühl diktierte Rechtsvorschrift etwas von der tatsächlich mit der Natur des Verhältnisses übereinstimmenden abweicht, weil belanglose Rücksichten, standesgemäße Sympathien und Antipathien, politische Sympathien und Antipathien auf das Rechtsgefühl des Richters einwirken, indem sie ohne das Wissen des Richters eine Verschiebung in seiner Erkenntnis der rechten Norm zur Folge haben, und zwar zugunsten der einen, zum Schaden der anderen Partei. Das betrifft alle, keiner wird sich ganz von solchen unter der Schwelle des Bewußtseins liegenden, belanglosen Rücksichten freisprechen können, die auf sein Urteil Einfluß gewinnen könnten. Außer zum Abwenden dieser Gefahren hilft weiterhin die gesetzliche Fixierung dem Richter; das geschriebene Gesetz zeigt ihm, wie er ohne jede Rücksicht auf seine eigenen Ansichten urteilen soll, und der Richter wird den Gesetzesvorschriften regelmäßig und gleichmäßig allen gegenüber folgen, auch wenn er der Eigenart seines individuellen Rechtgefühls zufolge das Gesetz weniger gerecht findet. Die gesetzliche Fixierung gibt wie Jhering sagt der Rechtsnorm formale Selbständigkeit, sie sichert die Rechtsanwendung gegen den von subjektiven Ansichten und Sympathien beherrschten Einfluß der Richter ab.

Dieser Mangel des ungeschriebenen Rechts, worauf ich jetzt hingewiesen habe, ist aber nicht der bedenklichste. Auch auf eine andere, wahrscheinlich viel bedenklichere Weise scheint die Unkenntlichkeit und Unbestimmtheit der ungeschriebenen Norm nachteilig zu sein. Es würde dem Bürger täglich von größtem Nutzen sein können, wenn er im voraus – bevor er sich auf diese oder jene Weise einrichtete – über die verschiedenen Rechtsnormen gut Bescheid wüßte, oder mit anderen Worten, wenn er wüßte, was das Gericht unter Umständen für Recht erkennen würde. Sicherlich würde man gerne wissen wollen, ob das Arrangement, das man zu treffen gedenkte, indem man z. B. jemandem ein Darlehen gewährt, tatsächlich auch Gewähr für die Rückzahlung dieses Darlehens gäbe, oder ob das Gericht das Arrangement für gesetzeswidrig halten würde. Ein anderes Beispiel: Der Mann im Haus ist gestorben, und die Hinterbliebenen wissen nicht, ob sie, obwohl der Mann die Wohnung auf Jahre hinaus gemietet hat, dazu befugt seien, unter Einhaltung der gewöhnlichen Frist zu kündigen. Die Lage ist aber jetzt so, daß das Gesetz nur in sehr wenigen Fällen auf solche für den Alltag interessanten Fragen eine Antwort gibt. Der für diesen Fall geltende Rechtssatz beruht im allgemeinen auf ungeschriebenem Recht. Möchte man darüber Bescheid wissen, wie das Gericht über den vorliegenden Fall eventuell entscheiden wird, muß man die Antwort in den rechtswissenschaftlichen Schriften und in der Gerichtspraxis suchen, und diese Antwort wird oft unsicher sein.

Nehmen wir an: man wird seine Frage in der Praxis beantwortet sehen. Das heißt: ich finde in den Gerichtsprotokollen eine Gerichtsentscheidung, die so sehr mit meinem Rechtsfall übereinzustimmen scheint, daß ich glaube, dieser wie jener Rechtsfall sei derselben Rechtsvorschrift unterstellt. Viel mehr wird man im allgemeinen in den gerichtlichen Entscheidungen nicht finden; sie vermeiden normalerweise und zwar mit Recht eine direkte Äußerung allgemeiner Rechtssätze. Verhilft uns nun dieser Fund einer oder mehrerer früheren Gerichtsentscheidungen zu einer zuverlässigen Auskunft? Nein, die Zuverlässigkeit ist zweifelhaft. Erstens ist es möglich, daß das Gericht sich unter Umständen meiner Auffassung, der meinige und der frühere Rechtsfall seien gleichartig, nicht anschließen würde, weshalb die beiden Rechtsfälle derselben Rechtsvorschrift nicht unterstellt werden müßten. Gerade wegen des kasuistischen Charakters der Gerichtsentscheidungen liegt diese Möglichkeit nicht so fern. Und außerdem: auch wenn das Gericht meinen Fall für ganz identisch mit dem früher gerichtlich entschiedenen hält, kann ich nicht, obwohl vieles dafür spricht, ganz sicher sein, daß das Gericht dieselbe Ansicht wie früher haben und so über meinen wie über den früheren gerichtlich entschiedenen Fall entscheiden wird. Habe ich nur ein Landgerichtsurteil gefunden, ist es, auch wenn das Landgericht bei seiner früheren Anschauung bleibt, damit nicht gewiß, daß der dänische Oberste Gerichtshof derselben Ansicht ist. Aus den Zeitungen kennen Sie doch sicher alle die nicht unübliche Redensart nach der Berichterstattung über ein Landgerichtsurteil: „Der Oberste Gerichtshof kam aber zu einem gegensätzlichen Ergebnis". Dies ist zwar nicht immer, aber doch ziemlich oft, ein Ausdruck des in der Rechtsauffassung vom Landgericht abweichenden Obersten Gerichtshofes. Dahingegen liegt die Sache besser, wenn man ein älteres Urteil des Obersten Gerichtshofes vor sich hat, aber auch hier kann man sich seiner Sache nicht gewiß sein. Es kommt vor, daß der dänische Oberste Gerichtshof sich und zwar vollkommen mit Recht gegen seine älteren Entscheidungen wendet.

Gibt es also selbst da Unsicherheit, wo man Präjudize findet, dann wird die Unsicherheit noch größer, wenn man sich weder auf das Gesetz noch auf die Praxis stützen kann. In diesen Fällen ist man ausschließlich auf die Darstellung in der wissenschaftlichen Arbeiten und sein eigenes Rechtsgefühl angewiesen. Daß die Lösung der wissenschaftlichen Darstellung nun die Billigung des Gerichts finden wird, gilt in vielen Fällen zwar als sehr wahrscheinlich; die gegenseitige Zusammenarbeit der Theorie und der Praxis ist hierzulande seit der Zeit Ørsteds im großen und ganzen gut gewesen. Das Gericht wird aber dennoch die Entscheidung der Wissenschaft immer erst überprüfen müssen, und diese Überprüfung wird mit Recht oder Unrecht nicht selten dazu führen, daß die Gerichtsentscheidung eine andere als die der theoretischen Wissenschaft wird. Darüber hinaus muß hinzugefügt werden, daß die Wissenschaft nicht selten verschiedene Lösungen auf dieselbe Frage geben wird oder sich vorläufig gar außerstande gesehen hat, eine Lösung zu finden. Auch in der Praxis gibt es des öfteren verschiedene Lösungen auf dieselbe Frage. Möchte man darüber Bescheid wissen, ist man also hier ganz hilflos.

Diese Nachteile, die ich jetzt nachgewiesen habe, sind eine von der Nichterkennbarkeit der ungeschriebenen Norm untrennbare Eigenschaft. Die ungeschriebene Norm: die ohne gesetzliche Fixierung mit der Natur des Verhältnisses übereinstimmende Norm, ist, gerade weil ihr die gesetzliche Fixierung fehlt, dem Individuum nur durch sein eigenes Rechtsgefühl erkennbar, und dieses kann, wie vorher erwähnt, in einer für die rechte Erkenntnis der Norm verhindernden Weise befangen sein. Dies kann bei Richtern und anderen Juristen der Fall sein, aber es wird natürlich noch häufiger und in größerem Ausmaß bei Laien vorkommen. Einer wird diese, ein anderer jene Rechtsvorschrift für die mit der Natur des Verhältnisses übereinstimmende halten. Da dem ungeschriebenen Recht die gesetzliche Fixierung fehlt, wird es, subjektiv gesehen, unbestimmt. Hierzu kommt, daß das ungeschriebene Recht auch noch oft unter einer objektiven Unbestimmtheit leidet. In vielen Bereichen wird diese Rechtsvorschrift ebenso gut sein wie jene, die eine wird ebenso gut wie die andere mit der Natur des Verhältnisses übereinstimmen, oder was praktisch dasselbe ist, selbst die unbefangene, unvoreingenommene Schätzung wird darüber im Zweifel sein, ob diese Vorschrift der anderen vorgezogen werden solle oder umgekehrt. Es kann kaum verwundern, daß es ein Bedürfnis nach einem im voraus sicheren Wissen um die geltenden Vorschriften in solchen Bereichen gibt. Nehmen wir an, daß der

Verfallstag einer Miete, die nach dem Mietvertrag am Monatsersten bezahlt werden soll, auf einen Sonntag fällt, würde der Mieter sicherlich gern wissen wollen, ob man die Vorschrift gelten lassen solle, daß die Miete schon am Samstag bezahlt werden müsse, oder ob man sich vielleicht daran halten solle, daß die Miete erst am Montag bezahlt werden müsse. Dies scheint ziemlich gleichgültig zu sein, aber es ist für den Mieter von höchster Wichtigkeit – vielleicht legt der Mietvertrag die Bestimmung fest, daß er aus seiner Wohnung exmittiert werden kann, wenn er seine Miete nicht pünktlich am Tage bezahlt –, ob dieses oder jenes geltendes Recht ist. Die Rechtswirklichkeit hat in vielen Fällen Vorschriften nötig, die Termine oder Fristen regeln können, wie z. B. die Kündigungsfrist; ob sie ein bißchen kürzer oder länger ist, bedeutet weniger, wenn man bloß weiß, wonach man sich zu richten hat. Es wird bei solchen Fällen besonders deutlich, daß das ungeschriebene Recht unbefriedigend ist, und daß die gesetzliche Fixierung und die scharfe Erfassung der verschiedenen vernünftigen Alternativen erforderlich sind. Aber auch auf diesem Gebiet fehlt es in großem Ausmaß an Gesetzesvorschriften im dänischen Recht.

Ich behaupte also, daß es hierzulande einer Kodifikation des bürgerlichen Rechts bedarf, besonders des Vermögensrechts, da unser Privatrecht zum größten Teil aus ungeschriebenem Recht besteht und es somit an Erkennbarkeit und Bestimmtheit fehlt. Zwar kann eine Kodifikation nicht alle Unklarheit aufheben. Sie soll weder eine erschöpfende gesetzliche Fixierung des Rechts erzielen, noch Gesetzesvorschriften für alle denkbaren Fälle aufstellen; das neue deutsche Bürgerliche Gesetzbuch vom Jahre 1896 geht in dieser Hinsicht abschreckend weit. Eine Kodifikation kann uns aber dazu verhelfen, einen erheblichen Schritt vorwärts zu tun, damit die schädliche rechtliche Ungewißheit in den praktisch wichtigsten Fällen beseitigt werden kann. Dieses Motiv ‚das Motiv der Sicherheit' hat uns eine der in der Rechtsgeschichte erfolgreichsten Kodifikationen geschaffen, und zwar die Zwölftafelgesetze Roms. Die aus Sicherheitsgründen durch das Edikt des Prätors initiierte Kodifikation wurde erlassen, „damit die Bürger wissen könnten, was das Gericht für Recht erkennen würde, und sich darauf im voraus einrichten könnten." Dasselbe Motiv führte nach dem Ende der prätorianischen Kodifikation die römischen Zitiergesetze und zuletzt Justinians corpus juris herbei. Dieses Motiv hat schließlich auch bei den neueren Kodifikationen eine nicht geringe Rolle gespielt.

II.

[...] Ich halte also ein neues „Dänisches Gesetzbuch" für eine der Aufgaben, die wir zu Beginn des 20. Jahrhunderts zu lösen anstreben müssen. Das Bedürfnis ist da; schon zu Zeiten Christians VI. und Friedrichs V. war man ja darauf bedacht, das Gesetz des Landes zu revidieren. Und je länger die Zeit vergeht, um so mehr haben wir aus Rücksicht auf die kontinuierliche rechtliche Entwicklung das neue Gesetzbuch nötig. Ich bezweifle nicht, daß wir der Aufgabe gewachsen sind. Von dem großen, in den Vorarbeiten zum neuen deutschen Bürgerlichen Gesetzbuch vom 18. Juni 1896 vorliegenden Material, dessen 2385 Paragraphen am 1. Januar 1900 in Kraft treten, werden wir auch Gebrauch machen können. Auch das Gesetzbuch selbst, das u. a. dadurch auffällt, daß es für ein (etwa 17 Millionen großes) Gebiet die Ersetzung des justinianischen corpus juris als geltendes Gesetzbuch bedeutet, wird uns manches bei unserer Arbeit an der Kodifikation lehren können, auch wenn es uns zugleich wegen seiner Form abschrecken und in vielerlei Beziehung doktrinär erscheinen mag.

Ich sehe ein, daß die Aufgabe eigentlich hätte anspruchsvoller aussehen sollen, und daß ein nordisches Gesetzbuch das eigentliche Ziel sein müßte. Ein für alle Reiche Skandinaviens gemeinsames, durch vereinte dänische, norwegische und schwedische Kräfte geschaffenes Gesetzbuch würde sicherlich die eigentümlichen, nordischen Rechtsgedanken stärker zum Ausdruck bringen. Ein nordisches Gesetzbuch hätte eine Autorität, die dem dänischen, norwegischen und schwedischen fehlen würde. Es würde im Zusammenhang mit einer damit verknüpften gemeinsamen skandinavischen Rechtswissenschaft als Vermittler zwischen dem romanistisch-deutschen und dem englisch-amerikanischen Recht die Mission des skandinavischen Rechts in der Entwicklung des allgemeinen Bürgerlichen Rechts erfüllen können. Sollte dieser Weg sich als gangbar erweisen, muß er verfolgt werden.

VII. Das 20. Jahrhundert

1. Prozessordnung Nr. 90 vom 11. April 1916

Im Grundgesetz von 1849 (§§ 76 und 79) und später im revidierten Grundgesetz von 1866 (§§ 71 und 74) wurden folgende für die Rechtspflege wichtigen Prinzipien aufgestellt: Trennung der Rechtspflege von der Verwaltung, Einführung von Öffentlichkeit und Mündlichkeit und Einführung von Laienrichtern in der Strafrechtspflege. Nach langer Vorbereitung in verschiedenen Kommissionen wurde schließlich 1916 die Prozessordnung mit über 1000 Paragraphen erlassen. Das Gesetz, das sowohl eine Zivil- als auch den Strafprozess regelt, ist mit späteren Änderungen immer noch die Grundlage der dänischen Rechtspflege.

Quelle 67

Prozeßordnung Nr. 90 vom 11. April 1916

Gerichtsverfassung

Abschnitt I

Die Gerichte

§ 1

Die allgemeinen Gerichtshöfe sind der Oberste Gerichtshof, die Landgerichte und die untersten Gerichte[1], sowie das See- und Handelsgericht in Kopenhagen.

1 Im Original: Underretterne, d. h. die damaligen erstinstanzlichen Gerichte.

Das Reichsgericht[2], die Sitzungen und die geistlichen und militärischen Gerichte fallen nicht unter dieses Gesetz. Dasselbe gilt von den im Gesetz Nr. 35 vom 15. Februar 1895 behandelten konsularischen Gerichten, dem durch Gesetz Nr. 225 vom 14. April 1905 § 35 unter dem Namen des Akkordgerichts aufgerichteten Gerichtshof, den im Gesetz Nr. 77 vom 19. April 1907 §§ 11 und 12 und im Gesetz Nr. 134 vom 8. Juni 1912 behandelten Schiedsgerichten sowie dem in § 7 des letzten Gesetzes behandelten ständigen Schiedsgerichtshof, insofern Sonderregeln für diese Gerichte durch die genannten Gesetze festgesetzt sind. Die Regierung wird doch durch königliche Anordnung ermächtigt, die von diesem Gesetz notwendig gemachten Milderungen in diesen Sonderregeln festzusetzen.

Es verbleibt bei den Bestimmungen des Gesetzes Nr. 81 vom 12. April 1910 über das ständige Schiedsgericht, doch werden die Bestimmungen im vorliegenden Gesetz anstatt der entsprechenden Vorschriften des Gesetzes Nr. 53 vom 26. März 1909 über Rechtspflege angewendet.

§ 29.

Die Gerichtssitzungen sind öffentlich, wenn das Gegenteil nicht ausdrücklich vorgeschrieben ist. Doch kann das Gericht auf Antrag einer Partei oder von Amts wegen ausnahmeweise beschließen, daß die Verhandlung unter Ausschluß der Öffentlichkeit stattfinden soll, wenn es aus Rücksicht auf die Sittlichkeit oder Aufrechterhaltung der Ruhe und Ordnung im Gerichtssaal erforderlich ist. Dasselbe gilt in Zivilprozessen, wenn eine öffentliche Verhandlung jemandem eine unnötige Kränkung bereiten würde, oder in Strafprozessen, wenn es das Verhältnis des Staates zu fremden Mächten erfordert, sowie auch bei Rechtshandlungen, die ohne Hauptverhandlung stattfinden, wenn besondere Umstände Anlaß zur Annahme geben, die Öffentlichkeit der Gerichtssitzung sei für die Aufklärung der Sache hinderlich, oder wenn es vom Vormund eines Angeklagten unter 18 Jahren beantragt wird. Die Verkündung von Urteilen erfolgt in öffentlicher Sitzung.

§ 148.

Das Gerichtsverfahren wird mündlich verhandelt. Schriftliche Verhandlungen werden nur insoweit angewendet, als es ausdrücklich vom Gesetz bestimmt wird.

Bei der mündlichen Verhandlung ist frei vorzutragen.

Wenn verlesen werden muß, entscheidet der Gerichtsvorsitzende durch wen, insofern ein anderes nicht vom Gesetz vorgesehen ist.

§ 292

Die Entscheidung wird auf Grund der mündlichen Verhandlung und der Beweisaufnahme getroffen, vgl. jedoch §§ 345, 390, 415 und 438. Wie der tatsächliche Zusammenhang der

---

2 Im Original: Rigsretten, d. h. ein Gerichtshof, der sich aus den Mitgliedern des Obersten Gerichtshofs und einer entsprechenden Anzahl Mitglieder des Landtings zusammensetzt. Er verurteilt besonders in Prozessen des Königs und des dänischen Parlaments gegen Minister.

Sache auszulegen ist, entscheidet das Gericht gemäß dem gesamten Gehalt der Verhandlung und der stattgefundenen Beweisaufnahme.

Wenn sich die Parteien darüber streiten, wie ein Schaden verursacht worden ist, und welcher Ersatz geleistet werden soll, hat das Gericht nach Ermessen aller in Betracht kommenden Umstände, über diese Fragen zu entscheiden, wenn es sich auf Grund der vorliegenden oder eingeholten Auskünfte hierzu imstande sieht.

§ 293

Das Gericht kann keiner Partei mehr als beantragt zuerkennen. Über Verfahrenskosten und Ordnungsstrafen wird so beschlossen, wie die Natur der Sache erfordert, obwohl kein ausdrücklicher Antrag darauf gestellt worden ist.

Bei der Entscheidung sind Klagegründe und Einsprüche nicht zu berücksichtigen, die von den Parteien nicht geltend gemacht worden sind, und auf die sie zu verzichten berechtigt sind, obwohl es durch die Verhandlung der Sache deutlich geworden ist, sie hätten benutzt werden können.

§ 896.

Wenn entschieden wird, ob etwas bewiesen worden ist oder nicht, dürfen allein die während der Gerichtsverhandlung vorgelegten Beweise berücksichtigt werden. In die Beurteilung des Gewichts der Beweise ist der Richter gesetzlich gebunden.

2. Gesetz Nr. 279 vom 30. Juni 1922 über Gemeindekirchenräte

Das Grundgesetz von 1849 bestimmte im § 80 folgendes: „Die Verfassung der Volkskirche wird durch Gesetz geregelt." Der Gedanke einer Verfassung und damit einer Synode für die Volkskirche ist niemals realisiert worden, wenn auch vier Kommissionen (1853, 1868, 1904-07 und 1928-40) daran gearbeitet haben.

Stattdessen sind die Verhältnisse der Volkskirche durch Einzelgesetze geregelt worden. 1922 wurden zehn Gesetze über die Verfassung der Kirche erlassen, hierunter das Gesetz über Gemeindekirchenräte. Mit diesen Gremien ist eine gewisse Selbstständigkeit der Volkskirche unter der Aufsicht des Staates gesichert worden.

Quelle 68

Gesetz Nr. 279 vom 30. Juni 1922 über Gemeindekirchenräte

I.

§ 1. 1) Es soll in jeder Kirchengemeinde ein Gemeindekirchenrat errichtet werden [...].

§ 2. 1) Der Kirchengemeinderat setzt sich aus den bei der Gemeinde fest angestellten Pfarrern, hierunter auch den Hilfspredigern, sowie mindestens sechs dem Kreis des Gemeindekirchenrates Angehörige und nach den Vorschriften dieses Gesetzes gewählten Mitgliedern zusammen. Die Anzahl der gewählten Mitglieder richtet sich nach der Anzahl der Mitglieder in der dänischen Volkskirche im Kreis des Gemeindekirchenrates bei der letzten allgemeinen Volkszählung. [...]

III.

§ 18. Der Gemeindekirchenrat vertritt nach den darüber geltenden Bestimmungen die gemeindekirchenrätlichen Interessen des Kreises.

§ 19. 1) Der Gemeindekirchenrat macht den Vorstand selbstständiger rechtsfähiger Kirchen aus. [...]

§ 21. Der Gemeindekirchenrat nimmt nach den hierüber geltenden Vorschriften an der Verwaltung des zum Pfarramt gehörigen Eigentums teil. [...]

§ 26. 2) Der Pfarrer ist in seiner Amtstätigkeit, hierunter auch in der privaten Seelsorge, von dem Gemeindekirchenrat unabhängig.

3. Gesetz Nr. 276 vom 30. Juni 1922 über Schließung und Auflösung der Ehe

Bis zum Ehegesetz von 1922 richtete sich die Schließung und Auflösung der Ehe nach dänischem Recht im wesentlichen nach dem Gesetzbuch von 1683. Durch die Verwaltungspraxis wurde das Eherecht im Laufe des 18. und 19. Jahrhunderts fortentwickelt. So wurde z.B. wurde das Trennungsinstitut wieder eingeführt. Das Ehegesetz, das ein Ergebnis der nordischen Gesetzeszusammenarbeit ist, kodifizierte in erster Linie die in der Praxis fortentwickelten Regelungen. Die Möglichkeit, eine Ehe durch Ziviltrauung zu schließen, wurde unter gewissen Bedingungen 1851 eingeführt. Mit dem Ehegesetz wurde diese Möglichkeit rechtlich verankert.

Quelle 69

Gesetz Nr. 276 vom 30. Juni 1922 über Schließung und Auflösung der Ehe.

Abschnitt II

Über die Voraussetzungen der Ehe.

6. Ein Mann unter 21 Jahren und eine Frau unter 18 Jahren dürfen keine Ehe schließen, doch kann eine Ausnahme hiervon durch königliche Bewilligung in Übereinstimmung mit den bisher geltenden Vorschriften gemacht werden.

7. Wer unter 21 Jahren ist und nicht früher verheiratet war, darf ohne die Zustimmung der Eltern keine Ehe schließen. Ist einer der Elternteile verstorben, geisteskrank oder geistesschwach, ist er an dem Sorgerecht nicht beteiligt, oder wäre seine Erklärung nicht ohne besonderes Bemühen oder besondere Verzögerung einzuholen, dann soll die Zustimmung des anderen Elternteils ausreichend sein. Gilt das hier Angeführte für beide Eltern, wird die Zustimmung des Vormunds oder Kurators für die Ehe erforderlich sein.

8. Wer entmündigt ist, darf ohne die Zustimmung des Vormunds keine Ehe schließen.

9. Wenn die Zustimmung in den in 7 und 8 genannten Fällen verweigert wird, kann die höhere Obrigkeit [Anm.: Im Original: Overøvrigheden, d. h. eine höhere Verwaltungsbehörde oder, im engeren Sinne, der höchste Beamte Kopenhagens.] auf Verlangen dem Betreffenden die Erlaubnis zur Ehe geben, wenn kein Grund zur Verweigerung besteht.

10. Wer in höherem Grade geisteskrank oder geistesschwach ist, darf keine Ehe schließen.

Doch soll einem Geisteskranken das Eheschließen durch königliche Bewilligung erlaubt werden können, wenn es, unter Berücksichtigung der Art der Krankheit, der Gefahr einer krankhaften Nachkommenschaft sowie der Fähigkeit der Partei zur Beurteilung der Bedeutung der Ehe, für verantwortbar gehalten wird.

Abschnitt IV

Über Trauung

28. Die Ehe ist entweder durch kirchliche Trauung oder Ziviltrauung zu schließen.

29. Kirchliche Trauung ist möglich:

1) innerhalb der dänischen Volkskirche [Anm.: Im Original: Den danske Folkekirke, d. h. die staatliche evangelisch-luthersche Kirche Dänemarks.], wenn der Bräutigam oder die Braut dieser angehört.

2) innerhalb der Glaubensgemeinschaften, deren Pfarrer als berechtigt dazu anerkannt sind, hierzulande Trauungen mit bürgerlicher Gültigkeit zu verrichten, wenn der Bräutigam oder die Braut der betreffenden Glaubensgemeinschaft angehört.

Der König kann beschließen, daß Angehörige ausländischer evangelisch-lutherischer Glaubensgemeinschaften das gleiche Recht auf kirchliche Trauung wie die Angehörigen der dänischen Volkskirche haben sollen.

30. Kirchliche Trauung innerhalb der Volkskirche wird von deren Pfarrern vollzogen.

4. Gesetz Nr. 56 vom 18. März 1925 über die Rechtwirkungen der Ehe

Mit dem Gesetz ist der Gedanke der Gleichstellung von Ehefrau und Ehemann in vermögensrechtlichen Verhältnissen im Wesentlichen umgesetzt worden. Das

Gesetz unterscheidet zwischen Gesamtgut und Sondergut. Im Allgemeinen gehört das Vermögen der Ehegatten zu ihrer Gütergemeinschaft. Die zwei Prinzipien, Sonderverfügung und Sonderhaftung, sind die wesentlichen vermögensrechtlichen Regelungen des Gesetzes. Jeder Ehegatte durfte über die von ihm in die Ehe eingebrachten Gegenstände verfügen und haftete mit diesen.

Quelle 70

Gesetz Nr. 56 vom 18. März 1925 über die Rechtswirkungen der Ehe

I.

Allgemeine Bestimmungen

§ 1. Mann und Frau sollen sich gegenseitig unterstützen und die Interessen der Familie in Gemeinschaft wahren. [...]

II.

Über das Vermögen

§ 15. Alles, was die Ehegatten bei der Eheschließung besitzen oder später erwerben, gehört zu ihrer allgemeinen Gütergemeinschaft, insofern sie nicht im Güterstand der Gütertrennung leben, vgl. § 21.

Auf Rechte, die unübertragbar oder sonst von persönlicher Art sind, finden die Vorschriften über Gütergemeinschaft jedoch nur in dem Ausmaße Anwendung, wie es mit den für diese Sonderrechte geltenden Vorschriften vereinbar ist.

§ 16. Jeder Ehegatte verfügt bei lebendigem Leibe über alles, was er in das Gesamtgut gebracht hat, von den Beschränkungen abgesehen, die aus den in §§ 17-20 angeführten Vorschriften sich ergeben.

Bei der Beendigung der Ehe wie auch im Falle eines vorzeitigen Ausgleichs oder einer Ehetrennung wird die Hälfte des zurückgebliebenen Gesamtguts durch jeden Ehegatten oder seine Erben übernommen, soweit sich nicht noch aus besonderen Gründen Abweichungen ergeben.

§ 17. Ein Ehegatte ist dazu verpflichtet, seine Verfügung über das Gesamtgut auf eine solche Weise auszuüben, daß es einer ungehörigen Behandlung nicht ausgesetzt wird und folglich, dem anderen Ehegatten zum Nachteil, an Wert verliert. [...]

§ 21. Sondereigentum heißt:

1) Was beim Ehevertrag als Sondereigentum eingetragen wurde;
2) Eine Schenkung, die einem Ehegatten durch einen Dritten zugefallen ist, und zwar unter der Bedingung, daß sie Sondergut sein soll, oder eine Erbschaft, auch wenn es sich um

einen Pflichtteil des Erben handelt, insofern sich der Erblasser durch sein Testament dafür entschieden hat;

3) Was an Stelle der unter 1) und 2) genannten Gegenstände tritt, es sei denn, daß etwas anderes bestimmt worden ist.
Nutzungen des Sondergutes gehören zum Gesamtgut, es sei denn, daß etwas anderes bestimmt worden ist.

5. Gesetz Nr. 111 vom 31. März 1926 über Grundbucheintragung

Durch das Grundbuchgesetz (Tinglysningslov) wurde das dänische Grundbuchwesen neu geregelt und vereinfacht. Im Gegensatz zum deutschen Grundbuchsystem ist die Eintragung in das Grundbuch keine Bedingung für das Entstehen eines Rechtes an einem Grundstück. Die Eintragung ist aber notwendig, um Drittwirkungsschutz zu erhalten.

Quelle 71

Gesetz Nr. 111 vom 31. März 1926 über Grundbucheintragung.

1. Rechte an Grundstücken bedürfen zu ihrer Rechtswirksamkeit gegenüber gerichtlichen Inanspruchnahmen und rechtsgeschäftlichen Verfügungen über das Grundstück der Eintragung ins Grundbuch.

Soll eine gerichtliche Inanspruchnahme oder eine rechtsgeschäftliche Verfügung ein nicht eingetragenes Recht verdrängen können, müssen sie selbst ins Grundbuch eingetragen sein, und der Erwerber muß laut der Verfügung gutgläubig gehandelt haben.

7. Die Grundbucheintragung wird vom Richter am Amtsgericht vorgenommen.

6. Bürgerliches Strafgesetzbuch Nr. 126 vom 15. April 1930

Das Strafgesetzbuch aus dem Jahre 1930 baut auf Arbeiten auf, die von zwei Kommissionen (1905-12 und 1917-23) geleistet worden sind. Besonders das Gutachten der zweiten Kommission, unter Vorsitz des Kriminalisten Professor Carl Torp, zeigt den Einfluss von den neueren Strömungen im europäischen Strafrecht. Mit dem Strafgesetz wurde das Strafgesetzbuch von 1866 aufgehoben, ohne dass indes mit dessen wesentlichen Inhalten gebrochen wurde. Das Strafgesetz von 1930 schränkte oft das Strafmaß ein und schaffte die seit dem Jahr 1892 nicht mehr vollstreckte Todesstrafe ab. Neben den allgemeinen Strafen von Gefängnis, Haft und Geldstrafe schuf das Gesetz auch die Möglichkeit der Verhängung anderer Maßregeln, die gegen bestimmte Täter mit Rücksicht auf deren Persönlichkeitsbild angewendet werden konnten.

Quelle 72

Bürgerliches Strafgesetzbuch Nr. 126 vom 15. April 1930

§ 1. Eine Strafe darf nur wegen eines Verhaltens verhängt werden, dessen Strafbarkeit gesetzlich vorgesehen ist oder einem solchen gleich steht. Bezüglich der in den Kapiteln 8 und 9 genannten Rechtsfolgen gilt eine entsprechende Vorschrift. [...]

§ 31. Die allgemeinen Strafen sind Gefängnis, Haft und Geldstrafe.

§ 32. Wenn jemand zu einer Freiheitsstrafe von weniger als 3 Monaten verurteilt wird, dann soll die Strafe in Tagen ausgedrückt werden, sonst in Monaten und Jahren.

§ 33. Gefängnis wird entweder auf lebenslänglichen Freiheitsentzug oder auf Zeit festgesetzt, auf nicht weniger als 30 Tage und nicht mehr als 16 Jahre. [...]

§ 35.1) Die Häftlinge sind dazu verpflichtet, die ihnen in Übereinstimmung mit der darüber erlassenen königlichen Anordnung auferlegte Arbeit auszuführen. Die Anordnung legt zugleich die näheren Vorschriften über das Arbeitsgeld der Häftlinge fest. Das Arbeitsgeld kann als Ersatz für die während der Haft durch den Häftling verursachten Schäden oder Ausgaben verwendet werden.

2) Unter Leitung und Aufsicht der Anstalt kann Außenarbeit außerhalb des Anstaltgebietes stattfinden.

7. Gesetz Nr. 181 vom 20. Mai 1933 über öffentliche Fürsorge

Das Gesetz Nr. 181 vom 20. Mai 1933 verkörpert zusammen mit drei anderen Gesetzen aus diesem Jahr die sogenannte Sozialreform. Man bezeichnete es mit seinen 335 Paragraphen als eine Kodifizierung der Versorgungsgesetzgebung. In diesem Zusammenhang wurde die alte Unterscheidung zwischen würdigen und unwürdigen Bedürftigen abgeschafft. Vielmehr setzte sich der Gedanke durch, dass öffentliche Hilfe ein Recht und keine Almosen sei.

Quelle 73

Gesetz Nr. 181 vom 20. Mai 1933 über öffentliche Fürsorge

§ 1

Abs. 1. Die öffentliche Hand ist dazu verplichtet, jedem zu Hilfe zu kommen, insofern und solange er dazu nicht imstande ist, sich und den Seinigen das Nötige zum Unterhalt oder, im Krankheitsfall, zur Kur und Pflege zu verschaffen, oder wenn er im übrigen die in diesem Gesetz festgesetzten Voraussetzungen zur der Unterstützung erfüllt.

Abs. 2. In anderen Fällen ist der Staat nicht einmal dazu befugt, dem einzelnen Bürger zu Hilfe zu kommen, es sei denn durch Gesetz gefordert oder durch Anordnung ausdrücklich erlaubt.

Abs. 3. Nur in den durch das vorliegende Gesetz ausdrücklich festgesetzten Fällen hat die Erhaltung der öffentlichen Unterstützung Beschränkungen für die bürgerliche Rechtsstellung des Empfängers zur Folge. (...).

§ 17

Abs. 1. Wer dänischer Staatsangehöriger ist, hat hierzulande auch das Recht auf Versorgung.

Abs. 2. Es kann durch vertragliche Vorschriften unter der Voraussetzung der Gegenseitigkeit auch Staatsbürgern eines fremden Landes eine fortdauernde Versorgung hierzulande gewährt werden, solange sie ihren Aufenthaltsort in Dänemark haben. Der vom Herkunftsland nicht erstattete Teil der dem betreffenden fremden Staatsbürger geleisteten öffentlichen Unterstützung, wird der Aufenthaltsgemeinde durch die Staatskasse im Maßstab sieben zu zehn zurückerstattet.

8. Kindergesetze von 1937

Mit den Kindergesetzen von 1937, hierunter Gesetze Nr. 131 und Nr. 134, vom 7. Mai 1937, wurde im allgemeinen die vollständige Gleichstellung zwischen ehelichen und nicht ehelichen Kindern durchgeführt. Insbesondere im Bereich des Eherechts wurden entscheidende Veränderungen vorgenommen.

Quelle 74

Gesetz Nr. 131 vom 7. Mai 1937 über uneheliche Kinder

Abschnitt I

Die allgemeine rechtliche Stellung des Kindes.

§ 1. Uneheliche Kinder haben im Verhältnis zu ihren Eltern dieselbe rechtliche Stellung wie eheliche Kinder, wenn anderes von den Gesetzen nicht ausdrücklich vorgesehen ist.

§ 2. 1) Unehelichen Kindern steht das Recht zu, den Familiennamen der Mutter oder wenn die Vaterschaft festgestellt worden ist, den des Vaters anzunehmen.

§ 3.1) Sowohl der Vater als auch die Mutter eines unehelichen Kindes sind dazu verpflichtet, das Kind bis zur Vollendung des 18. Lebensjahres zu versorgen; eine Tochter jedoch nur bis zur Hochzeit.

2) Das Kind soll unter Berücksichtigung der Lebensverhältnisse der beiden Eltern versorgt, erzogen und ausgebildet werden. Wenn die Lebensverhältnisse der Eltern beachtlich unterschiedlich sind, ist zu berücksichtigen, was dem Wohl des Kindes dient.

Abschnitt III

Der Unterhalt des Kindes u.a.m.

§ 19. Die Kosten der Versorgung, Erziehung und Ausbildung des Kindes werden nach dem wirtschaftlichen Vermögen unter den Eltern geteilt. Unter Berücksichtigung der wirtschaftlichen Verhältnisse der Eltern, wird somit möglichst jedem Elternteil die gleiche Last auferlegt.

§ 20.1) Wenn das Kind nicht vom Vater erzogen wird, soll dieser die ihm gemäß den Vorschriften in Abschnitt II von dem Familiengericht auferlegten Beiträge zum Unterhalt des Kindes tragen.

2) Bei der Festsetzung dieser Beiträge muss eine ordnungsgemäße Versorgung des Kindes gewährleistet werden. Der jeweilige Betrag soll nicht geringer sein, als durchschnittlich in der Wohngegend des Kindes üblich ist.

3) Die Beitragspflicht des Vaters dauert, bis das Kind das 18. Lebensjahr vollendet. Der Beitrag kann jedoch nach Vollendung des 14. Lebensjahr entweder ganz entfallen oder herabgesetzt werden, wenn mitgeteilt wird, daß er völlig oder teilweise unnötig geworden ist. Die Eheschließung der Tochter beendet eine Beitragspflicht.

Quelle 75

Gesetz Nr. 134 vom 7. Mai 1937 über einige Veränderungen in der Erbverordnung vom 21. Mai 1845.

§ 1. In der Erbverordnung vom 21. Mai 1845, vgl. Gesetz vom 4. Januar 1854 über die Erweiterung des Geltungsbereichs der genannten Verordnung bis zu den Färöern, hat folgende Fassung:

Uneheliche Kinder haben dasselbe Erbrecht und werden ebenso beerbt wie eheliche Kinder.

Uneheliche Kinder beerben jedoch nur den Vater und Erblasser väterlicherseits und werden nur von dem Vater und den Erben väterlicherseits beerbt, falls die Vaterschaft auf die im Gesetz vom heutigen Tag über uneheliche Kinder, Abschnitt II, beschriebene Weise festgestellt worden ist.

9. Strafverfahren gegen Kollaborateure 1945

Nach dem Zweiten Weltkrieg wurde mit neuen Strafgesetzen mit rückwirkender Kraft gegen Kollaborateure der deutschen Besatzungsmacht vorgegangen. Der wichtigste Teil der strafrechtlichen Maßnahmen war die Novelle zum Strafgesetz von 1930, wodurch die Todesstrafe wiedereingeführt wurde und eine Mindeststrafe von vier Jahren Gefängnis für die einzelnen erwähnten Arten der Kollaboration vorgeschrieben wurde.

Quelle 76

Gesetz Nr. 259 vom 1. Juni 1945 über Novelle zum bürgerlichen Strafgesetz betreffend Verrat und staatsgefährdende Umtriebe

Abschnitt I

§ 1. Die Vorschriften dieses Gesetzes gelten für Taten, die vom 9. April 1940 bis zu einem Jahr nach Inkrafttreten des Gesetzes begangen werden. Die allgemeinen Vorschriften des bürgerlichen Strafgesetzbuches über das Verhältnis zwischen neuem und älterem Gesetz hindern nicht, daß gemäß den durch dieses Gesetz vorgesehenen Regeln entschieden wird.

Die vor dem 29. August 1943 begangenen Taten sind straffrei, falls der Täter in Übereinstimmung mit einem Gesetz, einem Auftrag oder einer Weisung handelte, die von rechtmäßigen dänischen Behörden innerhalb deren Zuständigkeitsbereich erlassen wurde. Ist die Tat an dem genannten Datum oder danach begangen, kann die Anklage unter den genannten Voraussetzungen unterbleiben, die Strafe herabgesetzt werden oder unter besonders mildernden Umständen ganz entfallen.

§ 3. Auf die von diesem Gesetz betroffenen Taten finden die folgenden Strafen Anwendung: Todesstrafe und Freiheitsstrafe. Arbeitshaus, Sicherungsverwahrung und psychiatrisches Gefängnis können nach diesem Gesetz nicht verhängt werden. Urteile mit Bewährung finden keine Anwendung.

Die Todesstrafe ist durch Erschießung nach näheren, durch königliche Anordnung festgesetzten Regeln zu vollstrecken. Die Todesstrafe kann über keine Personen verhängt werden, die zur Zeit der strafbaren Tat nicht das 18. Lebensjahr vollendet hatten.

Vierjährige bis zu lebenslängliche Freiheitsstrafen können verhängt werden. Die Strafe darf jedoch nicht niedriger als das Doppelte der im bürgerlichen Gesetzbuch für die betreffende Tat vorgesehenen Mindeststrafe sein. Unter mildernden Umständen kann die Strafe bis auf eine einjährige Freiheitsstrafe ermäßigt werden. Wenn die Strafermäßigung gesetzlich vorgesehen ist, kann die Freiheitsstrafe bis auf 30 Tage herabgesetzt werden.

§ 4. Wenn jemand einer nach diesem Gesetz strafbaren Handlung schuldig befunden wird, kann es im Urteil festgestellt werden, daß sein Vermögen und die ihm gehörenden Zinserträge oder Einnahmen ganz oder teilweise zu Gunsten der Staatskasse eingezogen werden sollen.

Ungültig sind die wegen einer bevorstehenden Einziehung vorgenommenen Verfügungen, die für den Vertragspartner offenkundig den Zweck haben, dadurch die eigenen Mittel gegen Einziehung zu sichern.

10. Grundgesetz 1953

Die letzte dänische Fassung des Grundgesetzes stammt aus dem Jahre 1953. Mit dem neuen Grundgesetz wurde der erste Kammer abgeschafft, Volksabstimmungen wurden in gewissen Fällen ermöglicht, die Institution des Ombudsmannes wurde eingeführt und die Möglichtkeit der Souveränitätsübergabe an supranationale Institutionen ermöglicht.

Quelle 77

Grundgesetz Nr. 169 des Reichs Dänemarks vom 5. Juni 1953

Kapitel 1

§ 1 Diese Verfassung gilt für alle Teile des Königreichs Dänemark.

§ 2 Die Regierungsform ist beschränkt-monarchisch. Das Königtum vererbt sich auf Männer und Frauen gemäß den im Thronfolgegesetz vom 27. März 1953 festgesetzten Bestimmungen.

§ 3 Die gesetzgebende Gewalt liegt beim König und dem Folketing gemeinsam. Die vollziehende Gewalt liegt beim König. Die richterliche Gewalt liegt bei den Gerichtshöfen.

§ 4 Die Evangelisch-lutherische Kirche ist die dänische Volkskirche und wird als solche vorn Staat unterstützt.

Kapitel 11

§ 5 Der König kann ohne Zustimmung des Folketings nicht der Regent anderer Länder sein.

§ 6 Der König soll der Evangelisch-lutherischen Kirche angehören.

§ 7 Der König ist mündig, wenn er sein 18. Lebensjahr vollendet hat. Dasselbe gilt für den Thronfolger.

§ 8 Bevor der König die Regierung übernimmt, legt er im Staatsrat schriftlich ein feierliches Gelöbnis ab, daß er die Verfassung unverbrüchlich halten werde. Von der Gelöbnisurkunde werden zwei gleichlautende Urschriften ausgefertigt, deren eine dem Folketing zur Aufbewahrung in dessen Archiv übergeben wird; die andere wird dem Reichsarchiv einverleibt. Kann der König wegen Abwesenheit oder aus anderen Gründen dieses Gelöbnis nicht unmittelbar beim Thronwechsel ablegen, so wird, bis dies geschieht, die Regierung vom Staatsrat geführt, sofern nicht durch Gesetz etwas anderes bestimmt ist. Hat der König dieses Gelöbnis bereits als Thronfolger abgelegt, so übernimmt er beim Thronwechsel die Regierung unmittelbar.

§ 9 Bestimmungen über die Führung der Regierung im Falle von Unmündigkeit, Krankheit oder Abwesenheit des Königs werden durch Gesetz festgelegt. Ist bei Ledigwerden des Thrones ein Thronfolger nicht vorhanden, so wählt das Folketing einen König und setzt die künftige Erbfolge fest.

§ 10 Absatz 1. Die Vergütung des Staates an den König wird für seine Regierungszeit durch Gesetz bestimmt. In diesem wird zugleich festgesetzt, welche Schlösser und anderen staatlichen Besitzungen dem König zum Gebrauch überlassen werden sollen.
Absatz 2. Die Staatsvergütung kann nicht mit Schulden belastet werden.

§ 11 Für Mitglieder des königlichen Hauses kann durch Gesetz ein Jahrgeld festgesetzt werden. Dieses Jahrgeld kann außerhalb des Königreichs nicht ohne Zustimmung des Folkerings bezogen werden.

Kapitel 111

§ 12 Der König hat mit den in dieser Verfassung festgesetzten Einschränkungen die höchste Gewalt in allen Angelegenheiten des Königreiches und übt diese durch die Minister aus.

§ 13 Der König ist von Verantwortung frei; seine Person ist unantastbar. Die Minister sind verantwortlich für die Führung der Regierung; ihre Verantwortlichkeit wird des näheren durch Gesetz bestimmt.

§ 14 Der König ernennt und entläßt den Ministerpräsidenten und die übrigen Minister. Er bestimmt ihre Anzahl und die Verteilung der Geschäfte unter ihnen. Die Unterschrift des Königs unter den die Gesetzgebung und Regierung betreffenden Beschlüssen verleiht diesen Gültigkeit, wenn seine Unterschrift durch die eines oder mehrerer Minister gegengezeichnet ist. Jeder Minister, der unterschrieben hat, ist für den Beschluß verantwortlich.

§ 15 Absatz 1. Kein Minister kann in seinem Amt verbleiben, nachdem das Folketing ihm sein Mißtrauen ausgesprochen hat.

Absatz 2. Wenn das Folketing dem Ministerpräsidenten sein Misstrauen ausgesprochen har, soll dieser die Entlassung des Ministeriums verlangen, falls nicht Neuwahlen ausgeschrieben werden. Ein Ministerium, das ein Mißtrauensvotum erhalten oder seine Entlassung verlangt hat, führt so lange die Geschäfte weiter, bis ein neues Ministerium ernannt ist. Geschäftsführende Minister dürfen in ihrem Amtsbereich nur Handlungen vornehmen, die zur ungestörten Geschäftsführung erforderlich sind.

§ 16 Die Minister können vom König oder Folketing wegen ihrer Amtsführung unter Anklage gestellt werden. Der Staatsgerichtshof („Rigsresten“, wörtlich Reichsgericht) entscheidet über die gegen Minister wegen ihrer Amtsführung erhobenen Klagen.

§ 17 Absatz 1. Die Minister gemeinsam machen den Staatsrat aus, in dem der Thronfolger, wenn er mündig ist, einen Sitz einnimmt. Den Vorsitz führt der König außer in den § 8 erwähnten Fällen und in denjenigen Fällen, wo die gesetzgebende Gewalt gemäß den Bestimmungen in § 9 den Staatsrat zur Führung der Regierung bevollmächtigt hat.

Absatz 2. Im Staatsrat wird über alle Gesetze und wichtigen Regierungsmaßnahmen verhandelt.

§ 18 Ist der König an der Abhaltung des Staatsrats verhindert, so kann er die Angelegenheit in einem Ministerrat verhandeln lassen. Dieser besteht aus sämtlichen Ministern unter Vorsitz des Ministerpräsidenten. Jeder Minister soll alsdann sein Votum zu Protokoll geben, und Beschlüsse werden mit Stimmenmehrheit gefaßt. Das über die Verhandlungen geführte, von den anwesenden Ministern unterschriebene Protokoll wird vom Ministerpräsidenten dem König vorgelegt, der darüber bestimmt, ob er dem Vorschlag des Ministerrats unmittelbar beitreten oder sich die Angelegenheit im Staatsrat vortragen lassen will.

§ 19 Absatz 1. Der König handelt in zwischenstaatlichen Angelegenheiten namens des Königreiches. Ohne Zustimmung des Folketings kann er jedoch keine Handlung vornehmen, die das Gebiet des Königreichs erweitert oder vermindert, und auch keine Verpflichtung eingehen, zu deren Erfüllung die Mitwirkung des Folketings erforderlich oder die sonstwie von größerer Bedeutung ist. Ebenso kann der König zwischenstaatliche Verträge, die mit Zustimmung des Folketings geschlossen worden sind, nicht ohne Zustimmung des Folketings kündigen.

Absatz 2. Außer zur Verteidigung gegen bewaffneten Angriff auf das Königreich oder auf dänische Streitkräfte kann der König ohne Zustimmung des Folketings keine militärischen Machtmittel gegen einen fremden Staat zur Anwendung bringen. Maßnahmen, die der König auf Grund dieser Bestimmung treffen sollte, müssen sofort dem Folketing vorgelegt werden. Ist das Folketing nicht versammelt, muß es sofort zur Tagung einberufen werden.

Absatz 3. Das Folketing wählt aus seiner Mitte einen Außenpolitischen Ausschuß, mit dem die Regierung sich vor jeder Beschlußfassung von größerer außenpolitischer Tragweite berät. Nähere Bestimmungen über den Außenpolitischen Ausschuß trifft das Gesetz.

§ 20 Absatz 1. Befugnisse, die auf Grund dieser Verfassung den Behörden des Königreichs zustehen, können durch Gesetz in näher bestimmtem Umfang solchen zwischenstaatlichen Behörden übertragen werden, die durch gegenseitige Übereinkunft zwecks Förderung zwischenstaatlicher Rechtsordnung und Zusammenarbeit errichtet worden sind.

Absatz 2. Zur Annahme diesbezüglicher Gesetzesvorlagen bedarf es einer Mehrheit von fünf Sechsteln der Folketingsmitglieder. Wird eine solche Mehrheit nicht erreicht, wohl aber die für die Annahme allgemeiner Gesetzesvorlagen erforderliche Mehrheit, so wird, falls die Regierung an der Vorlage festhält, diese den Folketingswählern zur Annahme oder Ablehnung gemäß den in § 42 für Volksentscheide festgesetzten Bestimmungen vorgelegt.

§ 21 Der König kann dem Folketing Gesetzesvorlagen sowie Vorschläge für andere zu treffende Beschlüsse vorlegen lassen.

§ 22 Eine vom Folketing angenommene Gesetzesvorlage erhält Gesetzeskraft, wenn sie spätestens 30 Tage nach der endgültigen Annahme vom König bestätigt wird. Der König befiehlt die Bekanntmachung des Gesetzes und trägt Sorge für dessen Vollziehung.

§ 23 In besonders dringenden Fällen kann der König, falls ein Zusammentreten des Folketings unmöglich ist, vorläufige Gesetze erlassen, die jedoch nicht gegen die Verfassung verstoßen dürfen und die stets sofort nach Zusammentritt des Folketings diesem zur Annahme oder Ablehnung vorgelegt werden müssen.

§ 24 Der König kann begnadigen und Amnestien gewähren. Minister, die vom Staatsgerichtshof („Rigsretten") zu Strafen verurteilt sind, kann der König nur mit Zustimmung des Folketings begnadigen.

§ 25 Der König gewährt teils unmittelbar, teils durch die zuständigen Regierungsbehörden diejenigen Sonderbewilligungen und Ausnahmen vorn Gesetz, die entweder gemäß den vor dem 5. Juni 1849 geltenden Bestimmungen gebräuchlich sind oder deren Rechtsgrundlage in einem seit damals erlassenen Gesetz enthalten ist.

§ 26 Der König has das Recht der Münzprägung im Einklang mit dem Gesetz.

§ 27 Bestimmungen über die Anstellung von Beamten werden durch Gesetz festgelegt. Niemand kann als Beamter angestellt werden, der nicht die dänische Staatsangehörigkeit besitzt. Beamte, die vom König ernannt werden, legen ein feierliches Gelöbnis ab, daß sie die Verfassung halten werden.

Absatz 2. Über Entlassung, Versetzung und Pensionierung von Beamten werden Bestimmungen durch Gesetz getroffen, vgl. jedoch hierzu § 64.

Absatz 3. Ohne ihre Zustimmung können die vom König ernannten Beamten nur dann versetzt werden, wenn sie dadurch keine Einbuße bezüglich der mit der Beamtenteilung verbundenen Einkünfte erleiden, auch wird ihnen die Wahl gelassen zwischen einer solchen Versetzung oder Entlassung mit Pension gemäß den allgemeinen Bestimmungen.

Kapitel IV

§ 28 Das Folketing macht eine Versammlung aus, bestehend aus höchstens 179 Mitgliedern, von denen 2 Mitglieder auf den Färöern und 2 in Grönland gewählt werden.

§ 29 Absatz 1. Wahlrecht zum Folketing hat jedermann, der die dänische Staatsangehörigkeit besitzt, seinen Wohnsitz innerhalb des Königsreiches und das in Absatz 2 behandelte Wahlrechtsalter erreicht hat, es sei denn, daß der Betreffende entmündigt ist. Durch Gesetz wird festgelegt, in welchem Umfang Strafe und solche Unterstützung, die im Gesetz als Armenhilfe gilt, den Verlust des Wahlrechts nach sich zieht.

Absatz 2. Das Wahlrechtsalter ist dasjenige, das beim Volksentscheid gemäß Gesetz vom 25. März 1953 die Mehrheit erhalten hat. Eine Änderung des jeweils geltenden Wahlrechtsalters kann durch Gesetz erfolgen. Eine vom Folketing angenommene diesbezügliche Gesetzesvorlage kann vom König erst bestätigt werden, wenn über die Bestimmung betreffs Änderung des Wahlrechtsalters gemäß § 42 Absatz 5 ein Volksentscheid stattgefunden hat, der nicht zum Fortfall dieser Bestimmung geführt hat.

§ 30 Absatz 1. Wählbar zum Folketing ist jedermann, der das Wahlrecht zu diesem besitzt, außer wenn der Betreffende für eine Tat bestraft ist, die ihn nach allgemeiner Anschauung unwürdig macht, Mitglied des Folketings zu sein.
Absatz 2. Beamte, die zu Mitgliedern des Folkerings gewählt werden, bedürfen zur Annahme der Wahl nicht der Erlaubnis der Regierung.

§ 31 Absatz 1. Die Mitglieder des Folketings werden gewählt durch allgemeine, direkte und geheime Wahlen.

Absatz 2. Die näheren Bestimmungen über die Ausübung des Wahlrechts werden im Wahlgesetz erlassen, das zwecks Sicherung einer gleichmäßigen Vertretung der verschiedenen unter den Wählern vorhandenen Anschauungen das Wahlverfahren festsetzt, darunter auch, ob das Verhältniswahlsystem im Zusammenhang mit Wahlen in Einmannwahlkreisen durchgeführt werden soll oder nicht.

Absatz 3. Bei der örtlichen Mandatsverteilung soll Rücksicht genommen werden auf Einwohneranzahl, Wähleranzahl und Bevölkerungsdichte.

Absatz 4. Im Wahlgesetz werden nähere Bestimmungen gegeben über die Wahl von Stellvertretern und deren Eintreten in das Folketing sowie über das Verfahren in Fällen, die eine Nachwahl erforderlich machen.

Absatz 5. Besondere Bestimmungen über die Vertretung Grönlands im Folketing können durch Gesetz erlassen werden.

§ 32 Absatz 1. Die Mitglieder des Folketings werden auf vier Jahre gewählt.

Absatz 2. Der König kann zu jeder Zeit Neuwahlen ausschreiben, und zwar mit der Wirkung, daß die bestehenden Folketingsmandate erlöschen, wenn die Neuwahl stattgefunden hat. Nach Ernennung eines neuen Ministeriums können Wahlen jedoch nicht ausgeschrieben werden, bevor der Ministerpräsident sich dem Folketing vorgestellt hat.

Absatz 3. Es obliegt dem Ministerpräsidenten zu veranlassen, daß vor Ablauf der Wahlperiode Neuwahl abgehalten wird.

Absatz 4. Die Mandate erlöschen in keinem Falle vor stattgehabter Neuwahl.

Absatz 5. Durch Gesetz können besondere Bestimmungen getroffen werden für das Inkrafttreten und Erlöschen der färöischen und grönländischen Folketingsmandate.

Absatz 6. Verliert ein Folketingsmitglied seine Wählbarkeit, so erlischt sein Mandat.

Absatz 7. Jedes neue Mitglied legt nach Bestätigung seines Mandats ein feierliches Gelöbnis ab, die Verfassung halten zu wollen.

§ 33 Das Folketing trifft selbst die Entscheidung über die Gültigkeit der Wahl seiner Mitglieder sowie über die Frage, ob ein Mitglied seiner Wählbarkeit verlustig gegangen ist.

§ 34 Das Folketing ist unantastbar. Jedermann, der seine Sicherheit oder Freiheit angreift, sowie jedermann, der einen dahingehenden Befehl erteilt oder befolgt, macht sich des Hochverrats schuldig.

Kapitel V

§ 35 Absatz 1. Ein neugewähltes Folketing tritt um 12 Uhr am zwölften Werktag nach dem Wahltag zusammen, falls der König es nicht vorher zu einer Sitzung zusammenberufen hat.

Absatz 2. Sofort nach Prüfung der Mandate wird das Folketing durch Wahl seines Vorsitzenden nebst dessen Stellvertretern eröffnet.

§ 36 Absatz 1. Das Sitzungsjahr des Folketings beginnt am ersten Dienstag im Oktober und dauert bis zum gleichen Dienstag im darauffolgenden Jahr.

Absatz 2. Am ersten Tag des Sitzungsjahres um 12 Uhr treten die Mitglieder zur Sitzung zusammen, in der das Folketing aufs neue eröffnet wird.

§ 37 Das Folketing tritt an dem Ort zusammen, wo die Regierung ihren Sitz hat. In außergewöhnlichen Fällen kann das Folketing sich jedoch an anderer Stelle innerhalb des Königreiches versammeln.

§ 38 Absatz 1. In der ersten Sitzung des Sitzungsjahres gibt der Ministerpräsident einen Rechenschaftsbericht über die allgemeine Lage des Königreichs sowie über die von der Regierung beabsichtigten Maßnahmen.

Absatz 2. Auf Grund des Rechenschaftsberichtes findet eine allgemeine Aussprache statt.

§ 39 Der Folketingsvorsitzende beruft das Folketing unter Angabe der Tagesordnung zur Sitzung ein. Der Vorsitzende ist zur Einberufung einer Sitzung verpflichtet, sofern mindestens zwei Fünftel der Folketingsmitglieder oder der Ministerpräsident dies schriftlich unter Angabe der Tagesordnung beantragen.

§ 40 Die Minister haben von Amts wegen Zutritt zum Folketing und sind berechtigt, sich während der Verhandlungen zum Wort zu meiden, so oft sie wünschen, wobei sie im übrigen sich an die Geschäftsordnung halten. Stimmberechtigt sind sie nur, wenn sie zugleich Mitglieder des Folketings sind.

§ 41 Absatz 1. Jedes Folketingsmitglied ist berechtigt, Gesetzesvorlagen oder andere Beschlüsse zu beantragen.

Absatz 2. Eine Gesetzesvorlage kann nicht verabschiedet werden, bevor sie nicht in drei Lesungen vom Folketing behandelt worden ist.

Absatz 3. Zwei Fünftel der Folketingsmitglieder können vom Vorsitzenden verlangen, daß die dritte Lesung einer Vorlage frühestens zwölf Werktage nach ihrer Annahme in zweiter Lesung stattfindet. Das Verlangen soll schriftlich eingereicht werden und mit den Unterschriften der beteiligten Mitglieder versehen sein. Die Aussetzung kann jedoch nicht stattfinden, sofern die Vorlagen folgende Gesetze betreffen: Haushaltsgesetze, Nachtragsbewilligungsgesetze, vorläufige Bewilligungsgesetze, Staatsanleihegesetze, Gesetze über Verleihung der Staatsangehörigkeit, Enteignungsgesetze, Gesetze über indirekte Steuern sowie in dringlichen Fällen Gesetzesvorlagen betreffs solcher Gesetze, deren Inkrafttreten im Hinblick auf ihren Zweck nicht ausgesetzt werden kann.

§ 42 Absatz 1. Wenn eine Gesetzesvorlage vom Folketing verabschiedet worden ist, kann ein Drittel der Folketingsmitglieder innerhalb einer Frist von drei Werktagen nach der Verabschiedung der Gesetzesvorlage bei dem Vorsitzenden den Volksentscheid über die Gesetzesvorlage beantragen. Der Antrag muß schriftlich eingereicht werden und mit den Unterschriften der antragstellenden Mitglieder versehen sein.

Absatz 2. Eine Gesetzesvorlage, die zum Volksentscheid gebracht werden kann (vgl. Absatz 6), darf nur in den in Absatz 7 behandelten Fällen vom König vor Ablauf der in Absatz 1 genannten Frist – oder bevor der Antrag auf Volksentscheid gestellt worden ist – vom König bestätigt werden.

Absatz 3. Wenn betreffs einer Gesetzesvorlage Volksentscheid beantragt worden ist, kann das Folketing innerhalb einer Frist von fünf Werktagen nach der Verabschiedung der Vorlage beschließen, daß dieselbe in Fortfall kommt.

Absatz 4. Sofern das Folketing den in Absatz 3 vorgesehenen Beschluß nicht faßt, soll die Mitteilung, daß die Gesetzesvorlage der Prüfung durch Volksentscheid unterzogen werde, schnellstens dem Ministerpräsidenten zugestellt werden, der hierauf den Inhalt der Gesetzesvorlage nebst Mitteilung darüber, daß Volksentscheid stattfinden werde, bekannt gibt. Der Volksentscheid wird nach näherer Anordnung des Ministerpräsidenten frühestens zwölf und spätestens achtzehn Werktage nach der Bekanntgabe abgehalten.

Absatz 5. Beim Volksentscheid wird für und gegen die Gesetzesvorlage abgestimmt. Für die Ablehnung der Vorlage ist erforderlich, daß eine Mehrheit der an der Abstimmung teilnehmenden Folketingswähler, jedoch mindestens 30 % sämtlicher Stimmberechtigten, gegen die Gesetzesvorlage gestimmt haben.

Absatz 6. Gesetzesvorlagen betreffend Haushaltsgesetze, Nachtragsbewilligungsgesetze, vorläufige Bewilligungsgesetze, Staatsanleihegesetze, Gesetze über den Stellenplan für Staatsbeamte und -angestellte, Besoldungs- und Pensionsgesetze, Gesetze über Verleihung der Staatsangehörigkeit, Enteignungsgesetze, Gesetze über direkte oder indirekte Steuern sowie Gesetze zwecks Erfüllung traktatmäßiger Verpflichtungen können nicht zum Volksentscheid gebracht werden. Dasselbe gilt für Vorlagen der in §§ 8, 9, 10 und 11 behandelten Gesetze wie auch für Anträge auf Beschlüsse der in § 19 genannten Art, soweit diese die Form von Gesetzen haben, es sei denn, daß für diese letztgenannten durch besonderes Gesetz bestimmt wird, daß ein solcher Entscheid stattfinden soll. Für Verfassungsänderungen gelten die Bestimmungen in § 88.

Absatz 7. In besonders dringlichen Fällen kann eine Gesetzesvorlage, über die der Volksentscheid zulässig ist, vom König sofort nach ihrer Verabschiedung bestätigt werden, falls die betreffende Gesetzesvorlage hierüber eine Bestimmung enthält. Sofern ein Drittel der Folketingsmitglieder gemäß den in Absatz 1 behandelten Bestimmungen Volksentscheid über die Vorlage oder das bestätigte Gesetz beantragt, wird ein solcher Volksentscheid nach obenstehenden Bestimmungen abgehalten. Wird das Gesetz durch den Volksentscheid abgelehnt, so wird dies seitens des Ministerpräsidenten ohne unnötige Verzögerung und spätestens vierzehn Tage nach der Abhaltung des Volksentscheides bekanntgegeben. Von der Bekanntmachung an fällt das Gesetz fort.

Absatz 8. Nähere Bestimmungen über den Volksentscheid – auch darüber, in welchem Umfang Volksentscheid auf den Färöern und in Grönland stattfinden soll – werden durch Gesetz bestimmt.

§ 43 Keinerlei Steuern können ausgeschrieben, verändert oder aufgehoben werden außer durch Gesetz; ebensowenig können Mannschaften ausgehoben oder Staatsanleihen aufgenommen werden außer auf Grund eines Gesetzes.

§ 44 Absatz 1. Kein Ausländer kann die Staatsangehörigkeit erhalten außer durch Gesetz.
Absatz 2. Über die Zulassung für Ausländer zum Erwerb von festem Grundbesitz werden Bestimmungen durch Gesetz erlassen.

§ 45 Absatz 1. Der Haushaltsplan für das nächste Rechnungsjahr soll im Folketing spätestens vier Monate vor Beginn des Rechnungsjahres eingebracht werden.

Absatz 2. Kann die Verabschiedung des Haushaltsplans für das nächste Rechnungsjahr vor dessen Beginn nicht erwartet werden, so muß die Vorlage eines vorläufigen Bewilligungsgesetzes im Folketing eingebracht werden.

§ 46 Absatz 1. Solange der Haushaltsplan oder ein vorläufiges Bewilligungsgesetz vom Folketing nicht verabschiedet worden ist, dürfen die Steuern nicht erhoben worden.

Absatz 2. Keinerlei Ausgaben dürfen gemacht werden, ohne daß eine Handhabe dafür in dem vom Folketing angenommenen Haushaltsgesetz oder in einem vom Folketing angenommenen Nachtragsbewilligungsgesetz oder vorläufigen Bewilligungsgesetz enthalten ist.

§ 47 Absatz 1. Der Rechnungsbericht soll dem Folketing spätestens sechs Monate nach Ablauf des Rechnungsjahres vorgelegt werden.

Absatz 2. Das Folketing wählt eine Anzahl Rechnungsprüfer. Diese sehen den Jahresrechnungsbericht des Staates durch und vergewissern sich darüber, daß sämtliche Staats-einnahmen darin verbucht und daß keinerlei Ausgaben gemacht sind, für die nicht eine Handhabe im Haushaltsgesetz oder in einem anderen Bewilligungsgesetz enthalten ist. Sie können alle erforderlichen Auskünfte und Einblick in sämtliche Aktenstücke verlangen. Die näheren Bestimmungen über Anzahl und Arbeit der Rechnungsprüfer trifft das Gesetz.

§ 48 Das Folketing gibt sich selbst seine Geschäftsordnung, die die näheren Bestimmungen über den Geschäftsgang und die Aufrechterhaltung der Ordnung enthält.

§ 49 Die Folkerings-Sitzungen sind öffentlich. Der Vorsitzende oder die in der Geschäftsordnung festgesetzte Anzahl Mitglieder oder ein Minister können jedoch verlangen, daß alle Unbefugten entfernt werden, worauf ohne Aussprache beschlossen wird, ob über die Angelegenheit in öffentlicher oder geschlossener Sitzung beraten werden soll.

§ 50 Das Folketing ist nur dann beschlußfähig, wenn über die Hälfte der Mitglieder anwesend ist und sich an der Abstimmung beteiligt.

§ 51 Das Folketing kann zwecks Untersuchung allgemeinwidriger Sachen Ausschüsse seiner Mitglieder einsetzen. Die Ausschüsse sind berechtigt, sowohl von privaten Bürgern wie von öffentlichen Behörden schriftliche oder mündliche Auskünfte einzufordern.

§ 52 Die Wahlen des Folketings von seinen in die Ausschüsse zu entsendenden oder zu Aufgaben zu bestellenden Mitgliedern erfolgt nach Verhältniszahl.

§ 53 Jedes Mitglied des Folketings kann mit dessen Zustimmung jede öffentliche Angelegenheit zur Beratung bringen und den Ministern eine Erklärung darüber abverlangen.

§ 54 Anträge können dem Folketing nur durch dessen Mitglieder eingereicht werden.

§ 55 Durch Gesetz wird bestimmt, daß das Folketing eine oder zwei Personen wählt, die nicht Mitglieder des Folketings sind und Einblick in die bürgerliche und militärische Verwaltung des Staates haben sollen.

§ 56 Die Folketingsmitglieder sind einzig und allein durch ihre Überzeugung gebunden, nicht aber durch irgendwelche Vorschrift seitens ihrer Wähler.

§ 57 Kein Mitglied des Folketings kann ohne dessen Zustimmung in den Anklagezustand oder in irgendeine Art von Verhaft genommen werden, außer wenn er auf frischer Tat ertappt worden ist. Für seine Äußerungen im Folketing kann keines von dessen Mitgliedern ohne Zustimmung des Folketings außerhalb desselben zur Verantwortung gezogen werden.

§ 58 Die Mitglieder des Folketings beziehen eine Vergütung, deren Höhe durch das Wahlgesetz bestimmt wird.

Kapitel V1

§ 59 Absatz 1. Der Staatsgerichtshof („Rigrretten") besteht aus bis zu 15 der dienstältesten ordentlichen Mitglieder des höchsten Gerichtshofes im Königreich sowie einer entsprechenden Anzahl vom Folketing nach Verhältniszahl auf sechs Jahre gewählter Mitglieder. Für jeden der Gewählten werden ein oder mehrere Stellvertreter gewählt. Mitglieder des Folketings können nicht zu Mitgliedern des Staatsgerichtshofs gewählt werden oder als Mitglieder desselben tätig sein. Können in einem einzelnen Falle einige der Mitglieder des höchsten Gerichtshofs an der Verhandlung und Urteilsfällung über eine Sache nicht teilnehmen, so scheidet eine entsprechende Anzahl der letzten vorn Folketing gewählten Mitglieder des Staatsgerichtshofes aus.

Absatz 2. Das Gericht wählt aus seiner Mitte selbst seinen Vorsitzenden.

Absatz 3. Ist eine Klage beim Staatsgerichtshof anhängig gemacht, so behalten die vom Folketing gewählten Mitglieder darin für die Behandlung der schwebenden Sache ihren Sitz, selbst wenn der Zeitraum abläuft, für den sie gewählt sind.

Absatz 4. Nähere Bestimmungen über das Staatsgericht trifft das Gesetz.

§ 60 Absatz 1. Das Staatsgericht („Rigsretten“) nimmt die Urteilsfällung vor in den Klagesachen, die vom König oder vom Folketing gegen Minister angelegt worden sind.

Absatz 2. Vor dem Staatsgericht kann der König mit Zustimmung des Folketings auch gegen andere Personen Klage erheben wegen Verbrechen, die er als für den Staat besonders gefährlich hält.

§ 61 Die Ausübung der richterlichen Gewalt kann nur durch Gesetz geregelt werden. Sondergerichte mit richterlicher Befugnis dürfen nicht errichtet werden.

§ 62 Die Rechtspflege soll stets von der Verwaltung getrennt gehalten werden. Bestimmungen hierüber trifft das Gesetz.

§ 63 Absatz 1. Die Gerichtshöfe sind spruchberechtigt in jeder die obrigkeitsbehördlichen Grenzen betreffenden Frage. Derjenige, der eine solche Frage anhängig machen will, kann sich jedoch durch die Klageerhebung vor Gericht nicht der vorläufigen Befolgung der behördlichen Anordnung entziehen.

Absatz 2. Die Spruchberechtigung in Fragen obrigkeitsbehördlicher Grenzen kann durch Gesetz einem oder mehreren Verwaltungsgerichten übertragen werden, deren Entscheidungen jedoch der etwaigen Nachprüfung durch den höchsten Gerichtshof des Königreichs unterliegen. Die näheren Bestimmungen hierüber trifft das Gesetz.

§ 64 Die Richter haben sich in ihrem Amt lediglich nach dem Gesetz zu richten. Sie können, außer durch Urteil, nicht abgesetzt und gegen ihren Wunsch auch nicht versetzt werden, außer in Fällen einer Neuordnung der Gerichtshöfe. Doch kann ein Richter nach Vollendung des 65. Lebensjahres entlassen werden, und zwar ohne Einbuße seiner Einkünfte bis zu dem Zeitpunkt, da seine Entlassung des Alters wegen erfolgt wäre.

§ 65 Absatz 1. Die Rechtspflege wird im weitest möglichen Umfang öffentlich und mündlich durchgeführt.

Absatz 2. In der Strafrechtspflege sollen Laienrichter mitwirken. Durch Gesetz wird bestimmt, in welchen Strafsachen und unter welchen Formen diese Mitwirkung stattzufinden hat, darunter auch, in welchen Strafsachen Geschworene mitwirken sollen.

Kapitel VII

§ 66 Die Verfassung der Volkskirche wird durch Gesetz geregelt.

§ 67 Die Bürger haben das Recht, sich in Gemeinschaften zu vereinen, um Gott auf die Weise zu dienen, die mit ihrer Überzeugung im Einklang steht, wobei jedoch nichts gelehrt oder getan werden darf, was der Sittlichkeit oder der öffentlichen Ordnung widerstreitet.

§ 68 Niemand ist verpflichtet, persönliche Beiträge zu einer andern Gottesverehrung zu leisten als zu der, die seine eigene ist.

§ 69 Die Verhältnisse der von der Volkskirche abweichenden Glaubensgemeinschaften werden des näheren durch Gesetz geregelt.

§ 70 Niemand kann seines Glaubensbekenntnisses oder seiner Abstammung wegen vom vollen Genuß der bürgerlichen oder politischen Rechte ausgeschlossen werden oder sich der Erfüllung einer allgemeinen Bürgerpflicht entziehen.

Kapitel VIII

§ 71 Absatz 1. Die persönliche Freiheit ist unantastbar. Keinem dänischen Bürger kann seiner politischen oder religiösen Überzeugung oder seiner Abstammung wegen in irgendwelcher Form seine Freiheit entzogen werden.

Absatz 2 Die Entziehung der Freiheit kann nur erfolgen, soweit das Gesetz eine Handhabe bietet.

Absatz 3. Jedermann, der verhaftet wird, soll innerhalb von 24 Stunden einem Richter vorgeführt werden. Kann der Verhaftete nicht sofort auf freien Fuß gesetzt werden, so soll der Richter durch eine mit Gründen versehene Verfügung, die schnellstmöglich und spätestens innerhalb von drei Tagen zu erteilen ist, entscheiden, ob der Betreffende in Haft zu nehmen ist, oder falls er gegen Sicherheit entlassen werden kann, deren Art und Höhe bestimmen. Von dieser Vorschrift kann in Grönland durch Gesetz abgewichen werden, soweit dies nach den dortigen Verhältnissen als erforderlich zu betrachten ist.

Absatz 4. Die vom Richter getroffene Verfügung kann von dem Betreffenden sofort gesondert vor ein höheres Gericht gebracht werden.

Absatz 5. Für ein Vergehen, das nur Geld- oder Haftstrafe nach sich ziehen kann, darf niemand in Untersuchungshaft genommen werden.

Absatz 6. Außerhalb der Strafrechtspflege soll die Gesetzlichkeit einer nicht von einer richterlichen Behörde beschlossenen und in der Ausländergesetzgebung nicht begründeten Freiheitsentziehung auf Begehren des Betreffenden oder dessen, der für ihn handelt, den ordentlichen Gerichten oder einer anderen richterlichen Behörde zur Nachprüfung vorgelegt werden.

Absatz 7. Die Behandlung der in Absatz 6 erwähnten Personen wird einer vom Folketing gewählten Aufsichtsstelle unterstellt, an die sich zu wenden die Betreffenden berechtigt sind.

§ 72 Die Wohnung ist unantastbar. Haussuchung, Beschlagnahme und Untersuchung von Briefen und anderen Schriftstücken sowie Bruch des Post-, Telegramm- und Fernsprechgeheimnisses dürfen, soweit nicht ein Gesetz eine besondere Ausnahme vorsieht, allein auf Grund einer richterlichen Verfügung stattfinden.

§ 73 Absatz 1. Das Eigentumsrecht ist unantastbar. Niemand kann zur Hergabe seines Eigentums verurteilt werden, außer wenn das Gemeinwohl es erfordert. Dies kann nur auf Grund des Gesetzes und gegen vollständige Entschädigung geschehen.

Absatz 2. Wenn eine Gesetzesvorlage betreffend Grundstücks-Enteignung angenommen worden ist, kann ein Drittel der Folketingsmitglieder innerhalb einer Frist von drei Werktagen nach der Verabschiedung der Vorlage verlangen, daß diese dem König zur Bestätigung erst unterbreitet werde, nachdem Neuwahlen zum Folketing stattgefunden haben und die Vorlage von dem alsdann zusammentretenden Folketing erneut verabschiedet sein wird.

Absatz 3. Jede Frage betreffs der Gesetzlichkeit des Enteignungsverfahrens sowie der Höhe der Entschädigung kann bei den Gerichten anhängig gemacht werden. Die Nachprüfung der Entschädigungshöhe kann durch Gesetz eigens zu diesem Zweck errichteten Gerichtshöfen übertragen werden.

§ 74 Alle Beschränkungen des Rechtes auf freie und gleiche Berufsausübung, soweit sie nicht durch Erfordernisse des Gemeinwohls begründet sind, sollen durch Gesetz aufgehoben werden.

§ 75 Absatz 1. Zwecks Förderung des Gemeinwohls ist anzustreben, daß jeder arbeitsfähige Bürger die Möglichkeit hat, unter Bedingungen zu arbeiten, die sein Dasein sichern.

Absatz 2. Derjenige, der sich oder die Seinen nicht selbst ernähren kann und dessen Versorgung auch keinem anderen obliegt, hat Anspruch auf öffentliche Hilfe, jedoch nur wenn er sich hiergegen denjenigen Verpflichtungen unterwirft, die das Gesetz darüber verordnet.

§ 76 Alle Kinder im unterrichtspflichtigen Alter haben Anspruch auf unentgeltlichen Unterricht in der Volksschule. Eltern oder Vormünder, die selbst dafür sorgen, daß die Kinder einen Unterricht erhalten, der den im allgemeinen an den Volksschulunterricht gestellten Anforderungen entspricht, sind nicht verpflichtet, die Kinder in der Volksschule unterrichten zu lassen.

§ 77 Jedermann ist berechtigt, in Druck, Wort und Schrift seine Gedanken zu veröffentlichen, jedoch unter Verantwortung gegenüber den Gerichten. Zensur und andere vorbeugende Maßnahmen dürfen niemals wieder eingeführt werden.

§ 78 Absatz 1. Die Bürger sind berechtigt, ohne vorherige Genehmigung Vereine zu jedem gesetzlich zulässigen Zweck zu bilden.

Absatz 2. Vereine die sich unter Anwendung von Gewalt betätigen oder ihre Ziele durch Gewaltanwendung, Anstiftung zu Gewaltanwendung oder ähnliche strafbare Beeinflussung Andersdenkender zu erreichen suchen, werden durch Gerichtsurteil aufgelöst.

Absatz 3. Kein Verein kann durch eine Regierungsmaßnahme aufgelöst werden. Indessen kann ein Verein vorläufig verboten werden, doch soll alsdann sofort gegen ihn Klage auf seine Auflösung erhoben werden.

Absatz 4. Klagen auf Auflösung politischer Vereine sollen ohne besondere Genehmigung bei dem höchsten Gerichtshof des Königreichs anhängig gemacht werden können.

Absatz 5. Die Rechtswirkungen der Auflösung werden des näheren durch Gesetz bestimmt.

§ 79 Die Bürger sind berechtigt, sich ohne vorherige Genehmigung unbewaffnet zu versammeln. Die Polizei ist berechtigt, öffentlichen Versammlungen beizuwohnen. Versammlungen unter freiem Himmel dürfen verboten werden, wenn von ihnen Gefahr für den öffentlichen Frieden befürchtet werden kann.

§ 80 Bei Aufläufen darf die bewaffnete Macht, wenn sie nicht angegriffen wird, erst einschreiten, nachdem die Menge dreimal im Namen von König und Gesetz vergebens zum Auseinandergehen aufgefordert worden ist.

§ 81 Jeder wehrfähige Mann ist verpflichtet. mit seiner Person zur Verteidigung des Vaterlandes gemäß den vom Gesetz vorgeschriebenen Bestimmungen beizutragen.

§ 82 Das Recht der Gemeinden, unter Aufsicht des Staates ihre Angelegenheiten selbständig zu ordnen, wird durch Gesetz geregelt.

§ 83 Jedes in den Gesetzen mit Adel, Titel und Rang verbundene Vorrecht ist abgeschafft.

§ 84 Keinerlei Lehen, Stammgut, Fideikomißgut oder sonstiges Familienfideikommiß kann künftig errichtet werden.

§ 85 Auf die Verteidigungsmacht sind die in §§ 71, 78 und 79 enthaltenen Bestimmungen nur mit den Einschränkungen anwendbar, die sich aus den Vorschriften der Militärgesetze ergeben.

Kapitel IX

§ 86 Das Wahlrechtsalter zu den Gemeinderäten und Kirchengemeinderäten ist das gleiche wie das jeweils für die Folketingswahl geltende. Für die Färöer und Grönland wird das Wahlrechtsalter zu den Gemeinderäten und Kirchengemeinderäten durch Gesetz oder unter Bezugnahme auf das Gesetz bestimmt.

§ 87 Isländische Staatsangehörige, die gemäß dem Gesetz über die Aufhebung des dänisch-isländischen Bündnisgesetzes usw. den dänischen Staatsangehörigen rechtlich gleichgestellt sind, behalten die in der Verfassung begründeten, mit der dänischen Staatsangehörigkeit verbundenen Rechte.

Kapitel X

§ 88 Nimmt das Folketing den Entwurf einer neuen Verfassungsbestimmung an und will die Regierung diese Sache fördern, so wird eine Folkeringsneuwahl ausgeschrieben. Wird von dem aus der Wahl hervorgehenden Folketing der Entwurf in unveränderter Fassung angenommen, so muß er vor Ablauf eines halben Jahres nach seiner Verabschiedung den Folketingswählern zur Gutheißung oder Ablehnung durch direkte Abstimmung vorgelegt werden. Die näheren Bestimmungen für diese Abstimmung trifft das Gesetz. Haben eine Mehrheit der an der Abstimmung teilnehmenden und mindestens 40 % sämtlicher Stimmberechtigten ihre Stimme für den Folketingsbeschluß abgegeben und wird dieser vom König bestätigt, so ist dieser Beschluß Verfassung.

Kapitel XI

§ 89 Diese Verfassung tritt sofort in Kraft. Doch bleibt der unter Bezugnahme auf die Verfassung des Königreichs Dänemark vom 5. Juni 1915 mit Änderungen vom 10. September 1920 letztmalig gewählte Reichstag (Rigsdag) bestehen, bis Neuwahlen laut den Bestimmungen in Kapitel IV stattgefunden haben. Bis Neuwahlen stattgefunden haben, bleiben die in der Verfassung des Königreichs Dänemark vom 5. Juni 1915 mit Änderung vom 10. September 1920 für den Reichstag festgesetzten Bestimmungen in Kraft.

Thronfolgegesetz vom 27. März 1953

§ 1 Der Thron vererbt sich innerhalb der Nachkommenschaft von König Christian X. und Königin Alexandrine.

§ 2 Beim Ableben eines Königs geht der Thron auf seinen Sohn oder seine Tochter über, und zwar so, daß der Sohn vor der Tochter und, falls mehrere Kinder gleichen Geschlechts vorhanden sind, das ältere vor dem jüngeren vorausgeht.

Ist eines der Kinder des Königs gestorben, so tritt dessen Nachkommenschaft an seine Stelle, und zwar in gerader Linie und nach den in Absatz 1 festgesetzten Bestimmungen.

§ 3 Stirbt ein König ohne Hinterlassung auf den Thron erbberechtigter Nachkommenschaft, so geht der Thron auf seinen Bruder oder seine Schwester über, und zwar mit Vorrecht für den Bruder. Hat der König mehrere Geschwister gleichen Geschlechts oder ist eines seiner Geschwister gestorben, so finden die Bestimmungen des § 2 entsprechende Anwendung.

§ 4 Sind keine Erben im Sinne der Bestimmungen der §§ 2 und 3 vorhanden, so geht der Thron auf die danach nächste Seitenlinie innerhalb der Nachkommenschaft von König Christian X. und Königin Alexandrine über, und zwar in gerader Linie sowie mit entsprechendem Vorrecht für Männer vor Frauen und für Ältere vor Jüngeren, wie in §§ 2 und 3 festgesetzt.

§ 5 Nur in gesetzlicher Ehe geborene Kinder haben Erbrecht auf den Thron.

Zur Eheschließung des Königs wird die Zustimmung des Folketings erfordert.

Schließt eine auf den Thron erbberechtigte Person die Ehe ohne des Königs im Staatsrat gegebene Zustimmung, so verliert der Betreffende das Erbrecht auf den Thron für sich und die in der Ehe geborenen Kinder nebst deren Nachkommen.

§ 6 Die Bestimmungen der §§ 2—5 finden sinngemäß Anwendung, wenn ein König dem Thron entsagt.

§ 7 Dieses Gesetz tritt gleichzeitig mit der Verfassung des Königreichs Dänemark vom 5. Juni 1953 in Kraft.

11. Gesetz Nr. 372 vom 7. Juni 1989 über registrierte Partnerschaft

Dänemark ist das erste Land, in welchem eine Gesetzgebung über registrierte Partnerschaft eingeführt wurde. Entsprechende Gesetze sind auch in den übrigen nordischen Ländern erlassen worden. Die Registrierung ist ein bürgerlicher Akt, der in das standesamtliche Ehebuch eingetragen wird. Die Position der Volkskirche zur Frage der kirchlichen Segnung ist noch nicht geklärt.

Quelle 78

Gesetz Nr. 372 vom 7. Juni 1989 über registrierte Partnerschaft

§ 1. Zwei Personen gleichen Geschlechts dürfen ihre Partnerschaft registrieren lassen. (...).

Rechtswirkungen

§ 3. Die Registrierung der Partnerschaft hat mit den in § 4 angeführten Ausnahmen dieselben Rechtswirkungen wie eine Eheschließung.

Abs. 2. Die über Ehe und Ehegatten vorgesehenen Bestimmungen der dänischen Gesetzessammlungen sollen entsprechend auf registrierte Partnerschaft und registrierte Partner Anwendung finden.

Quellenverzeichnis

1. Schonisches Kirchenrecht (1171).
   Skånske Kirkelov.
   Kap. 5.
   Quelle: „Danmarks gamle Landskabslove med Kirkelovene", udgivet af Johs. Brøndum-Nielsen und P. Johs. Jørgensen. (København 1933-1960) Bd. I, 2, Kap. 5. (Hiernach zitiert als „Danmarks gamle Landskabslove").

2. Gesetz von Knud VI. über Totschlag (1200).
   Statutum Kanuti regis de homicidio et illi contigentibus.
   Quelle: „Diplomatarium Danicum", 1. Reihe, 4. Bd., Nr. 24.

3. Gesetz über die Eisenprobe (um 1216)
   Valdemar Sejrs Jernbyrdsforordning.
   Quelle: „Danmarks gamle Landskabslove," Bd. I, 2.

4. Liber legis Scaniae (um 1210). Kap. 127.
   Quelle: „Danmarks gamle Landskabslove", Bd. I, 2.

5. Erichs seeländisches Recht (Erste Hälfte des 13. Jahrh.).
   Eriks sjællandske Lov.
   Buch I, Kap 1, 7, 10, 27, 31, 38, 39, 42, 45.
   Buch II, Kap. 1, 27, 28, 29, 31, 48.
   Buch III, Kap. 13, 15.
   Quelle: „Danmarks gamle Landskabslove", Bd. V, København 1937.

6. Das jütische Gesetz (1241).
   Jyske Lov.
   Vorrede.
   Buch I, Kap. 4, 5, 21, 25, 27, 28, 33, 34, 36, 37, 38, 39, 41, 44.
   Buch II, Kap. 1-4, 7, 34-36, 49, 58, 61, 64, 67-69, 72, 81, 86, 87, 92, 93, 99, 104, 106-108, 112, 113.
   Buch III, Kap. 25, 28, 34, 45, 53, 61, 64-67.
   Quelle: „Danmarks gamle Landskabslove", Bd. II, København 1933.

7. Stadtgesetz von Ripen (1269).
Ribes Stadsret.
Kap. 11 und 27.
Quelle: „Danmarks gamle Købstadslovgivning", Bd. II, Nørrejylland, udgivet af Erik Kroman, København 1952.

8. Stadtrecht von Kopenhagen (1254).
Leges inter episcopum Roskildesem et villanos Hafnenses.
Kap. 1, 4, 5, 7
Quelle: „Danmarks gamle Købstadslovgivning", Bd. III, Sjælland, København 1955.

9. Wahlkapitulation des Königs Erik V Klipping (1282).
Erik V Klippings håndfæstning (1282).
Art. 1-5.
Quelle: „Diplomatarium Danicum", 2. Reihe, 3. Bd, Nr. 45.

10. Wahlkapitulation des Königs Christoph II. (1320).
Kristoffer II's håndfæstning.
Quelle: Heeren/Ukert, „Geschichte der Europäischen Staaten", Bd. I, Hamburg 1840, S. 448-455.

11. Bischof Knud Mikkelsen: Glossen zum jütischen Recht (ca. 1460).
Biskop Knud Mikkelsens glosser til Jyske Lov.
Auszug.
Quelle: „Danmarks gamle Landskabslove", tillæg til Bd. IV, København 1961.

12. Artikeln von Ripen (1460).
Ribe-artikler.
Quelle: „Den danske rigslovgivning 1397-1513" udg. Aage Andersen, København 1989.

13. Statuten für die juristische Fakultät der Universität Kopenhagen 1479.
Statuta Faculltatis Utriusqus Iuris.
Quelle: „Universitas Studii Haffnensis. Stiftelsesdokumenter og Statutter 1479" ved Jan Pinborg, København 1979.

14. Todesstrafe nach dem Kaiserrecht. Urteil des Königin Rat vom 15.4.1537.
Quelle: Troels Dahlerup, „Det Kgl. Rettertings domme og rigens forfølgninger fra Christian III's tid", København 1959, Bd. 1, S. 31.

15. Rezess des Königs Christian III. von 1537.
Kong Christian III's Reces af 1537.
Kap 5, 7, 8.
Quelle: J.L.A. Kolderup-Rosenvinge: „Danske Recesser og Ordinanser af Kongerne af den Olderburgske Stamme“, København 1824.

16. Statut für die Universität Kopenhagen von 1539.
Fundatio et ordinatio vniuersalis schole Haffniensis.
Auszug.
Quelle: William Norvin: „Københavns Universitet: Reformationen og orthodoksiens Tidsalder“ II, København 1940, S. 18.

17. Die dänische Kirchenordnung (1537/39).
Den danske Kirkeordinans.
Art 7.
Quelle: Holger Fr. Rørdam, „Danske Kirkelove“, København 1883, Bd. 1, S. 40 (No. 24).

18. Rezess von Kolding (1558).
Den koldingske Reces.
Kap. 11, 50, 52, 66.
Quelle: V.A. Secher, „Corpus Constitutionum Daniæ“, København 1887 (Hiernach zitiert als CCD), Bd. 1, S. 1 (No 1).

19. Die Wahlkapitulation des Königs Friedrich II. (1559).
Kong Frederik II's håndfæstning.
Art. 1, 2, 4, 30, 45, 47.
Quelle: CCD, Bd. 1, S. 54f (No 11).

20. Niels Hemmingsen: „De lege naturae“ (1562).
Auszug.
Quelle: Hemmingsen, „De lege naturae“, Wittenberg 1562.

21. Urteil des Urteil des Königin Rat vom 14. Juni 1572.
Rettertingsdom af 14. juni 1572.
Quelle: J.L.A. Kolderup-Rosenvinge, „Udvalg af gamle danske Domme“, København 1842, S. 161 (Quelle 63).

22. Eheordnung des Königs Friedrich II (1582).
Kong Frederik II's Ægteskabsordinans.
Auszug.
Quelle: CCD, Bd. 2, S. 270 (No 291).

23. Verordnung über schnelle Vollstreckung (1613).
Forordning om hurtig Eksekution.
Quelle: CCD, Bd. 3, S. 409 (No 402).

24. Zauberverordnung vom 12. Oktober 1617.
Trolddomsforordning af 12. oktober 1617.
Auszug
Quelle: CCD, Bd. 3, S. 516 (No 473).

25. Verordnung über Minderjährige (1619).
Forordning om Mindreårige.
Auszug.
Quelle: CCD, Bd. 3, S. 585 (No 534).

26. Verordnung über Unterpfand an Grundstücken (1632).
Forordning om Underpant i fast Ejendom.
Auszug.
Quelle: CCD, Bd. 4, S. 571 (No 425).

27. Verordnung über Diebstahl (1636).
Forordning om Tyveri.
Auszug.
Quelle: CCD, Bd. 4, S. 663 (No 563).

28. Verordnung vom 9. August 1638
Forordning af 9. august 1838
Quelle: CCD, Bd. 4, S. 721 (No 631).

29. Großer Rezess des Königs Christian IV. (1643).
Kong Christian IV's Store Reces.
Auszug.
Quelle: CCD, Bd. 5, S. 122 (No 143).

30. Die Wahlkapitulation des Königs Friedrich III. (1648).
Kong Frederik III's håndfæstning.
Art. 55.
Quelle: CCD, Bd. 5, S. 574 (No 348).

31. Lex Regia / das Königsgesetz (1665)
Kongeloven - Lex Regia.
Quelle: „Zeitschrift der Gesellschaft für Schleswig-Holsteinische Geschichte", Band 104, S. 196-206.

32. Die Privilegien der Gräfen (1671).
Grevernes privilegier.
Auszug.
Quelle: Jacob Henric Schou, „Kongelige Forordninger og Aabne Breve", Kjøbenhavn 1795, (Hiernach zitiert als Schou), Bd. 1, S. 83.

33. Das dänische Gesetzbuch von 1683.
Kong Christian V's Danske Lov.
Vorrede.
Buch I. 1-1-1, 1-13-1, 1-148, 1-24-9, 17, 25, 33, 47.
Buch II. 2-1.
Buch III. 3-17-34, 3-19-1,2, 3.
Buch V. 5-1-1,2; 5-2-11,19,28-30,33,65,70; 5-3-28; 5-4-14-19; 5-5-1,2,3,4,5; 5-7-1,4,6,8,9,10,14; 5-8-1,12,14; 5-9-3; 5-13-10; 5-14-4,30,31-,55,56.
Buch VI. 6-1-7,9; 6-4-1; 6-53; 6-6-1,7; 6-7-1; 6-10-2,4,5; 6-13-4,5,13,14,16,18,24; 6-14-7; 6-15-11; 6-17-5,32-39.
Quelle: WEGHORST, HEINRICH: Königs Christians des Fünfften, Dänsches Gesetz. Aus dem Dänschen ins Teutsche übersetzet. Worbey die Gleichstellen, und einige Oerter, die Verwandtniss mit einander haben, so woll aus dem Gesetze, als aus denen Königlichen Verordnungen, die nach Verkündigung dieses Gesetzbuchs von A. 1683 biss A. 1698 herausgegeben worden, Copenhagen 1699.

34. Verordnung über die Strafe von Dieben und ungetreuen Dienern (1690).
Forordning om Tyves og utro Tjeneres Straf.
Quelle: Schou, Bd. 1, S. 584.

35. Verordnung über die Bestrafung von schweren Morden (1690).
Forordning om grove Morderes Straf.
Quelle: Schou, Bd. 1, S. 742.

36. Verordnung über das juristische Examen (1736).
Forordning om juridisk Embedseksamen.
Auszug.
Quelle: Schou, Bd. 3, S. 252.

37. Andreas Højer: „Idea ICTI Danici " 1736
Andreas Højer: „Forestilling paa en Dansk Jurist", Kjøbenhavn 1736.
Auszug.

38. Ludvig Holberg: Holberg, Einleitung in das Natur- und Völkerrecht, Übersetzung der 4. Auflage, Leipzig 1748.
Auszug.

39. Verordnung vom 7. Februar 1749 zur weiteren
Henrik Stampe: Erklärung der Verordnung vom 16. Oktober 1697 über die Strafe für schweren Mord.
Quelle: Schou, Bd. 4, S. 110.

40. Verordnung über die Pflichten des Vater seines unehelichen Kindes (1763).
Forordning om Faderen til et uægte Barn.
Quelle: Schou, Bd. 4, S. 734.

41. Erklärung vom 10. Juni 1764.
Henrik Stampe: „Erklæringer, Breve og Forestillinger. Generalprokureurembedet vedkommende" Bd. I-VI, Kjøbenhavn 1790-1807, (Hiernach zitiert als Stampe: „Erklæringer") Bd. IV, 1796, S. 313.

42. Verordnung über „melancholische" Mörder (1767).
Forordning om „melankolske" Mordere.
Auszüge
Quelle: Schou, Bd. 5, S. 71.

43. Henrik Stampe, Zwei Erklärungen (1768).
Auszüge
Quelle: Stampe: „Erklæringer" Bd. V, 1797, S. 541ff.

44. Verordnungen über Diebstahl (1771).
Forordning om Tyveri.
Quelle: Schou, Bd. 5, S. 236.

45. Verordnung über die Inquisitionskommission (1771).
Forordning om Inkvisitions-Commissionen.
Quelle: Schou, Bd. 5, S. 339.

46. Verordnung über das Indigenatenrecht (1776).
Forordning om Indfødelsesretten.
Quelle: Schou, Bd. 6, S. 143.

47. Verordnung über die Aufhebung der Schollenpflicht (1788).
Forordning om Stavnsbåndets Ophævelse.
Einleitung, § 1.
Quelle: Love og Forordninger, Supplement 1785-1813, Kjøbenhavn, 1886, S. 79.

48. Verordnung vom 20. Februar 1789 betreffend die genauere Bestimmung der Strafen für Diebstahl und Hehlerei.
Forordning om Straf for Tyve og Hælere.
Quelle: Schou, Bd. 10, S. 10.

49. Verordnung über die Ordnung und Beschleunigung der Rechtspflege (1796).
Forordning om Rettens vedbørlige og hurtige Pleie.
Einleitung, IX Cap. Einleitung, Art. 25.
Quelle: Schou, Bd. 11, S. 436.

50. Ørsted Abhandlungen auf dem Gebiethe der Moral- und Gesetzgebungsphilosophie, 1823-26.
Auszug.

51. Anordnung über das gemeine Schulwesen in den dänischen Städten (1814).
Anordning om Skade-Vaesenet i de danske Kjøbstæder.
Quelle: Schou, Bd. 17, S. 186.

52. Verordnung über das juristische Studium (1821).
Forordning om det juridiske Studium.
§§ 15 und 16.
Quelle: Schou, Bd. 18, S. 518.

53. Verordnung vom 11. April 1840 betreffend die Strafe für Diebstahl, Betrug, Fälschung und andere damit verwandte Verbrechen.
Forordning om Straffen for Tyveri, Hæleri, Falskeri og andre dermed forbundne Forbrydelser.
Quelle: Schou, Bd. 23, S. 54.

54. Sprachreskript 1840.
Quelle: „Chronologische Sammlung der im Jahre 1840 ergangenen Verordnungen und Verfügungen für die Herzogtümer Schleswig und Holstein", Kiel 1841.

55. Anordnung über Landgemeinden (1841).
Anordning ang. Landkommunevæsenet.
Quelle: Schou, Bd. 23, S. 388.

56. Verordnung über Abtretung von Grundstücken für die Anlage von Eisenbahnen (1845).
Forordning om Grundafstaaelser til anlæg af Jernbaner.
Einleitung, §§ 1 und 2.
Quelle: Love og Anordninger 1834-1848, København 1877, S. 446.

57. Erbverordnung (1845).
Arveforordning.
Einleitung, §§ 1-9, 15, 19, 23-24.
Quelle: Love og Anordninger 1834-1848, København 1877, S. 496.

58. „Der offene Brief des Königs von Dänemark und des deutschen Volkes Antwort", Leipzig 1846.

59. „Staatsgrundgesetz für das Königreich Dänemark".
Grundloven af 5. juni 1849.
Auszug.

60. Allgemeines bürgerliches Strafgesetz (1866).
Almindelig borgerlig Straffelov.
§§ 1, 9-11.
Quelle: „Lovtidende" København 1866.

61. Das revidierte Grundgesetz (1866).
Den gennemsete Grundlov.
Auszüge.
Quelle: „Lovtidende" København 1866.

62. Einladung zum ersten nordischen Juristentreffen (1872).
Indbydelse til det første nordiske Juristmøde.
Quelle: „Forhandlinger paa det nordiske Juristmøde 1872„ København 1872.

63. Gesetz über die Verfügung verheirateter Frauen über ihr Selbsterwerb (1880).
Lov om gift Kvindes rådighed over Selverhverv.
Auszug.
Quelle: „Lovtidende“ København 1880.

64. Gesetz über Altersfürsorge (1891).
Lov om Alderdomsunderstøttelse.
§§ 1, 5 und 9.
Quelle: „Lovtidende“ København 1891.

65. Gesetz über die Haftung für Schaden von Eisenbahnbetrieb (1898).
Lov om Erstatningsansvar for skade ved Jernbanedrift.
§§ 1, 2 und 3.
Quelle: „Lovtidende“ København 1898.

66. Julius Lassen: Die Kodifikation des Privatrechts (1899).
Julius Lassen: Privatrettens Kodifikation.
Auszüge.
Quelle: Julius Lassen: „Udvalgte Afhandlinger“, København 1918.

67. Prozessordnung (1916).
Retsplejelov.
§§ 1, 29, 148, 292, 293, 896.
Quelle: „Lovtidende“ København 1916.

68. Gesetz über Gemeindekirchenräte (1922).
Menighedsrådslov.
§ 1, Abs. 1, § 2, Abs. 1, Nr. 1 und 2.
Quelle: „Lovtidende“ København 1922.

69. Gesetz Nr. 276 vom 30. Juni 1922 über Schließung und Auflösung der Ehe.
Lov om Ægteskabets Indgåelse og Opløsning.
Quelle: „Lovtidende“ København 1922.

70. Gesetz über die Rechtswirkungen der Ehe (1925).
Lov om Ægteskabets Retsvirkninger.
§§ 1, 15, 16, 17.
Quelle: „Lovtidende“ København 1925.

71. Gesetz über die Eintragung ins das Grundbuch (1926).
Tinglysningslov.
§ 1.
Quelle: „Lovtidende“ København 1926.

72. Bürgerliches Strafgesetz (1930).
Borgerlig Straffelov.
§§ 1, 31-35.
Quelle: „Lovtidende“ København 1930.

73. Gesetz über öffentliche Fürsorge (1933).
Lov om offentlig Forsorg.
§§ 1 und 17.
Quelle: „Lovtidende“ København 1933.

74. Gesetz über uneheliche Kinder (1937).
Lov om Børn uden for Ægteskab.
§§ 1, 2, stk. 1, 3.
Quelle: „Lovtidende“ København 1937.

75. Gesetz über Veränderung der Erbgesetzgebung (1937).
Lov om Ændring af Lovgivningen om Arv.
§ 1, stk. 1.
Quelle: „Lovtidende“ København 1937.

76. Novelle zum bürgerlichen Strafgesetz (1945).
Straffelovstillæg om Forræderi m.v.
§§ 1, 3-4.
Quelle: „Lovtidende“ København 1945.

77. Das Grundgesetz von 5. Juni 1953.
Grundloven af 5. juni 1953.
Auszug.
Quelle: „Lovtidende“ København 1953.

78. Gesetz über registrierte Partnerschaft (1989).
Lov om registreret partnerskab..
§§ 1 und 3.
Quelle: „Lovtidende“ København 1989.

Neuere Literatur zur Dänischen Rechtsgeschichte*

Mittelalter:

Dübeck, Inger: „Women, Weddings and Concubines in medieval Danish Law.“ – Scandinavia Journal of History, 1992.

– „Die Entstehung der mittelalterlichen Gütergemeinschaft im dänischen und nordeuropäischen Familienrecht.“ – Geschichte und Perspektiven des Rechts im Ostseeraum, Frankfurt am Main 2002.

Gelting, Michael H.: „Marriage, Peace and the Canonical Incest Prohibitions: Making Sense of an Absurdity?“ – M. Kopiola (ed.): Nordic Perspectives on Medieval Canon Law, Saarijärvi 1999.

– „Odelsrett – lovbydelse – bördsrätt – retrait lignager. Kindred and Land in the Nordic Countries in the Twelfth and Thirteenth Centuries.“ – L. I. Hansen (ed.): Family, Marriage and Property Devolution in the Middle Ages. Tromsø 2000.

– Pope Alexander III and Danish Laws of Inheritance. – D. Tamm und H. Vogt (ed.): How Nordic are the Nordic Medieval Laws? København 2005.

Jacobsen, Grethe: „Economic Progress and the Sexual Division of Labor: The Role of Guilds in the Late-Medieval Danish City.“ – Alltag und Fortschritt im Mittelalter. Internationales Round-Table-Gespräch, Krems an der Donau 1. Oktober 1984. Veröffentlichungen des Instituts für Mittelalterliche Realienkunde Österreichs, Nr. 8; Sitzungsberichte der phil.-hist. Klasse der Österreichischen Akademie der Wissenschaften, Bd. 470. Wien, Verlag der Österreichischen Akademie der Wissenschaften, 1986.

Tamm, Ditlev: „Un paralelo nórdico de la obra alfonsina: La legislación del Rey Valdemar II de Dinamarca“. Espana y Europa, un pasado jurídico común, Istituto de Derecho Común, Murcia, 1986.

Vogt, Helle: „The King's Power to Legislate in Twelfth and Thirteenth Century Denmark.“ – P. Andersen (et al. ed.): Law and Power in the Middle Ages, København 2008.

– „Fledføring“ – Elder Care and the Protection of the Interests of the Heirs in Danish Medieval Laws.“ – The Legal History Review. 2008.

---

* Dänischsprachige Literatur ist nicht berücksichtigt. – Einen Überblick über die dänische Rechtsgeschichte bringt D. *Tamm* in: Handwörterbuch zur deutschen Rechtsgeschichte, Bd. 1, Bielefeld 2006, Sp. 918 ff.

1536-1660:

Jacobsen, Grethe: Kvinder, køn og købstadslovgivning 1400-1600: Lovfaste Mænd og ærlige Kvinder. Mit deutscher Zusammenfassung. Danish Humanist Texts and Studies, vol. 11. København, Det kongelige Bibliotek, Museum Tusculanums Forlag, 1995.

Johansen, Jens Chr. V.: „Indizien und Beweise. Zur Bedeutung des gerichtlichen Verfahrens der Hexenprozesse in Ripen und Tondern." Forschungen zur Rechtsarchäologie und Rechtlichen Volkskunde, 6 (1984), pp. 129-141.

– „Falster and Elsinore, 1680-1705: A Comparative Study of Rural and Urban Crime." Social History, 15, 1990.

– „Judicial Behaviour in Early Modern Denmark." Clashes of Cultures. Essays in Honour of Niels Steensgaard, eds. Jens Chr. V. Johansen [et al.] Odense: Odense University Press, 1992.

– „The Communication of Sentences from the King's Bench in Denmark 1537-1660: The Impact on the Local Judiciary." Kommunikation und Alltag in Spätmittelalter und Früher Neuzeit, Hg. Helmuth Hundsbichler. Wien: Verlag der Österreichischen Akademie der Wissenschaften, 1992.

Tamm, Ditlev: „Reformation, Rechtsstudium und Rechtwissenschaft". University and Reformation. Lectures from The University of Copenhagen Symposium. Ed. by Leif Grane, Leiden 1981.

– „Nolo falcem in alienam messem mittere – Der dänische Theologe Niels Hemmingsen (1513-1600) aus juristischer Sicht". Gerichtslauben-Vorträge, Karl Kroeschell, Sigmaringen 1983.

– „König und Rat als Rechtsprechungs- und Gesetzgebungsorgan in Dänemark 1537-1660. Ein Forschungsprojekt." – Vorträge zur Justizforschung. Geschichte und Theorie, Band 1, Frankfurt am Main 1992.

– „University and political power in Denmark in the 16th and 17th centuries". – I poteri politici e il mondo universitario (XIII-XX secolo), Messina 1994.

– „Gute Sitte und Ordnung: Zur Entwicklung und Funktion der Polizeigesetzgebung in Dänemark". – Policey im Europa der Frühen Neuzeit, Frankfurt am Main 1996.

– „The birth of Danish legal science in the 16th and 17th centuries". – Summa Eloquentia. Essays in honour of Margaret Hewett, 2002.

– „Der dänische König als Richter und Gesetzgeber". – Symbolische Kommunikation vor Gericht in der Frühen Neuzeit, S. 357-373. Berlin 2006.

1660-1849:

Dübeck, Inger: „The development of Danish joint stock company rules during the eighteenth and nineteenth centuries." – Legal history in the making, London 1991.

Tamm, Ditlev: „Anders Sandøe Ørsted and the Influence from Civil Law upon Danish Private Law at the Beginning of the 19th Century". – Scandinavian Studies in Law, 1978.

– „The Danish code of 1683 – An early European Code in an International Context". – Scandinavian Studies in Law 28, Uppsala 1984.

– Pufendorf und Dänemark. Samuel von Pufendorf 1632-1982, Institutet for Rättshisorisk Forskning grundat av Gustav och Carin Olin, Lund 1986.

– „Punishment in the Scandinavian Countries since the 18th century". – The Jean Bodin Society for Comparative Institutional History, 1989.

– „Dänischer Absolutismus und die Privilegien der Grafen und Freiherren". – Das Privileg im europäischen Vergleich, Frankfurt am Main 1999.

– „Vom protestantischen Eherecht zum „matrimonium liberum". Ehescheidung durch Bewillung in Dänemark und Norwegen". – Status Familiae. Festschrift für Andreas Wacke zum 65. Geburtstag, München 2001.

19. und 20. Jahrhundert:

Dübeck, Inger: „Denmark" – Gerhard Robbers (ed.),: Encyclopedia of World Constitutions, vol. 2, 2007.

Koch, Henning / Stevnsborg, Henrik: *„From Police Law to Police Science"*. – Suum Cuique – Legal Studies from the University of Copenhagen Law Faculty. Peter Blume, Ditlev Tamm und Vibeke Vindeløv (red.), København 1993.

Tamm, Ditlev: „Die juristische Person in der dänischen Rechtswissenschaft des 19. Jahrhunderts". – Quaderni Fiorentini 11/12, Firenze 1983.

– „Kollaboration und ihre strafrechtliche Ahndung in Dänemark nach dem Zweiten Weltkrieg". – Zeitschrift für neuere Rechtsgeschichte 5. Jahrgang 1983, Nr. 1/2, Wien.

– Einführung, in: Das 19 Jahrhundert, Vierter Teilband: Die nordischen Länder. Handbuch der Quellen und Literatur der neueren europäischen Privatrechtsgeschichte. Dritter Band, Helmut Coing, München 1987.

– Rechtswissenschaft, Rechtssprechung, in: Das 19. Jahrhundert, Vierter Teilband: Die nordischen Länder. Handbuch der Quellen und Literatur der neue-

ren europäischen Privatrechtsgeschichte, Dritter Band, Helmut Coing, München 1987.
– Die rechtsgeschichtliche Forschung in Dänemark – einige Tendenzen. La Storiografia Giuridica Scandinava, Paolo Grossi, Milano 1988.
– „The Trial of Collaborators in Denmark after the Second World War". – Crime and Control in Scandinavia during the Second Worls War, Oslo 1989.
– „Les relations églises-états dans les pays nordiques". – Revue de droit canonique, Strasbourg 1995.
– „Die Abrechnung mit der Kollaboration in Dänemark". – Kriegsende im Norden, Stuttgart 1995.
– „The Universities in the Nordic Countries". – Le Università minori in Europa (secoli XV-XIX), S. 207-219. Italien.
– „Die dänische Verfassung vom 5. Juni 1849 – Entstehung und Auswirkungen". – Schriften zur Europäischen Rechts- und Verfassungsgeschichte Band 38, Berlin 2001.
– „Neues zur dänischen Verwaltungsgeschichte". – Jahrbuch für Europäische Verwaltungsgeschichte 12, Baden-Baden 2001.
– „Delay in Danish Civil Procedure". – The Law's Delay. Essays on Undue Delay in Civil Litigation, Maastricht 2004.

Allgemeine Literatur:

Johansen, Jens Chr. V.: „Erträge der neuen Rechtsgeschichte in den skandinavischen Ländern." Kriminalitätsgeschichte. Beiträge zur Sozial- und Kulturgeschichte der Vormoderne. Hg. Andreas Blauert und Gerd Schwerhoff. Konstanz: Universitätsverlag Konstanz, 2000.
Stevnsborg, Henrik: *„Der König und das Volk in der dänischen Rechtsgeschichte"*. – Geschichte und Perspektiven des Rechts im Ostseeraum (Rechtshistorische Reihe, Band 251) Jörn Eckert & Kjell Å. Modéer, 2001.
Stevnsborg, Henrik / Tamm, Ditlev: „Punishment in Scandinavia until the 18th Century". – Recueils de la Société Jean Bodin, LVI La Peine II. Europe avant le 18ème siècle, 1991.
Tamm, Ditlev: „Testaments and other dispositions mortis causa in The Nordic Countries (Denmark, Norway and Sweden)". – Acts of last will, Part 2 Bruxelles 1993.
– „The University of Copenhagen. A Lutheran University under state control". – Università in Europa, Messina 1995.
– „Eidora Romani Terminus Imperii – Roman Law in the North". – Fundamina. A Journal of Legal History, Pretoria 1996.

- „Deutsche und nordische Juristen“. – Begegnungen. Deutschland und der Norden im 19. Jahrhundert, Berlin 2000.
- „The Law and the Juridical System“ (mit Jens Chr. V. Johansen, Hans Eyvind Næss und Kenneth Johansson). – People Meet the Law. Control and conflict-handling in the courts, Oslo 2000.
- „The Danes and Their Legal Heritage“. – Danish Law in a European Perspective, København 2002.
- „How Nordic is the Nordic Legal Family“. – SARTONIANA, vol. 18, Ghent 2005.

RECHTSHISTORISCHE REIHE

Band 1 Studien zu den germanischen Volksrechten. Gedächtnisschrift für Wilhelm Ebel. Vorträge gehalten auf dem Fest-Symposion anläßlich des 70. Geburtstages von Wilhelm Ebel am 16. Juni 1978 in Göttingen. Götz Landwehr (Hrsg.) 1982.

Band 2 Hans Poeschel: Die Statuten der Banken, Sparkassen und Kreditgenossenschaften in Hamburg und Altona von 1710 bis 1889. 1978.

Band 3 Thomas Kolbeck: Juristenschwemmen, Untersuchungen über den juristischen Arbeitsmarkt im 19. und 20. Jahrhundert. 1978.

Band 4 Norbert Hempel: Richterleitbilder in der Weimarer Republik. 1978.

Band 5 Rolf Stratmann: Die Scheinbußen im mittelalterlichen Recht. 1978.

Band 6 Martin C. Lockert: Die niedersächsischen Stadtrechte zwischen Aller und Weser. Vorkommen und Verflechtungen. Eine Bestandsaufnahme. 1979.

Band 7 Joachim Rückert/Wolfgang Friedrich: Betriebliche Arbeiterausschüsse in Deutschland, Großbritannien und Frankreich im späten 19. und frühen 20. Jahrhundert. Eine vergleichende Studie zur Entwicklung des kollektiven Arbeitsrechts. 1979.

Band 8 Peter Bender: Die Rezeption des römischen Rechts im Urteil der deutschen Rechtswissenschaft. 1979.

Band 9 Friedrich Karl Alsdorf: Untersuchungen zur Rechtsgestalt und Teilung deutscher Ganerbenburgen. 1980.

Band 10 Dietmar Willoweit/Winfried Schich (Hrsg.): Studien zur Geschichte des sächsisch-magdeburgischen Rechts in Deutschland und Polen (Sammelband). 1980.

Band 11 Brigitte Hempel: Der Entwurf einer Polizeiordnung für das Herzogtum Sachsen-Lauenburg aus dem Jahre 1591. 1980.

Band 12 Klaus-Detlev Godau-Schüttke: Rechtsverwalter des Reiches. Staatssekretär Dr. Curt Joël. 1981.

Band 13 Rainer Polley: Anton Friedrich Justus Thibaut (AD 1772-1840) in seinen Selbstzeugnissen und Briefen. Teil 1: Abhandlung. Teil 2: Briefwechsel. Teil 3: Register zum Briefwechsel. 1982.

Band 14 Michael Wettengel: Der Streit um die Vogtei Kelkheim 1275-1276. Ein kanonischer Prozeß.1981.

Band 15 Otto Wilhelm Krause: Naturrechtler des sechzehnten Jahrhunderts. Ihre Bedeutung für die Entwicklung eines natürlichen Privatrechts. 1982.

Band 16 Helga Spindler: Von der Genossenschaft zur Betriebsgemeinschaft. Kritische Darstellung der Sozialrechtslehre Otto von Gierkes. 1982.

Band 17 Holger Otte: Gustav Radbruchs Kieler Jahre 1919-1926. 1982.

Band 18 Rüdiger Teuner: Die fuldische Ritterschaft 1510-1656. 1982.

Band 19 Gerhard Dilcher/Rudolf Hoke/Gian Savino Pene Vidari/Hans Winterberg (Hrsg.): Grundrechte im 19. Jahrhundert. 1982.

Band 20 Karl-Hans Schloßstein: Die westfälischen Fabrikengerichtsdeputationen - Vorbilder, Werdegang und Scheitern. 1982.

Band 21 Birger Schulz: Der Republikanische Richterbund (1921-1933). 1982.

Band 22 Engelbert Krause: Die gegenseitigen Unterhaltsansprüche zwischen Eltern und Kindern in der deutschen Privatrechtsgeschichte. 1982.

Band 23 Meent W. Francksen: Staatsrat und Gesetzgebung im Großherzogtum Berg (1806-1813). 1982.

Band 24 Gerd von Sonnleithner: Bearbeitung des Handelsrechts durch Ignaz von Sonnleithner in seinem "Leitfaden über das österreichische Handels- und Wechselrecht". 1982.

Band 25 Rudolf Palme: Rechts-, Wirtschafts- und Sozialgeschichte der inneralpinen Salzwerke bis zu deren Monopolisierung. 1983.

Band 26 Helen Bosshard: Pestalozzis Staats- und Rechtsverständnis und seine Stellung in der Aufklärung. 1983.

Band 27 Jens Jessen: Die Selbstzeugnisse der deutschen Juristen. Erinnerungen, Tagebücher und Briefe. Eine Bibliographie. 1983.

Band 28 Günter Martin Jensen: Das Domanium Waldeck. Die rechtliche Zuordnung eines Fürstenvermögens. 1984.

Band 29 Johann Heinrich Kumpf: Petitionsrecht und öffentliche Meinung im Entstehungsprozeß der Paulskirchenverfassung 1848/49. 1983.

Band 30 Sabine Frey: Rechtsschutz der Juden gegen Ausweisungen im 16. Jahrhundert. 1983.

Band 31 Dietrich Joswig: Die germanische Grundstücksübertragung. 1984.

Band 32 Andreas Baryli: Konzessionssystem contra Gewerbefreiheit. Zur Diskussion der österreichischen Gewerberechtsreform 1835 bis 1860. 1984.

Band 33 Gerhard Oberkofler: Studien zur Geschichte der österreichischen Rechtswissenschaft. 1984.

Band 34 Rudolf Lauda: Kaufmännische Gewohnheit und Burgrecht bei Notker dem Deutschen. Zum Verhältnis von literarischer Tradition und zeitgenössischer Realität in der frühmittelalterlichen Rhetorik. 1984.

Band 35 Jens Jensen: Die Ehescheidung des Bischofs Hans von Lübeck von Prinzessin Julia Felicitas von Württemberg-Weiltingen AD 1648-1653. Ein Beitrag zum protestantischen Ehescheidungsrecht im Zeitalter des beginnenden Absolutismus. 1984.

Band 36 Horst Schröder: Friedrich Karl von Savigny. Geschichte und Rechtsdenken beim Übergang vom Feudalismus zum Kapitalismus in Deutschland. 1984.

Band 37 Andreas Hatzung: Dogmengeschichtliche Grundlagen und Entstehung des zivilrechtlichen Notstands. 1984.

Band 38 Matthias Klasen: Das Billwerder Landrecht. Landrecht und Landgericht in den Hamburger Elbmarschen. 1985.

Band 39 Rainer Jamin: Aufbau, Tätigkeit und Verfahren der Auseinandersetzungsbehörden bei der Durchführung der preußischen Agrarreformen. 1985.

Band 40 Henry Winter: Teilschuld, Gesamtschuld und unechte Gesamtschuld. Zur Konzeption der §§ 420 ff. BGB - Ein Beitrag zur Entstehungsgeschichte des BGB. 1985.

Band 41 Hermann Eichler: Verfassungsbewegung in Amerika und Europa. 1985.

Band 42 Dagmar Bandemer: Heinrich Albert Zachariae. Rechtsdenken zwischen Restauration und Reformation. 1985.

Band 43 Eva-Christine Frentz: Das Hamburgische Admiralitätsgericht (1623-1811). Prozeß und Rechtsprechung. 1985.

Band 44 Karl Lillig: Rechtsetzung im Herzogtum Pfalz-Zweibrücken während des 18. Jahrhunderts. Ein Beitrag zur Geschichte der territorialen Rechtsbildung. 1985.

Band 45 Walter Weber: Die Entwicklung der Sparkassen zu selbständigen Anstalten des öffentlichen Rechts. Ein Beitrag zur Entwicklung des Anstaltsbegriffs im 19. Jahrhundert. 1985.

Band 46 Bärbel Baum: Der Stabreim im Recht. Vorkommen und Bedeutung des Stabreims in Antike und Mittelalter. 1986.

Band 47 Hans Popp: Die nationalsozialistische Sicht einiger Institute des Zivilprozeß- und Gerichtsverfassungsrechts. 1986.

Band 48 John Karl-Heinz Montag: Die Lehrdarstellung des Handelsrechts von Georg Friedrich von Martens bis Meno Pöhls. Die Wissenschaft des Handelsrechts im ersten Drittel des 19. Jahrhunderts. 1986.

Band 49 Volker D. Anhäusser: Das internationale Obligationenrecht in der höchstrichterlichen Rechtsprechung des 19. Jahrhunderts. 1986.

Band 50 Udo Beer: Die Juden, das Recht und die Republik. Verbandswesen und Rechtsschutz 1919-1933. 1986.

Band 51 Herbert Grziwotz: Der moderne Verfassungsbegriff und die "Römische Verfassung" in der deutschen Forschung des 19. und 20. Jahrhunderts. 1986.

Band 52 Ralf Conradi: Karl Friedrich Eichhorn als Staatsrechtslehrer. Seine Göttinger Vorlesung über "Das Staatsrecht der deutschen Bundesstaaten" nach einer Kollegmitschrift aus dem Wintersemester 1821/22. 1987.

Band 53 Dieter Dannreuther: Der Zivilprozeß als Gegenstand der Rechtspolitik im Deutschen Reich 1871-1945. Ein Beitrag zur Geschichte des Zivilprozeßrechts in Deutschland. 1987.

Band 54 Stephan Felix Pauly: Organisation, Geschichte und Praxis der Gesetzesauslegung des (Königlich) Preußischen Oberverwaltungsgerichtes 1875-1933. 1987.

Band 55 Rüdiger Schulz: Die Entstehung des Seerechts des Allgemeinen Deutschen Handelsgesetzbuches unter besonderer Berücksichtigung der Bestimmungen über die Reederei, den Schiffer und die Schiffsmannschaft. 1987.

Band 56 Reinhold Reis: Deutsches Privatrecht in den Weistümern der Zenten Schriesheim und Kirchheim. 1987.

Band 57 Jürgen Christoph: Die politischen Reichsamnestien 1918-1933. 1987.

Band 58 Gerhard Oberkofler/Eduard Rabofsky: Hans Kelsen im Kriegseinsatz der k.u.k.-Wehrmacht. Eine kritische Würdigung seiner militärtheoretischen Angebote. 1988.

Band 59 Arne Wulff: Staatssekretär Prof. Dr. Dr. h.c. Franz Schlegelberger. 1876-1970. 1991.

Band 60 Gerhard Köbler (Hrsg.): Wege europäischer Rechtsgeschichte. Karl Kroeschell zum 60. Geburtstag. 1987.

Band 61 Rüdiger Hütte: Der Gemeinschaftsgedanke in den Erbrechtsreformen des Dritten Reichs. 1988.

Band 62 Markus Göldner: Politische Symbole der europäischen Integration. Fahne, Hymne, Hauptstadt, Paß, Briefmarke, Auszeichnungen. 1988.

Band 63 Wolfgang Kröner: Freiheitsstrafe und Strafvollzug in den Herzogtümern Schleswig, Holstein und Lauenburg von 1700 bis 1864. 1988.

Band 64 Werner Gaile: Die Norder Theelacht. 1988.

Band 65 Karl v. Kempis: Andreas Gaill (1526-1587). Zum Leben und Werk eines Juristen der frühen Neuzeit. 1988.

Band 66 Wolf-Rüdiger Osburg: Die Verwaltung Hamburgs in der Franzosenzeit. 1811-1814. 1988.

Band 67 Christian Schudnagies: Hans Frank. Aufstieg und Fall des NS-Juristen und Generalgouverneurs. 1988.

Band 68 Otmar Jung: Senatspräsident Freymuth. Richter, Sozialdemokrat und Pazifist in der Weimarer Republik. Eine politische Biographie. 1989.

Band 69 Joachim Lohner: Das landeshauptmannschaftliche Gericht in Oberösterreich zu Beginn der Neuzeit. Eine Darstellung des oberösterreichischen Prozeßrechts am obersten Territorialgericht des Landes anhand der oberösterreichischen Landtafel. 1989.

Band 70 Bernd Klemann: Rudolf von Jhering und die Historische Rechtsschule. 1989.

Band 71 Adalbert Langer: Männer um die österreichische Zivilprozeßordnung 1895. Zusammenspiel / Soziales Ziel. 1990.

Band 72 Robert-Dieter Klee: Die Landessuperintendentur Lauenburg. Ursprung und Entwicklung sowie Ende der Sonderstellung des Kirchenkreises Herzogtum Lauenburg durch die nordelbische Kirchenvereinigung. 1989.

Band 73 Heinrich Herrmann: Die Gehöferschaften im Bezirk Trier. 1989.

Band 74 Wilhelm Brauneder, Franz Baltzarek (Hrsg.): Modell einer neuen Wirtschaftsordnung. Wirtschaftsverwaltung in Österreich 1914-1918. 1991.

Band 75 Thomas Dreyer: Die "Assecuranz- und Haverey-Ordnung" der Freien und Hansestadt Hamburg von 1731. 1990.

Band 76 Bernhard Sendler: Die Rechtssprache in den süddeutschen Stadtrechtsreformationen. 1990.

Band 77 Brigitte Lehmann: Ehevereinbarungen im 19. und 20. Jahrhundert. 1990.

Band 78 Michael Sunnus: Der NS-Rechtswahrerbund (1928-1945). Zur Geschichte der nationalsozialistischen Juristenorganisation. 1990.

Band 79 Stefan Schulz: Die historische Entwicklung des Rechts an Bienen. (§§ 961-964 BGB). 1990.

Band 80 Gerhard Lingelbach, Heiner Lück (Hrsg.): Deutsches Recht zwischen Sachsenspiegel und Aufklärung. Rolf Lieberwirth zum 70. Geburtstag dargebracht von Schülern, Freunden und Kollegen, herausgegeben von Gerhard Lingelbach und Heiner Lück. 1991.

Band 81 Manfred Krohn: Die deutsche Justiz im Urteil der Nationalsozialisten 1920-1933. 1991.

Band 82 Angelika Kühn: Privilegierung nationaler Minderheiten im Wahlrecht der Bundesrepublik Deutschland und Schleswig-Holsteins. 1991.

Band 83 Georg Brun: Leben und Werk des Rechtshistorikers Heinrich Mitteis unter besonderer Berücksichtigung seines Verhältnisses zum Nationalsozialismus. 1991.

Band 84 Wolfgang Simon: Claudius Freiherr von Schwerin. Rechtshistoriker während dreier Epochen deutscher Geschichte. 1991.

Band 85 Friedrich-Carl Wachs: Das Verordnungswerk des Reichsdemobilmachungsamtes. Stabilisierender Faktor zu Beginn der Weimarer Republik. 1991.

Band 86 Jens-Uwe Petersen: Die Vorgeschichte und die Entstehung des Mieterschutzgesetzes von 1923 nebst der Anordnung für das Verfahren vor dem Mieteinigungsamt und der Beschwerdestelle. 1991.

Band 87 Ulrike Haibach: Familienrecht in der Rechtssprache. Die historische Entwicklung zentraler Ausdrücke des geltenden Familienrechts. 1991.

Band 88 Joern Christian Nissen: Die Beratungen des Seeversicherungsausschusses der Akademie für Deutsches Recht zu einem neuen Seeversicherungsgesetz (1934-1939). Ein Beitrag zur Entwicklung der allgemeinen Lehren des Seeversicherungsrechts unter besonderer Berücksichtigung des Handelsgesetzbuchs und der Allgemeinen Deutschen Seeversicherungs-Bedingungen 1919. 1991.

Band 89 Diethard Bühler: Die Entstehung der allgemeinen Vertragsschluß-Vorschriften im Allgemeinen Deutschen Handelsgesetzbuch (ADHGB) von 1861. Ein Beitrag zur Kodifikationsgeschichte des Privatrechts im 19. Jahrhundert. 1991.

Band 90 Gerhard Oberkofler: Die Vertreter des Römischen Rechts mit deutscher Unterrichtssprache an der Karls-Universität in Prag. Vom Vormärz bis 1945. 1991.

Band 91 Ulrich Andermann: Ritterliche Gewalt und bürgerliche Selbstbehauptung. Untersuchungen zur Kriminalisierung und Bekämpfung des spätmittelalterlichen Raubrittertums am Beispiel norddeutscher Hansestädte. 1991.

Band 92 Heinz Marcus Hanke: Luftkrieg und Zivilbevölkerung. Der kriegsvölkerrechtliche Schutz der Zivilbevölkerung gegen Luftbombardements von den Anfängen bis zum Ausbruch des Zweiten Weltkrieges. 1991.

Band 93 Kirsten Kraglund: Familien- und Erbrecht. Materielles Recht und Methoden der Rechtsanwendung in der Rechtsprechung des Oberappellationsgerichts der vier Freien Städte Deutschlands zu Lübeck. 1991.

Band 94 Reinhard Lorenz: Die politische und rechtliche Stellung des Proletariats in Preußen in der Zeit zwischen den Reformen und der Revolution 1848/49. 1991.

Band 95 Eric Hilgendorf: Die Entwicklungsgeschichte der parlamentarischen Redefreiheit in Deutschland. 1991.

Band 96 Hans J. Reiter: Die Handelsgesellschaft Villeroy & Boch von der Gründung 1836 bis zum Jahr 1878. 1992.

Band 97 Martin Johannes Heller: Reform der deutschen Rechtssprache im 18. Jahrhundert. 1992.

Band 98 Michael Kotulla: Die Tragweite der Grundrechte der revidierten preußischen Verfassung vom 31.01.1850. 1992.

Band 99 Michael Siefener: Hexerei im Spiegel der Rechtstheorie. Das crimen magiae in der Literatur von 1574 bis 1608. 1992.

Band 100 Andreas Ebert-Weidenfeller: Hamburgisches Kaufmannsrecht im 17. und 18. Jahrhundert. Die Rechtsprechung des Rates und des Reichskammergerichtes. 1992.

Band 101 Enno Bommel: Die Entstehung der Verwirkungslehre in der Krise des Positivismus. 1992.

Band 102 Ralph Steppacher: Die Berücksichtigung der bäuerlichen Postulate bei der Entstehung des ZGB und der Revision des OR. Ein Beitrag zur schweizerischen Kodifikationsgeschichte (1893-1912). 1992.

Band 103 Martin Fleckenstein: Die Todesstrafe im Werk Carl Joseph Anton Mittermaiers (1787-1867). Zur Entwicklungsgeschichte eines Werkbereichs und seiner Bedeutung für Theorie- und Methodenbildung. 1992.

Band 104 Jörn Eckert: Der Kampf um die Familienfideikommisse in Deutschland. Studien zum Absterben eines Rechtsinstitutes. 1992.

Band 105 Jörg Grotkopp: Beamtentum und Staatsformwechsel. Die Auswirkungen der Staatsformwechsel von 1918, 1933 und 1945 auf das Beamtenrecht und die personelle Zusammensetzung der deutschen Beamtenschaft. 1992.

Band 106 Andreas Rohde: Die Garantiehaftung des Vermieters und ihr Verhältnis zum Unmöglichkeitsrecht in dogmengeschichtlicher und modernrechtlicher Sicht. 1992.

Band 107 Tjark Siefke Kunstreich: Gesamtvertretung. Eine historisch-systematische Darstellung. 1992.

Band 108 Jürgen Krüger: Blindheit und Königtum. Die Blindheit des Königs Georg V. von Hannover als verfassungsrechtliches Problem. 1992.

Band 109 Wolfgang Putschek: Ständische Verfassung und autoritäre Verfassungspraxis in Österreich 1933-1938 mit Dokumentenanhang. Verfassung und Verfassungswirklichkeit. Mit einem Anhang: Denkschriften von Rechtsanwalt Dr. Erich Führer 1936/37. 1993.

Band 110 Klaus Hofmann: Die Verdrängung der Juden aus öffentlichem Dienst und selbständigen Berufen in Regensburg 1933-1939. 1993.

Band 111 Franz Kilger: Die Entwicklung des Telegraphenrechts im 19. Jahrhundert mit besonderer Berücksichtigung der technischen Entwicklung. Telegraphenrecht im 19. Jahrhundert. 1993.

Band 112 Wilhelm Brauneder (Hrsg.): Heiliges Römisches Reich und moderne Staatlichkeit. 1993.

Band 113 Thomas Heinrich: Das preußische Nichtehelichenrecht: Von der Aufklärung zur Reaktion. 1993.

Band 114 Gerald Kohl: Jagd und Revolution. Das Jagdrecht in den Jahren 1848 und 1849. 1993.

Band 115 Christian Schudnagies: Der Kriegs- oder Belagerungszustand im Deutschen Reich während des Ersten Weltkrieges. Eine Studie zur Entwicklung und Handhabung des deutschen Ausnahmezustandsrechts bis 1918. 1994.

Band 116 Elisabeth Bellmann: Die Internationale Kriminalistische Vereinigung (1889-1933). 1994.

Band 117 Julia Pfannkuch: Volksrichterausbildung in Sachsen 1945-1950. 1993.

Band 118 Jörg Offen: Von der Verwaltungsgemeinschaft des BGB von 1896 zur Zugewinngemeinschaft des Gleichberechtigungsgesetzes von 1957. 1994.

Band 119 Dorothee Kohlhas-Müller: Untersuchungen zur Rechtsstellung Theoderichs des Großen. 1995.

Band 120 Monika Rose: Das Gerichtswesen des Herzogtums Pfalz-Zweibrücken im 18. Jahrhundert. Ein Beitrag zur territorialen Gerichtsbarkeit im Alten Reich. 1994.

Band 121 Jörn Eckert / Hans Hattenhauer (Hrsg.): Bibel und Recht. Rechtshistorisches Kolloquium 9. - 13. Juni 1992 an der Christian-Albrechts-Universität zu Kiel. 1994.

Band 122 Robert Martin Mizia: Der Rechtsbegriff der Autonomie und die Begründung des Privatfürstenrechts in der deutschen Rechtswissenschaft des 19. Jahrhunderts. 1995.

Band 123 Walther Graf von Plettenberg: Das Fortleben des Liber Iudiciorum in Asturien/León (8.-13. Jh.). 1994.

Band 124 Wolfgang Schulz: Das deutsche Börsengesetz. Die Entstehungsgeschichte und wirtschaftlichen Auswirkungen des Börsengesetzes von 1896. 1994.

Band 125 Frank Hagemann: Der Untersuchungsausschuß Freiheitlicher Juristen. 1949-1969. 1994.

Band 126 Andreas Rethmeier: "Nürnberger Rassegesetze" und Entrechtung der Juden im Zivilrecht. 1995.

Band 127 Edith Grether: Die Poesie der Throne. Die Juristen in der Fruchtbringenden Gesellschaft. 1995.

Band 128 Anna Bartels-Ishikawa: Der Lippische Thronfolgestreit. Eine Studie zu verfassungsrechtlichen Problemen des Deutschen Kaiserreiches im Spiegel der zeitgenössischen Staats. 1995.

Band 129 Jörg Schmidt: Otto Koellreutter 1883-1972. Sein Leben, sein Werk, seine Zeit. 1995.

Band 130 Christian Hattenhauer: Wahl und Krönung Franz II. AD 1792. Das Heilige Reich krönt seinen letzten Kaiser - Das Tagebuch des Reichsquartiermeisters Hieronymus Gottfried von Müller und Anlagen. 1995.

Band 131 Jutta v. der Decken: Das Seearbeitsrecht im Hamburger Stadtrecht von 1301 bis 1603. 1995.

Band 132 Detlev Schmidt: Die Reform des Rechts der Handelsvertreter von 1953. 1995.

Band 133 Gabi Roßdeutscher: Privatautonomie im Scheidungsrecht. Scheidungsbezogene Vereinbarungen in den letzten 200 Jahren. 1995.

Band 134 Harald Kahlenberg: Leben und Werk des Rechtshistorikers Walther Merk. Ein Beispiel für das Verhältnis von Rechtsgeschichte und Nationalsozialismus. 1995.

Band 135 Michael Steitz: Adelbert Düringer am Reichsgericht (1902-1915). Seine aktienrechtlichen Entscheidungen und sein Einfluß auf das Aktienrecht in Deutschland. 1995.

Band 136 Christian Becker: Beata Justorum Translatio. Juristen in schleswig-holsteinischen Leichenpredigten. 1996.

Band 137 Christoph Seiler: Vom Allgemeinen Landrecht zum Bürgerlichen Gesetzbuch. Dargestellt am Beispiel der höchstrichterlichen Judikatur zum kaufrechtlichen Sachmängelgewährleistungsrecht. 1996.

Band 138 Bernd Mayer: Die Vertrauensmännerausschüsse auf den preußischen Steinkohlegruben an der Saar. Entstehung und Wirken. Eine rechtshistorische Untersuchung. 1996.

Band 139 Rochus Scholl: Juden und Judenrecht im Herzogtum Pfalz-Zweibrücken. Ein Beitrag zur Rechtsgeschichte eines deutschen Kleinstaates am Ende des alten Reiches. 1996.

Band 140 Meike Bursch: Judentaufe und frühneuzeitliches Strafrecht. Die Verfahren gegen Christian Treu aus Weener/Ostfriesland 1720-1728. 1996.

Band 141 Markus Hillenbrand: Fürstliche Eheverträge. Gottorfer Hausrecht 1544-1773. 1996.

Band 142 Ulf Häder: Das gemeinschaftliche Oberappellationsgericht thüringischer Staaten in Jena. Ein Beitrag zur Geschichte des Gerichtswesens im 19. Jahrhundert. 1996.

Band 143 Andreas Bauer: Das Gnadenbitten in der Strafrechtspflege des 15. und 16. Jahrhunderts. Dargestellt unter besonderer Berücksichtigung von Quellen der Vorarlberger Gerichtsbezirke Feldkirch und des Hinteren Bregenzerwaldes. 1996.

Band 144 Christian Wirth: Der Jurist Johann Andreas Georg Friedrich Rebmann zwischen Revolution und Restauration. 1996.

Band 145 Stefanie Müller: Die Rechtsprechung des Hanseatischen Oberlandesgerichts zum persönlichen Eherecht in Hamburgischen Gerichtsfällen von 1879-1900. 1996.

Band 146 Jean-Nicolas Morisset: Der Frachtvertrag in der *Ordonnance de la marine* von 1681. 1996.

Band 147 Dirk Lentfer: Die Glogauer Landesprivilegien des Andreas Gryphius von 1653. 1996.

Band 148 Wencke Mull: Die Haftung für Einsturzschäden nach den §§ 836-838 BGB in der Rechtsprechung des Reichsgerichts. 1996.

Band 149 Renate Zelger: Teufelsverträge. Märchen, Sage, Schwank, Legende im Spiegel der Rechtsgeschichte. 1996.

Band 150 Guido Kraß: Das Arrestverfahren in Frankfurt am Main im Spätmittelalter. 1996.

Band 151 F. Benedict Heyn: Die Entwicklung des Eisenbahnfrachtrechts von den Anfängen bis zur Einführung des Allgemeinen Deutschen Handelsgesetzbuches (ADHGB). 1996.

Band 152 Thomas Lang: Die Staats- und Verfassungslehre Carl Salomo Zachariaes. 1996.

Band 153 Michael Hebeis: Karl Anton von Martini (1726-1800). Leben und Werk. 1996.

Band 154 Gerald Hubert: Die Diskussion um die rechtliche Natur der Bizone in den Jahren 1947-1949. 1996.

Band 155 Christof Horn: Die Rechtsprechung des Reichsgerichts in Ehescheidungssachen der Jahre 1900 bis 1905. 1996.

Band 156 Hermann Nehlsen / Georg Brun (Hrsg.): Münchener rechtshistorische Studien zum Nationalsozialismus. 1996.

Band 157 Jan Otto Clemens Kehrberg: Die Entwicklung des Elektrizitätsrechts in Deutschland. Der Weg zum Energiewirtschaftsgesetz von 1935. 1997.

Band 158 Johannes Tradt: Der Religionsprozeß gegen den Zopfschulzen (1791-1799). Ein Beitrag zur protestantischen Lehrpflicht und Lehrzucht in Brandenburg-Preußen gegen Ende des 18. Jahrhunderts. 1997.

Band 159 Dietmar Olsen: Das kaufrechtliche Sachmängelgewährleistungsrecht des Code civil in der Rechtsprechung deutscher Gerichte im 19. Jahrhundert. Ein Beitrag zur Ablösung der Partikularrechte durch das BGB. 1997.

Band 160 Ulrich Bernhardt: Die Deutsche Akademie für Staats- und Rechtswissenschaft „Walter Ulbricht" 1948-1971. 1997.

Band 161 Claudia Susan Hoppe: Die Bürgschaft im Rechtsleben Hamburgs von 1600 bis 1900. 1997.

Band 162 Franz-Rudolf Ecker: Die Entwicklung des Bergrechts im Saarbrücker Steinkohlenrevier bis zum Ende des 18. Jahrhunderts. Ein Vergleich mit dem älteren deutschen Bergrecht. 1997.

Band 163 Anne Katrin Rückert: Politik und Privatrecht in der „konservativen Revolution". 1997.

Band 164 Gisbert Laube: Der Reichskunstwart. Geschichte einer Kulturbehörde 1919-1933. 1997.

Band 165 Nicolas Lührig: Die Diskussion über die Reform der Juristenausbildung von 1945 bis 1995. 1997.

Band 166 Regula Gerber Jenni: Die Emanzipation der mehrjährigen Frauenzimmer. Frauen im bernischen Privatrecht des 19. Jahrhunderts. 1997.

Band 167 Mischa A. Färber: Das gemeinschaftliche Testament in der höchstrichterlichen Rechtsprechung zum Allgemeinen Preußischen Landrecht und zum BGB. Ein Beitrag zur Ablösung der Partikularrechte durch das BGB. 1997.

Band 168 Catherine Antoinette Gasser: Philipp Lotmar 1850-1922. Professor der Universität Bern. Sein Engagement für das Schweizerische Arbeitsrecht. 1997.

Band 169 Lars Immisch: Der sozialistische Richter in der DDR und seine Unabhängigkeit. Der Versuch eines Rechtsvergleiches zum Unabhängigkeitsbegriff in der bundesdeutschen Rechtsordnung. 1997.

Band 170 Jessica Jacobi: Besitzschutz vor dem Reichskammergericht. Die friedenssichernde Funktion der Besitzschutzklagen am Reichskammergericht im 16. Jahrhundert, dargestellt anhand von Kameralisten. 1998.

Band 171 Ewald Hügemann: Die Geschichte des öffentlichen und privaten Mietpreisrechts vom Ersten Weltkrieg bis zum Gesetz zur Regelung der Miethöhe von 1974. 1998.

Band 172 Lutz Rentzow: Die Entstehungs- und Wirkungsgeschichte der Vernewerten Landesordnung für das Königreich Böhmen von 1627. 1998.

Band 173 Sabine Stürmer: Mühlenrecht im Herzogtum Pfalz-Zweibrücken während des 18. Jahrhunderts. Ein Beitrag zum Wirtschaftsrecht eines deutschen Kleinstaates im Alten Reich. 1998.

Band 174 Mario Bogisch: *Nemo testis in re sua*. Das Problem der Zeugnisfähigkeit bei der Anwendung der deutschen Zivilprozeßordnung von 1877. 1998.

Band 175 Rainer Oßwald: Pactane sunt servanda? Freiwilligkeit, Zwang und Unverbindlichkeitserklärungen im islamischen Vertragsrecht malikitischer Schule. 1998.

Band 176 Bettina Kern: Der preußische BGB-Entwurf von 1842. 1998.

Band 177 Inken Fuhrmann: Die Diskussion über die Einführung der fakultativen Zivilehe in Deutschland und Österreich seit Mitte des 19. Jahrhunderts. 1998.

Band 178 Annette Rieck: Der Heilige Ivo von Hélory (1247-1303). Advocatus pauperum und Patron der Juristen. 1998.

Band 179 Frank Bottenberg: Die Hamburgische Strafprozeßordnung von 1869. 1998.

Band 180 Matthias Krauß: Das kursächsische Postrecht von seinen Anfängen bis zum Ende des Alten Reichs. 1998.

Band 181 Torsten Schmidt: Die Entmündigung von den Anfängen des BGB bis zu ihrer Ablösung durch das Institut der Betreuung. 1998.

Band 182 Christian Nunn: Rudolf Müller-Erzbach. 1874-1959. Von der realen Methode über die Interessenjurisprudenz zum kausalen Rechtsdenken (Leben und Werk). 1998.

Band 183 Christian Ortloff: Das staatskirchenrechtliche System Wilhelm Traugott Krugs. Glaubens- und Gewissensfreiheit – eine Forderung der Vernunft. 1998.

Band 184 Christian Hattenhauer: Schuldenregulierung nach dem Westfälischen Frieden. Der sog. § *de indaganda* und seine Umsetzung im Jüngsten Reichsabschied (AD 1648 und 1654). 1998.

Band 185 Werner Schubert: Preußen im Vormärz. Die Verhandlungen der Provinziallandtage von Brandenburg, Pommern, Posen, Sachsen und Schlesien sowie – im Anhang – von Ostpreußen, Westfalen und der Rheinprovinz (1841-1845). 1998.

Band 186 Silvia Schumacher: Das Rechtsverhältnis zwischen Eltern und Kindern in der Privatrechtsgeschichte. 1999.

Band 187 Kai Sommer: Die Strafbarkeit der Homosexualität von der Kaiserzeit bis zum Nationalsozialismus. Eine Analyse der Straftatbestände im Strafgesetzbuch und in den Reformentwürfen (1871-1945). 1998.

Band 188 Jan Erik Backhaus: Volksrichterkarrieren in der DDR. 1999.

Band 189 Ralf Ruhnau: Die Fürstlich Thurn und Taxissche Privatgerichtsbarkeit in Regensburg. Ein Kuriosum der deutschen Rechtsgeschichte. 1999.

Band 190 Antonio Grilli: Die französische Justizorganisation am linken Rheinufer 1797-1803. 1999.

Band 191 Stephanie Kammerloher-Lis: Die Entstehung des Gesetzes über die religiöse Kindererziehung vom 15. Juli 1921. 1999.

Band 192 Jan Telp: Ausmerzung und Verrat. Zur Diskussion um Strafzwecke und Verbrechensbegriffe im Dritten Reich. 1999.

Band 193 Kurt von Pannwitz: Die Entstehung der Allgemeinen Deutschen Wechselordnung. Ein Beitrag zur Geschichte der Vereinheitlichung des deutschen Zivilrechts im 19. Jahrhundert. 1999.

Band 194 Sylvia Busch: Die Entstehung der Allgemeinen Gerichtsordnung für die Preussischen Staaten von 1793/95. Ein Beitrag zur Geschichte der Kodifikationsbewegung und der Reform des Zivilprozesses in Preußen im 18. Jahrhundert. 1999.

Band 195 Dirk Bieresborn: Klage und Klageerwiderung im deutschen und englischen Zivilprozeß. Eine rechtshistorische und rechtsvergleichende Untersuchung unter besonderer Berücksichtigung der Beeinflussung durch das römisch-kanonische Verfahren. 1999.

Band 196 Andreas Thier / Guido Pfeifer / Philipp Grzimek (Hrsg.): Kontinuitäten und Zäsuren in der Europäischen Rechtsgeschichte. Europäisches Forum Junger Rechtshistorikerinnen und Rechtshistoriker München 22.-24. Juli 1998. 1999.

Band 197 Franz Smola: Die Fürstlich Liechtenstein'sche Kunstsammlung. Rechtsfragen zur Verbringung der Sammlung von Wien nach Vaduz in den Jahren 1944/45. 1999.

Band 198 Frank Martin Krauss: Das geteilte Eigentum im 19. und 20. Jahrhundert. Eine Untersuchung zum Fortbestand des Teilungsgedankens. 1999.

Band 199 Matthias Frey: Die spanische Aktiengesellschaft im 18. Jahrhundert und unter dem Código de Comercio von 1829. 1999.

Band 200 Alexandra Gilde: Die Stellung der Frau im Reichsstrafgesetzbuch von 1870/71 und in den Reformentwürfen bis 1919 im Urteil der bürgerlichen Frauenbewegung. Eine Analyse ausgewählter Straftatbestände. 1999.

Band 201 Malte Dießelhorst / Arne Duncker: Hans Kohlhase. Die Geschichte einer Fehde in Sachsen und Brandenburg zur Zeit der Reformation. 1999.

Band 202 Jörg Hillmann: Territorialrechtliche Auseinandersetzungen der Herzöge von Sachsen-Lauenburg vor dem Reichskammergericht im 16. Jahrhundert. 1999.

Band 203 Carsten Engler: Die Kommanditgesellschaft (KG) und die stille Gesellschaft im Allgemeinen Deutschen Handelsgesetzbuch (ADHGB) von 1861. 1999.

Band 204 Vesta Hoffmann-Steudner: Die Rechtsprechung des Reichsgerichts zu dem Scheidungsgrund des § 49 EheG (EheG 1938) in den Jahren 1938-1945. 1999.

Band 205 Michaela Thiele: Die Auflösung von Arbeitsverhältnissen aufgrund Anfechtung und außerordentlicher Kündigung nach der Rechtsprechung des Reichsarbeitsgerichts (1927-1945). 2000.

Band 206 Peter Landau / Hermann Nehlsen / Mathias Schmoeckel (Hrsg.): Karl von Amira zum Gedächtnis. 1999.

Band 207 Marcus Flinder: Die Entstehungsgeschichte des Zivilgesetzbuches der DDR. 1999.

Band 208 Boris Franz Leo Bromm: Die Entstehungsgeschichte des Berufs des Handelsvertreters. Unter besonderer Berücksichtigung der Sozialgesetzgebung in den Jahren von 1871-1933. 2000.

Band 209 Winfried C. J. Eberstein: Das Tierschutzrecht in Deutschland bis zum Erlaß des Reichs-Tierschutzgesetzes vom 24. November 1933. Unter Berücksichtigung der Entwicklung in England. 1999.

Band 210 Patrick Deller: Der „nach dem Vertrage" vorausgesetzte Gebrauch (§ 459 Absatz 1 Satz 1 BGB). Eine kaufrechtliche Untersuchung unter Berücksichtigung rechtshistorischer wie rechtsvergleichender Grundlagen. 2000.

Band 211 Eckard Freiherr von Bodenhausen: Haftung des Geschäftsherrn für Verrichtungsgehilfen im Straßen- und Schienenverkehr. Eine Analyse der Entscheidungen des Reichsgerichts zu § 831 BGB (1900-1945). 2000.

Band 212 Birte Gast: Der Allgemeine Teil und das Schuldrecht des Bürgerlichen Gesetzbuchs im Urteil von Raymond Saleilles (1855-1912). 2000.

Band 213 Hansjörg Michael Huber: Koloniale Selbstverwaltung in Deutsch-Südwestafrika. Entstehung, Kodifizierung und Umsetzung. 2000.

Band 214 Ulf Björner: Die Verfassungsgerichtsbarkeit im Norddeutschen Bund und Deutschen Reich (1867-1918). Eine rechtshistorische Untersuchung über Gerichtsbarkeit im Spannungsfeld von Politik und Recht innerhalb der von Bismarck geschaffenen deutschen Bundesstaaten. 2000.

Band 215 Mathias Freiherr von Rosenberg: Friedrich Carl von Savigny (1779-1861) im Urteil seiner Zeit. 2000.

Band 216 Reinhard Binder-Krieglstein: Österreichisches Adelsrecht 1868-1918/19. Von der Ausgestaltung des Adelsrechts der cisleithanischen Reichshälfte bis zum Adelsaufhebungsgesetz der Republik unter besonderer Berücksichtigung des adeligen Namensrechts. 2000.

Band 217 Claudia-Regine Nerius: Johannes Lehmann-Hohenberg (1851-1925). Eine Studie zur völkischen Rechts- und Justizkritik im Deutschen Kaiserreich. 2000.

Band 218 Ludger Meuten: Die Erbfolgeordnung des Sachsenspiegels und des Magdeburger Rechts. Ein Beitrag zur Geschichte des sächsisch-magdeburgischen Rechts. 2000.

Band 219 Christoph Alexander von Wilcken: Die Reformbestrebungen zum Genossenschaftsgesetz in der Frühzeit der Bundesrepublik. Die Beratungen der Sachverständigenkommission zur Überprüfung des Genossenschaftsrechts 1954 bis 1958 und der Referentenentwurf von 1962. 2000.

Band 220 Verein Junger RechtshistorikerInnen Zürich (Hrsg.): ¿Rechtsgeschichte(n)? ¿Histoire(s) du droit? ¿Storia/storie del diritto? ¿Legal Histori(es)? Europäisches Forum Junger Rechtshistorikerinnen und Rechtshistoriker Zürich 28.-30. Mai 1999. 2000.

Band 221 Hans Christian Schüler: Die Entstehungsgeschichte der Bundesnotarordnung vom 24. Februar 1961. 2000.

Band 222 Nils-Eberhard Schramm: Die Vereinigung demokratischer Juristen (1949-1999). 2000.

Band 223 Silke Anke Torp: Das Rechtsverhältnis zwischen den Eltern und ihren Kindern. Dienstleistungspflicht, Aussteuer und Ausstattung. Eine Analyse der Rechtsprechung des Reichsgerichts und des Reichsarbeitsgerichts zu den Vorschriften der §§ 1616 bis 1625 des Bürgerlichen Gesetzbuches in der Zeit von 1900 bis 1945. 2000.

Band 224 Martin Jürgen Maaß: Die Geschichte des Eigentumsvorbehalts, insbesondere im 18. und 19. Jahrhundert. 2000.

Band 225 Stefanie Langer: Rechtswissenschaftliche Itinerarien. Lebenswege namhafter europäischer Juristen vom 11. bis zum 18. Jahrhundert. 2000.

Band 226 Ulrich Schmitz: Der Unterhaltsanspruch des nichtehelichen Kindes gegen seinen Erzeuger. Die rechtsgeschichtliche und dogmatische Entwicklung im deutschen Recht. 2000.

Band 227 Sebastian Günther: Friedrich Carl von Savigny als Grundherr. 2000.

Band 228 Henning Ibs: Hermann J. Held (1890-1963). Ein Kieler Gelehrtenleben in den Fängen der Zeitläufe. 2000.

Band 229 Matthias Rücker: Wirtschaftswerbung unter dem Nationalsozialismus. Rechtliche Ausgestaltung der Werbung und Tätigkeit des Werberats der deutschen Wirtschaft. 2000.

Band 230 Hendrik Sandmann: Die Entwicklung von Begriff und Inhalt des Wirtschaftchsrechts durch die Rechtswissenschaft in der Weimarer Republik. 2000.

Band 231 Sibylle Müller: Gibt es Menschenrechte bei Samuel Pufendorf? 2000.

Band 232 Karin Olechowski-Hrdlicka: Die gemeinsamen Angelegenheiten der Österreichisch-Ungarischen Monarchie. Vorgeschichte – Ausgleich 1867 – Staatsrechtliche Kontroversen. 2001.

Band 233 Johannes Mierau: Die juristischen Abschluß- und Diplomprüfungen in der SBZ/DDR. Ein Einblick in die Juristenausbildung im Sozialismus. 2001.

Band 234 Jörg Wolff (Hrsg.): Stillstand, Erneuerung und Kontinuität. Einsprüche zur Preußenforschung. 2001.

Band 235 Friedo Schröder: Die anwaltliche Tätigkeit während der nationalsozialistischen Herrschaft. Eine Analyse der anwaltlichen Argumentation in Zivilprozessen anhand der vorhandenen Prozeßakten der Landgerichte Frankenthal, Wiesbaden, Limburg und Frankfurt und der Handakten der *jüdischen Konsulenten* des OLG-Bezirks Frankfurt. 2001.

Band 236 Der Code pénal des Königreichs Westphalen von 1813 mit dem Code pénal von 1810 im Original und in deutscher Übersetzung. Herausgegeben und mit einer Einleitung versehen von Werner Schubert. 2001.

Band 237 Klaus Richter: Deutsches Kolonialrecht in Ostafrika 1885-1891. 2001.

Band 238 Kai von Lewinski: Deutschrechtliche Systembildung im 19. Jahrhundert. 2001.

Band 239 Alexander Herzog: Sittenwidrige Rechtsgeschäfte in der höchstrichterlichen Rechtsprechung aus den Jahren 1948-1965. 2001.

Band 240 Claudia Rönnau: Die Beratungen des Wasserrechtsausschusses der Akademie für Deutsches Recht zu einem Reichswassergesetz (1934-1941). Ein Beitrag zur Dogmatik der Begriffe *Gemeingebrauch* und *Sondergebrauch* in der Zeit des Nationalsozialismus. 2001.

Band 241 Momme Rohlack: Kriegsgesellschaften (1914-1918). Arten, Rechtsformen und Funktionen in der Kriegswirtschaft des Ersten Weltkrieges. 2001.

Band 242 Rolf Geyer: Der Gedanke des Verbraucherschutzes im Reichsrecht des Kaiserreichs und der Weimarer Republik (1871-1933). Eine Studie zur Geschichte des Verbraucherrechts in Deutschland. 2001.

Band 243 Felix Lorenz Benjamin Lehmann: Der Rote Adlerorden. Entstehung und rechtliche Grundlagen (1705-1918). 2002.

Band 244 Marc Ludwig: Der Pfändungsschutz für Lohneinkommen. Die Entstehungs- und Entwicklungsgeschichte der Vorschriften zum Schutz vor Lohnpfändung in Deutschland. 2001.

Band 245 Alexander Wachter: Dorfschule zwischen Pastor und Schulmeister. Zur Säkularisierung des niederhessischen Schulwesens im 19. Jahrhundert. 2001.

Band 246 Richard Scholz: Analyse der Entstehungsbedingungen der reichsgerichtlichen Aufwertungsrechtsprechung. Untersuchung unter besonderer Berücksichtigung der konservativen Geldpolitik der Reichsbank und der Inflationspolitik der Reichsregierung. 2001.

Band 247 Judith Laeverenz: Märchen und Recht. Eine Darstellung verschiedener Ansätze zur Erfassung des rechtlichen Gehalts der Märchen. 2001.

Band 248 Christina Schenk: Bestrebungen zur einheitlichen Regelung des Strafvollzugs in Deutschland von 1870 bis 1923. 2001.

Band 249 Nils Werner: Die Prozesse gegen die Landvolkbewegung in Schleswig-Holstein 1929/32. Ein Beitrag zur Justizkritik in der späten Weimarer Republik. 2001.

Band 250 Wolfgang Walter: Das Duell in Bayern. Ein Beitrag zur bayerischen Strafrechtsgeschichte. 2002.

Band 251 Jörn Eckert / Kjell Å. Modéer (Hrsg.): Geschichte und Perspektiven des Rechts im Ostseeraum. Erster Rechtshistorikertag im Ostseeraum 8.–12. März 2000. 2001.

Band 252 Jan Könighaus: Die Inauguration der Christian-Albrechts-Universität zu Kiel 1665. Symbolgehalt und rechtliche Bedeutung des Universitätszeremoniells. 2002.

Band 253 Andreas Görgen: Rechtssprache in der Frühen Neuzeit. Eine vergleichende Untersuchung der Fremdwortverwendung in Gesetzen des 16. und 17. Jahrhunderts. 2002.

Band 254 Ralf Schäfer: Die Rechtsstellung der Haigerlocher Juden im Fürstentum Hohenzollern-Sigmaringen von 1634-1850. Eine rechtsgeschichtliche Untersuchung. 2002.

Band 255 Regine Schmalhorst: Die Tierhalterhaftung im BGB von 1896. Die Entstehung und Änderung des § 833 BGB sowie eine Analyse der Rechtsprechung des Reichsgerichts bis 1908. 2002.

Band 256 Thomas Hense: Konrad Beyerle. Sein Wirken für Wissenschaft und Politik in Kaiserreich und Weimarer Republik. 2002.

Band 257 Christian Mahlmann: Die Strafrechtswissenschaft der DDR. Klassenkampftheorie und Verbrechenslehre. 2002.

Band 258 Henning Kahmann: Die Bankiers von Jacquier & Securius 1933–1945. Eine rechtshistorische Fallstudie zur "Arisierung" eines Berliner Bankhauses. Mit einem Geleitwort von John Kornblum. 2002.

Band 259 Volker Friedrich Drecktrah: Die Gerichtsbarkeit in den Herzogtümern Bremen und Verden und in der preußischen Landdrostei Stade von 1715 bis 1879. 2002.

Band 260 Andreas Klass: Standes- oder Leistungselite? Eine Untersuchung der Karrieren der Wetzlarer Anwälte des Reichskammergerichts (1693-1806). 2002.

Band 261 Wolfgang Eder: Das italienische Tribunale Speciale per la Difesa dello Stato und der deutsche Volksgerichtshof. Ein Vergleich zwischen zwei politischen Gerichtshöfen. 2002.

Band 262 Albrecht Cordes / Bernd Kannowski (Hrsg.): Rechtsbegriffe im Mittelalter. 2002.

Band 263 Thomas Hildebrandt: Die Brandenburgischen Provinziallandtage von 1841, 1843, und 1845 anhand ausgewählter Verhandlungsgegenstände. 2002.

Band 264 Jan Finzel: Georg Adam Struve (1619-1692) als Zivilrechtler. 2003.

Band 265 Björn Carsten Frenzel: Das Selbstverständis der Justiz nach 1945. Analyse der Rolle der Justiz unter Berücksichtigung der Reden zur *Wiedereröffnung* der Bundes- und Oberlandesgerichte. 2003.

Band 266 Nils Reichhelm: Die marxistisch-leninistische Staats- und Rechtstheorie Karl Polaks. 2003.

Band 267 Raik Schneider: Altrechtliche Personenzusammenschlüsse. Ihre Entwicklung unter besonderer Berücksichtigung des Rechts des Großherzogtums Sachsen-Weimar-Eisenach sowie der Herzogtümer Sachsen-Meiningen und Sachsen-Gotha. 2003.

Band 268 Anke Meier: Die Geschichte des deutschen Konkursrechts, insbesondere die Entstehung der Reichskonkursordnung von 1877. 2003.

Band 269 Stefan Jens Jordan: Leben und Werk des Tübinger Rechtsprofessors Wilhelm Gottlieb Tafinger 1760-1813. 2003.

Band 270 Stefanie Hubig: Die historische Entwicklung des § 23 ZPO. Zum Ursprung und Fortleben des Vermögensgerichtsstandes im deutschen Prozeßrecht des 19. Jahrhunderts. 2003.

Band 271 Michael G. Perband: Der Grundsatz der freien Beweiswürdigung im Zivilprozeß (§ 286 ZPO) in der Rechtsprechung des Reichsgerichts. 2003.

Band 272 Mathias Bouveret: Die Stellung des Staatsoberhauptes in der parlamentarischen Diskussion und Staatsrechtslehre von 1848 bis 1918. 2003.

Band 273 Barbara Széchényi: Rechtliche Grundlagen bayerischer Zensur im 19. Jahrhundert. 2003.

Band 274 Sylvia Scharfenberg: Die Entstehungsgeschichte des Beurkundungsgesetzes vom 28. August 1969. 2003.

Band 275 Urte Nesemann: Die schwedische Familiengesetzgebung von 1734 bis zu den Reformgesetzen von 1915 bis 1920 und deren Einfluss auf die Gesetzgebungsprojekte der Weimarer Republik. Unter besonderer Berücksichtigung der Rechtsstellung der Frau und des unehelichen Kindes. 2003.

Band 276 Alexandra Brück: Die Polizeiordnung Herzog Christians von Braunschweig-Lüneburg vom 6. Oktober 1618. 2003.

Band 277 Torsten Landwehr: Das Kommissionsgeschäft in Rechtswissenschaft, Gesetzgebung und Rechtspraxis vom 16. bis zum Ende des 18. Jahrhunderts. 2003.

Band 278 Tassilo Wilhelm Maria Englert: Deutsche und italienische Zivilrechtsgesetzgebung von 1933–1945. Parallelen in der Rechtsetzung und gegenseitige Beeinflussung unter besonderer Berücksichtigung des Familien- und Erbrechts. 2003.

Band 279 Tobias Prang: Der Schutz der Versicherungsnehmer bei der Auslegung von Versicherungsbedingungen durch das Reichsgericht. 2003.

Band 280 Thorsten Lieb: Privileg und Verwaltungsakt. Handlungsformen der öffentlichen Gewalt im 18. und 19. Jahrhundert. 2004.

Band 281 Michael Rühling: Das Ladenschlussgesetz vom 28. November 1956. Vorgeschichte, Entstehung des Gesetzes und weitere Entwicklung. 2004.

Band 282 Kathrin Nawotki: Die schleswigsche Deichstavengerechtigkeit. Vom 17. Jahrundert bis in die Gegenwart. Eine gewohnheitsrechtliche Superfizies an nordfriesischen Deichgrundstücken und ihre Entwicklung. 2004.

Band 283 Erik Nils Voigt: Die Gesetzgebungsgeschichte der militärischen Ehrenstrafen und der Offiziersehrengerichtsbarkeit im preußischen und deutschen Heer von 1806 bis 1918. 2004.

Band 284 Dorothea Riedi Hunold: Die Einführung der allgemeinen Wechselfähigkeit in der Schweiz in der zweiten Hälfte des 19. Jahrhunderts. Unter besonderer Berücksichtigung der politischen, wirtschaftlichen und sozialen Verhältnisse. 2004.

Band 285 Thomas Gergen: Pratique juridique de la paix et trêve de Dieu à partir du concile de Charroux (989–1250). Juristische Praxis der Pax und Treuga Dei ausgehend vom Konzil von Charroux (989–1250). 2004.

Band 286 Kathrin Bethkenhagen: Die Entwicklung des Luftrechts bis zum Luftverkehrsgesetz von 1922. 2004.

Band 287 Heiko Lüpkes: Die Verbrechen der Diener des Staats im Allgemeinen Landrecht für die Preußischen Staaten von 1794 und ihre Entwicklung zu den Vergehen und Verbrechen im Amte im Strafgesetzbuch für die Preußischen Staaten von 1851. 2004.

Band 288 Mirco Peter Hirsch: Von der Erbbescheinigung des Preußischen Rechts zum Erbschein des Bürgerlichen Gesetzbuchs. 2004.

Band 289 Bettina Günther: Die Behandlung der Sittlichkeitsdelikte in den Policeyordnungen und der Spruchpraxis der Reichsstädte Frankfurt am Main und Nürnberg im 15. bis 17. Jahrhundert. 2004.

Band 290 Seunghyeon Seong: Der Begriff der *nicht gehörigen Erfüllung* aus dogmengeschichtlicher und rechtsvergleichender Sicht. 2004.

Band 291 Steffen-Werner Meyer: Bemühungen um ein Reichsgesetz gegen den Büchernachdruck. Anläßlich der Wahlkapitulation Leopolds II. aus dem Jahre 1790. 2004.

Band 292 Ulrich Löffler: Instrumentalisierte Vergangenheit? Die nationalsozialistische Vergangenheit als Argumentationsfigur in der Rechtsprechung des Bundesverfassungsgerichts. 2004.

Band 293 Norbert Koch: Die Entwicklung des deutschen privaten Immissionsschutzrechts seit Beginn der Industrialisierung. Unter besonderer Berücksichtigung des Einflusses der höchstrichterlichen Rechtsprechung. 2004.

Band 294 Julius Ludwig Pfeiffer: Das Tierschutzgesetz vom 24. Juli 1972. Die Geschichte des deutschen Tierschutzrechts von 1950 bis 1972. 2004.

Band 295 Bert-Hagen Strodthoff: Die richterliche Frage- und Erörterungspflicht im deutschen Zivilprozeß in historischer Perspektive. 2004.

Band 296 Tim Kannewurf: Die Höfeordnung vom 24. April 1947. Entstehungsgeschichte und Einordnung in die Entwicklung des Anerbenrechts. 2004.

Band 297 Steffi Heine: Die Methodendiskussion nach Inkrafttreten des Bürgerlichen Gesetzbuches und die Gründung des Vereins *Recht und Wirtschaft*. 2004.

Band 298 Anne Marlene Simon-Holtorf: Geschichte des Familienwahlrechts in Frankreich (1871 bis 1945). 2004.

Band 299 Jürgen Busch: Das Germanenbild der deutschen Rechtsgeschichte. Zwischen Wissenschaft und Ideologie. Mit einem Vorwort von Herwig Wolfram. 2004.

Band 300 Jan Kohlmann: Der Marsch zu den Gräbern von Karl und Rosa. Geschichte eines Gedenktages. 2004.

Band 301 Christian Rainer Schlicht: Die kumulative Schuldübernahme in der Rechtsprechung des Reichsgerichts und in der zeitgenössischen Literatur. 2004.

Band 302 Hans Peter Glöckner: Positive Vertragsverletzung. Die Geburt eines Rechtsinstituts. 2006.

Band 303 João Manuel Azevedo Alexandrino Fernandes: Die Theorie der Interpretation des Gesetzes bei Francisco Suárez. 2005.

Band 304 René Funk: Die Wahlprüfung der volksgewählten Abgeordneten der Volksvertretungen im Frühkonstitutionalismus. Eine Untersuchung der Wahlprüfung in den Kammern der Abgeordneten des Großherzogtums Baden, des Königreichs Württemberg und des Großherzogtums Hessen. 2005.

Band 305 Carolin O'Sullivan. Die Ahndung von Rechtsbrüchen der Seeleute im mittelalterlichen hamburgischen und hansischen Seerecht (1301–1482). 2005.

Band 306 Martin Jürgens: Staat und Reich bei Ernst Rudolf Huber. Sein Leben und Werk bis 1945 aus rechtsgeschichtlicher Sicht. 2005.

Band 307 Florian G. Dürselen: Franz Beyerle (1885–1977). Leben, Ära und Werk eines Rechtshistorikers. 2005.

Band 308 Kai Bandilla: Urheberrecht im Kaiserreich. Der Weg zum Gesetz betreffend das Urheberrecht an Werken der Literatur und Tonkunst vom 19. Juni 1901. 2005.

Band 309 Stefan Mieth: Die Entwicklung des Denkmalrechts in Preußen 1701–1947. 2005.

Band 310 Catharina Lodemann: Die Geschichte des französischen *acte de gouvernement*. 2005.

Band 311 Christina Wicke: Kodifikationsbestrebungen und Wissenschaft in Hessen-Darmstadt im vorkonstitutionellen Zeitalter. Zu der Beteiligung der Gießener Rechtsprofessoren an den Gesetzgebungsarbeiten in Hessen-Darmstadt in der Zeit zwischen 1769 und 1820. 2005.

Band 312 Christiane Chlosta: Nur dem Gesetz unterworfen? Eine rechtsgeschichtliche Untersuchung zu Idee und Wirklichkeit richterlicher Gesetzestreue unter besonderer Berücksichtigung der Aufwertungsrechtsprechung und des richterlichen Prüfungsrechts. 2005.

Band 313 Kathrin Dirr: Hoheitsrechtliche Streitigkeiten zwischen den Kölner Erzbischöfen und der Stadt Köln auf Grundlage reichskammergerichtlicher Verfahren des 16. und 17. Jahrhunderts. 2005.

Band 314 Michael Racky: Die Diskussion über Gewaltenteilung und Gewaltentrennung im Vormärz. 2005.

Band 315 Petra Thiemrodt: Die Entstehung des Staatshaftungsgesetzes der DDR. Eine Untersuchung auf der Grundlage von Materialien der DDR-Gesetzgebungsorgane mit zeitgeschichtlichen Bezügen. 2005.

Band 316 Julius F. Reiter: Entstehung und staatsrechtliche Theorie der italienischen *Carta del Lavoro*. 2005.

Band 317 André Book: Die Justizreform in der Frühzeit der Bundesrepublik. Die Beratungen der Kommission zur Vorbereitung einer Reform der Zivilgerichtsbarkeit in den Jahren 1955 bis 1961. 2005.

Band 318 Frank Zentz: Das amerikanische Strafverfahren als Element der Besatzungspolitik in Deutschland. Erziehung zur Demokratie durch den *Court of Appeals* 1948–1955. 2005.

Band 319 Friederike Quaisser: Mietrecht im 19. Jahrhundert. Ein Vergleich der mietrechtlichen Konzeptionen im Allgemeinen Landrecht für die Preußischen Staaten von 1794 und dem gemeinen Recht. 2005.

Band 320 Stefan Burghard: Professor Dr. Wilhelm Kahl – Leben zwischen Wissenschaft und Politik. 2005.

Band 321 Günter Baranowski: Die *Russkaja Pravda* – ein mittelalterliches Rechtsdenkmal. 2005.

Band 322 Christina Schneider: Die SS und „das Recht". Eine Untersuchung anhand ausgewählter Beispiele. 2005.

Band 323 Werner Schubert (Hrsg.): Zivilprozessreform in der Weimarer Zeit. Quellen zur Emminger-Zivilprozessverordnung vom 13.2.1924 und zu den Arbeiten der Zivilprozesskommission des Reichsjustizministeriums (1922–1930). Eingeleitet und herausgegeben von Werner Schubert. 2005.

Band 324 Felix Gaul: Der Jurist Rudolf Isay (1886–1956). Ein verantwortungsbewusster Vermittler im Spannungsfeld zwischen dynamischer Rechtsschöpfung, ökonomischem Wandel und technischem Fortschritt. 2005.

Band 325 Konstanze Braun: Dr. Otto Georg Thierack (1889–1946). 2005.

Band 326 Eckart Klein / Stefan Chr. Saar / Carola Schulze (Hrsg.): Zwischen Rechtsstaat und Diktatur. Deutsche Juristen im 20. Jahrhundert. 2006.

Band 327 Stefan Botor: Das *Berliner Sühneverfahren* – Die letzte Phase der Entnazifizierung. 2006.

Band 328 Andreas Köhler: Die Sorgerechtsregelungen bei Ehescheidung seit 1945. Scheidungsstrafe und verordnete Gemeinsamkeit. 2006

Band 329 Lars Düwel: Die Nichtigkeit und Anfechtbarkeit der Ehe in der Rechtsprechung des Reichsgerichts zwischen 1900 und 1945. 2006.

Band 330 Katalin Polgar: Das Oberappellationsgericht der vier freien Städte Deutschlands (1820–1879) und seine Richterpersönlichkeiten. 2007.

Band 331 Julia Schweitzer: Schiffer und Schiffsmann in den Rôles d'Oléron und im Llibre del Consolat de Mar. Ein Vergleich zweier mittelalterlicher Seerechtsquellen. 2007.

Band 332 Diana-Catharina Kurtz: Das Institut der Adoption im preußischen Allgemeinen Landrecht und im französischen Code civil zwischen Rezeption römisch-rechtlicher Prinzipien und verändertem Familienverständnis. 2006.

Band 333 Dino Joakim Duderstadt: Spiel, Wette und Differenzgeschäft (§§ 762–764 BGB) in der Rechtsprechung des Reichsgerichts und in der zeitgenössischen Literatur. 2007.

Band 334 Ronald Hoffmann: Die Domänenfrage in Thüringen. Über die vermögensrechtlichen Auseinandersetzungen mit den ehemaligen Landesherren in Thüringen nach dem Ersten Weltkrieg. 2006.

Band 335 Joachim Windmüller: *Ohne Zwang kann der Humanismus nicht existieren...* – „Asoziale" in der DDR. 2006.

Band 336 Sven Christian Gläser: Die Mediatisierung der Grafschaft Wertheim. Der juristische Kampf eines kleinen Reichsstandes gegen den Verlust der Landesherrschaft und seine Folgen. 2006.

Band 337 Benjamin Schleyer: Friedrich Wilhelm Bornemann (1798–1864). Eine Juristenkarriere im Preußen des 19. Jahrhunderts. 2006.

Band 338 Die Reform des Ehescheidungsrechts von 1976. Quellen zum Ersten Gesetz vom 14.6.1976 zur Reform des Ehe- und Familienrechts (Parlamentarische Ausschussprotokolle – Anglikanische Denkschrift von 1966 zur Scheidungsrechtsreform – Schlussabstimmung 1969 in der Eherechtskommission des Bundesministeriums der Justiz). Eingeleitet und herausgegeben von Werner Schubert. 2006.

Band 339 Andreas Feld: Das Bayerische Gesetz zum Schutz des Eigentums an Erzeugnissen der Literatur und Kunst gegen Nachdruck vom 15.04.1840. Vorgeschichte und Zustandekommen. 2007.

Band 340 Bernd Wörner: Adelbert Düringers Einfluß als Richter am Reichsgericht in Leipzig auf dem Gebiet des Personengesellschaftsrechts. 2007.

Band 341 Jan Jelle Kähler: Französisches Zivilrecht und französische Justizverfassung in den Hansestädten Hamburg, Lübeck und Bremen (1806–1815). 2007.

Band 342 Jörn Eckert / Pia Letto-Vanamo / Kjell Å. Modéer (Hrsg.): Juristen im Ostseeraum. Dritter Rechtshistorikertag im Ostseeraum 20.–22. Mai 2004. 2007.

Band 343 Ferdinand von Weyhe: A.E. Wassermann. Eine rechtshistorische Fallstudie zur „Arisierung" zweier Privatbanken. 2007.

Band 344 Martin Klaus Römermann: Kündigungen und Kündigungsschutz im Franquismus. 2007.

Band 345 Thomas Hoffmann: Der Landrechtsentwurf David Hilchens von 1599. Ein livländisches Rechtszeugnis polnischer Herrschaft. 2007.

Band 346 Ingo Ullmann: Die rechtliche Behandlung holsteinischer Leibeigener um die Mitte des 18. Jahrhunderts. Dargestellt unter besonderer Berücksichtigung der Schmoeler Leibeigenschaftsprozesse von 1738 bis 1743 sowie von 1767 bis 1777. 2007.

Band 347 Petra Fischer-Langosch: Die Entstehungsgeschichte des Familiengesetzbuches der DDR von 1965. 2007.

Band 348 Lasse O. Johannsen: Die rechtliche Behandlung ausreisewilliger Staatsbürger in der DDR. 2007.

Band 349 Ralf Schlottau: Deutsche Kolonialrechtspflege. Strafrecht und Strafmacht in den deutschen Schutzgebieten 1884 bis 1914. 2007.

Band 350 Hartwig Brandt / Ewald Grothe (Hrsg.): Rheinbündischer Konstitutionalismus. 2007.

Band 351 Nora Lutze: Der Verwandtenunterhalt nach den §§ 1601 bis 1603 und §§ 1610 bis 1612 BGB in der Rechtsprechung des Reichsgerichts. Unter Berücksichtigung der Entstehung des BGB. 2007.

Band 352 Frank Thiäner: Das Verhältnis von Aufsichtsrat und Abschlussprüfern in der rechtshistorischen Entwicklung bis 1937. 2007.

Band 353 Britta Heymann: Ernst Melsheimer (1897–1960). Eine juristische Karriere in verschiedenen staatlichen Systemen. Mitarbeiter im Preußischen Justizministerium in der Weimarer Republik, im Justizministerium Preußens und des Reiches sowie Richter am Kammergericht in der NS-Zeit und Erster Generalstaatsanwalt der Deutschen Demokratischen Republik. 2007.

Band 354 Susanne Adlberger: Wilhelm Kisch – Leben und Wirken (1874–1952). Von der Kaiser-Wilhelms-Universität Straßburg bis zur nationalsozialistischen Akademie für Deutsches Recht. 2007.

Band 355 Moritz Waibel: Josef Berchtold (1833–1894). Ein Leben gegen den Ultramontanismus. 2007.

Band 356 Aline Levin: Erinnerung? Verantwortung? Zukunft? Die Beweggründe für die gemeinsame Entschädigung durch den deutschen Staat und die deutsche Industrie für historisches Unrecht. 2007.

Band 357 Ferdinand Krause: Die hergebrachten Grundsätze des Berufsbeamtentums. Eine rechtshistorische Analyse. 2008.

Band 358 André Tiebel: Die Entstehung der Schutztruppengesetze für die deutschen Schutzgebiete Deutsch-Ostafrika, Deutsch-Südwestafrika und Kamerun (1884–1898). 2008.

Band 359 Holger Ruff: Sittenwidrige Rechtsgeschäfte in der späten Kaiserzeit. Die Entwicklung der reichsgerichtlichen Rechtsprechung zu § 138 BGB von 1900 bis 1914. 2007.

Band 360 Frank Rohrer: Strafjustiz im Dritten Reich und in der SBZ/DDR. Die personelle und organisatorische Neuordnung des Justizapparates in den totalitären Diktaturen (1933–1955) mit ihren Auswirkungen auf die Rechtsprechung zum politischen Strafrecht. 2007.

Band 361 Hans-Georg Knothe / Marc Liebmann (Hrsg.): Gerichtskultur im Ostseeraum. Vierter Rechtshistorikertag im Ostseeraum. 18.–20. Mai 2006 in Greifswald. 2007.

Band 362 Christina Meß: Das Vertragsrecht bei Adam Smith. 2008.

Band 363 Quellen zur dänischen Rechts- und Verfassungsgeschichte (12.–20. Jahrhundert). Herausgegeben von Ditlev Tamm, Werner Schubert und Jens Ulf Jørgensen. 2008.

www.peterlang.de